Ines Geipel

Fabelland

Der Osten, der Westen, der Zorn und das Glück

S. FISCHER

MIX
Papier | Fördert gute Waldnutzung
FSC® C014496

Erschienen bei S. FISCHER
3. Auflage 2025

Satz: Fotosatz Amann, Memmingen
Druck und Bindung: GGP Media GmbH, Pößneck
ISBN 978-3-10-397568-0

Kontaktadresse nach EU-Produktsicherheitsverordnung:
produktsicherheit@fischerverlage.de

Inhalt

Anfang ist Anfang

Sofort, unverzüglich. Am Anfang war das Glück. Ruhig, selbstverständlich, auf seltsame Art bei sich. Etwas, von dem ich den Eindruck hatte, es war selbst ganz froh, endlich da zu sein. Das kleine Wort *endlich.* Still, andächtig, das nicht recht zu den späteren Euphorie-Bildern des Tages passen wollte. Es war wirklich der Anfang, denke ich. Die Abendschicht, die Gäste in der Darmstädter Weinstube, die gusseisernen Pfannen, die Schweinelenden in dicker Senfsoße, auf einmal die Hektik. Aber wieso Anfang? Am Ende meiner Ost-Zeit war das Glück. Ein Glück an und für sich. Die Lücke im Schicksal. Losgelöst von allem. Etwas Auftreibendes, das da war, um gleich wieder loszukommen. Immerhin war nicht recht klar, was in zwei Stunden sein würde. Die Rede ist vom 9. November 1989. Das ist nun 35 Jahre her. 35 Jahre.

Geht es um diesen Tag, habe ich den Film »Berlin – Die Sinfonie der Großstadt« von 1927 vor Augen. Minute 7.53: Es ist morgens um fünf Uhr. Die Stadt schläft noch. Auf einer leeren Straße rollt ein Weiß. Ein Stück Stoff, eine ausgewaschene Zeitung, eine Tüte, vielleicht eine Windel.

Ich habe den Film ein paarmal gesehen, aber nie rausfinden können, worum es sich dabei handelte. Die Stadt ist völlig menschenleer, alles still, kein Wind. Der weiße Flecken trudelt den Asphalt entlang, wer weiß, von wem oder wodurch bewegt. Er bläht sich auf, überschlägt sich, bleibt liegen, nimmt erneut Fahrt auf. Was war das?

Der 9. November 1989. Über den sich was sagen lässt? War es Zufall, Intuition, ein historischer Seufzer, Müdigkeit, Schmerzmüdigkeit, der große Gegenalgorithmus? Hatte sich an dem Tag die Geschichte der Revolution ergeben, oder war es eher andersrum? Wollte sich die Revolution verbinden, einfach dazugehören, zu dem, was vorher gewesen war, sich bereits ereignet hatte, in einem Gestern, früher, vor sehr langer Zeit? Wollte sie sich schon mal anwesend machen, auf keinen Fall zu spät sein in dem, was demnächst, bald, in Kürze geschehen würde? Die weiße Geschichtstüte, die sechs Jahre vor Hitler an einem kalten, noch dunklen Morgen durch die Reichshauptstadt trudelte. Das Bild rollt in meinem Kopf. Ein harmloser, weißer Flecken. Nichtssagend, als Geschichte unerklärt, sich langsam nach vorn schiebend.

Der 9. November 1989. Dann der Ort: Internationales Pressezentrum der DDR. Dann die Zeit: 18.53 Uhr. Dann die Stimme, die wie aus dem Nichts sagte: »Und deshalb haben wir uns dazu entschlossen, heute eine Regelung zu treffen, die es jedem Bürger der DDR möglich macht, über Grenzübergangspunkte der DDR auszureisen.« Dann das: »Ab sofort, unverzüglich.« Von der weißen Geschichtstüte im Berlin-Film bis zum Ort der Pressekonferenz dürften es nicht viele Schritte gewesen sein.

Der 9. November 1989. Das Wochenende stand bevor. Ich

war erst Ende August nach meiner Flucht aus dem Osten in Darmstadt gelandet. Die Abendschicht in der Weinstube des Hotels *Weinmichel*, die um 17 Uhr begann. Sie würde lang werden. Das Reservierungsbuch war voll. Ich rauchte oben vor der Eingangstür noch eine Zigarette. Die Stämme der Platanen im Herrngarten gegenüber leuchteten mir zu. Der Herbst war erstaunlich mild. Ich lief die Treppe des Weinkellers hinunter, wischte die Tische ab, schnitt die Baguettes, verteilte sie in Brotkörbe, quatschte zwei, drei Minuten mit Ingo, dem Koch, zog auf der Toilette den Lidstrich nach, trank ein kleines Bier, zupfte die Mickerblumen aus den Tischsträußen. Um 19 Uhr lief ich die Treppe hoch, um die Weinstube zu öffnen. Es war alles vorbereitet. In Berlin fiel die Mauer.

Zeitschwebe. Dieser Donnerstag. Je weiter er der Vergangenheit angehört, umso stärker ragt er ins Jetzt. Im Grunde ist er mit jedem Jahr nähergekommen, als habe er vor, sich noch einmal zu ereignen. Will er sich an sich selbst erinnern, nicht übergangen werden? Wieso haben die Geschichte, die Welt, die Alliierten oder wer auch immer den Deutschen so viel Glück ermöglicht? Noch dazu an diesem deutschen 9. November? Sie hätten auch nein sagen, abwinken, mit dem Kopf schütteln können. Es war doch klar, dass es sich um ein großes, ja unwahrscheinliches Glück handeln würde. Eins, das es wohl nur an diesem Tag, genauer nur zu dieser Stunde geben konnte. Keinen Tag davor und auch nicht viel später.

Die flimmernden Platanenstämme im Herrngarten, ihre

auf dem Boden liegenden Schalenhäute. Wie eingerollter Papyrus. Die Wärme des Novembers, die 35 Jahre. Als würde ich in einem Zeitfass hocken. Die Sache mit dem Nullpunkt. Es gibt ihn ja nie. Aber es gibt echte Anfänge. Und Darmstadt war einer. Das Gefühl, dass alles im Neuen neu war, unbeschrieben, unbesetzt. Zum ersten Mal Paris sehen, den ersten Champagner trinken, zum ersten Mal ins Theater nach Frankfurt fahren, den ersten Band René Girard in den Händen halten. Ich weiß nicht, warum ich in letzter Zeit öfter Sehnsucht nach Darmstadt habe, nach diesen vielen ersten Malen, dieser Aufgeregtheit, der Zeitschwebe. Nach dieser seltsamen Nullstadt, ihren sturzgeraden Straßen, ihrem glimmenden Nachkriegsbeton, ihren lichten, großen Himmeln. Nach meinem Anfangstaumel, meiner Naivität, meinem Staunen. Ich laufe nachts in Gedanken durch die quadratische Stadt. Die Zeit schien so gerade wie meine Wege – von der Studienzulassung in die Weinstube, von der Kunsthalle zum Phänomenologen Hermann Schmitz, der im Uni-Schloss seine Vorträge hielt. Was er sagte, war so neu für mich wie mein Anfang: dass Gefühle einem nie allein gehören. Dass sie etwas Räumliches haben. Dass es trotz allem so etwas wie einen Leib gebe. Die Sätze des hageren Mannes vorn am Pult wippten durch den Raum, während mein Kopf wie die weiße Geschichtstüte in die Kindheit zurücktrudelte, zu einem ihrer Kernbilder – der im Krieg zerbombten Dresdner Frauenkirche. Ihre verkohlten Sandsteinblöcke dösten wie ein großes Reptil mitten in der Stadt. Auf den ausgerissenen Fenstersimsen wuchs Gras. Als Kind dachte ich an Wimpern. Heute denke ich an die Wimpern der Geschichte.

Wie sehr beides zusammengehört: Dresden und Darmstadt. Es sind Spiegelszenen. Ost und West. Die Ruine und der Beton, das Zerschlissene und das Stillose, das Eingerutschte und das Versiegelte. Die hessische Stadt diente am Ende des Krieges der *No. 5 Bomber Group* der *Royal Air Force* als Probestadt für Dresden und wurde in einer Nacht de facto ausgelöscht. Frankfurt, Langen, Köln, Mannheim. Als ich dort ankam, wusste ich das nicht: wie zerstört diese Städte am Ende des Krieges waren. Die Bombenlöcher und der Nachkriegsbeton. Ich sah ihn, wenn ich durch Darmstadt lief. Und ich sah ihn nicht. Ich hatte kein Bild für das, was er verdeckte. Die Brandnächte, den großen Schatten.

Dieser eine Novemberdonnerstag und die Wochen danach. Die ersten Schritte im Neuen, die Hochstimmung, die Erwartung, das unsagbar Leichte. Ich kam gar nicht mehr runter. Das erste Kneipengeld und die Flüge nach Berlin, um die Freunde in der Stadt nun ohne Mauer wiederzutreffen. Die Berliner Unruhe und die Angst vor der Umkehr. Die Sorge, dass der Hammer noch einmal fallen, sich die Zeit zurückdrehen könnte. Dieses Novemberflattern, das vielleicht erst am 3. Oktober 1990 endete. Die Nachrichten, die sich überschlugen: Welcher Politiker wurde abgesetzt, wer war aufgeflogen, wer in Nacht und Nebel Richtung Starnberger See verschwunden? Die Szenen, von denen die Freunde berichteten: die Hektik an den Grenzübergängen, der Andrang an den Wechselstuben, die vielen Kinderwagen, an denen Bügeleisen und Bohrmaschinen baumelten. Als ob ganze Haushalte pausenlos von Ost nach West türmten. Unter dem wüsten Gerenne die Hoffnung, aus der mit jedem Schritt eine größere Unsicherheit wurde. Berlin als etwas Getriebenes. Das Rissige, Wunde, Aufgebrochene war seine Haut.

Darmstadt schien von all dem unbehelligt. Dort liefen die Dinge weiter wie bisher, dort waren die Tage auch ohne Revolution vollzählig, dort gab es den Beuys-Block im Landesmuseum, direkt gegenüber der Weinstube. Sein Fett bröselte, der Filz wirkte strapaziert, wie von den Verhältnissen überfordert. Dennoch zog es mich dahin. Als könne man bei Beuys noch mal durch die Antike laufen. Sie war fern, aber eindeutig. Sie staubte, aber sie strahlte Ruhe, irgendwie Gediegenheit aus. Dazu ihre feinen, hie und da unterbrochenen Linien, die es trotz allem schafften, die Spur zu halten. Auf einem der Schilder das Wort Essenz.

Der Dezember 1989, als ich endlich das Geld für meine ersten Westklamotten zusammenhatte. Der erste Mantel, das erste Paar Schuhe, der erste Pullover. Im Foyerspiegel des *Weinmichel*-Hotels sah ich aus wie eine, die endlich durchstarten würde, die richtig was vorhatte. Ich stand am Gate Nummer 18 des Frankfurter Flughafens, wie ich später an allerlei Gates stehen würde, und hatte nur einen Gedanken: Das hier war für dich nicht vorgesehen. Sydney, Cagliari, Yverdon. Das solltest du nicht sehen, dazu solltest du nicht gehören, das sollte nicht dein Leben sein. Ich hatte null Ahnung davon, was kommen würde. Ich hatte nichts. Vielleicht war das das Schönste.

Weggesacktes. Mein Interregnumsgefühl: etwas zwischen davor und danach, zwischen vorn und hinten, alt und neu, bange und euphorisch. Wenn ich von heute aus auf die Darmstadt-Zeit blicke, erscheint sie mir eigenartig separiert, wie ein Scherenschnitt in der Zeit, etwas Unanfechtbares, Herausgehobenes, eine seltsam stabile Größe. Dabei kamen mir die Wochen nach dem historischen November-Donnerstag doch eher wie Watte vor. Alles war in Frage gestellt, nichts lag mehr auf der Hand. Was also hat es auf sich mit meiner Sehnsucht nach dem alten Westen? Wieso denke ich bei Darmstadt zuerst ans Angekommensein, an etwas Gerades, Klares, an Fundament und Basis, obwohl die Welt in dem Moment komplett im Umbruch war, obwohl das Land, aus dem ich kam, gerade wegsackte wie ein Puffpilz, obwohl klar war, dass sich von nun an alles, aber auch alles verändern würde? Warum fühlt sich der Darmstädter Anfang noch heute völlig richtig an?

Mein Blickfeld des Anfangs: die Gesindestube, der Herrngarten, das Landesmuseum, das Uni-Schloss. Die Tagesgeräusche des Hotels, das Klappern der Teller, die Schritte und Stimmen, die sich im Hinterhof verfingen. Die Wörter des Anfangs: Ich hatte mit Hakki, meinem türkischen Chef der Weinstube, zu tun, mit Francesco, dem Kellner beim Italiener um die Ecke, sah am Frühstückstisch Eszter, meine ungarische Kollegin, die ihre Gesindestube neben meiner hatte, oder ging zu Said, der aus Marokko kam und im Hotel die Zimmer reinigte. Das Deutsch, das wir miteinander sprachen, nannte Hakki Bügeldeutsch. Ich habe ihn nie danach gefragt, was er damit meinte. Vielleicht dachte er an sorgsam zusammengelegte Wäschepacken, die wir uns herumreichten, an geglättete Schibboleths, die wie Spielsteine zwischen uns hin- und herwanderten, an gehütete Fundstücke. Wir redeten auf einer sehr schmalen Spur, die wir nicht verließen, da klar war, dass nichts schiefgehen durfte, dass nichts noch schwieriger werden durfte. Das hätte unsere Anspannung verraten, die unsere kleine Staatengemeinschaft zusammenhielt. Letztlich war unser Bügeldeutsch eine einfache Geometrie von Sätzen, die geschleudert, portioniert, zurechtgestutzt aus uns herausgestoßen wurde. Ich weiß gar nicht, ob man das, was wir uns mitteilten, als Gespräch bezeichnet hätte. Im Grunde sprach jeder für sich und warf höchstens hie und da seine Hackstücke aus, um die nötigen Wörterbojen zu setzen: Ich bin da. Ich kann nicht. Verstehst du? Komm schon. Lass uns einfach weitermachen. Wir redeten Bügeldeutsch, damit wir uns nicht in etwas verfangen mussten, das neben der Spur lag. Wir ahnten, dass wir es nicht hätten auflösen können.

Beim Verlassen des Hotels lief ich nach rechts, zum *Langen Ludwig*, dem Zentrum der Stadt. Das Fußläufige, Tuchfühlige. Es war alles anwesend, sichtbar, nah beieinander. Darmstadt – die Stadt der Wissenschaften, der Künste, der Beamten und Gerichte, der Forschung und modernen Tonmusik. Auf den ersten Blick schien es eine Stadt zu sein, die sich Zeit genommen hatte für sich. Reformschulen, feministische Buchläden, Alternativcafés, eine endlose Fahrrad-Armada. Sie wirkte parat und gut eingerichtet. Das Wort Anspruch lag über dem Beton. Der wiederum sollte leicht, pragmatisch, gewitzt daherkommen. Als habe man nicht vor, sich unnötig aufhalten zu lassen.

Und der zweite Blick? Für den würde es Zeit brauchen, spürte ich. Der lief nicht einfach so durch die Straßen oder blinkerte einem zu wie eine Leuchtreklame. Der kam verpuppter daher. Um den ausfindig zu machen, hätte ich am Ort bleiben müssen. Aber wollte ich das? Nicht mal das konnte ich sagen. Der ausgekippte Zustand, die rahmenlose

Zeit. Wer ist man in diesem Nichtmehr und Nochnicht? Es müsste eine Handreichung für den Übergang geben, einen Dolmetscher, eine Orientierung, ein Skript. Wie sich durch das Gestrüpp des Anfangs schlagen? Was unbedingt liegen lassen, wo unbedingt abbiegen? Mein Interregnumsgefühl: Ich kann erstaunlich wenig darüber sagen. Wieso eigentlich nicht? Die Taumelwochen, der Watteboden, der Novemberpudding. Hinter mir das alte, weggebrochene Land, vor mir die Leere. Das Alte fragte, zottelte, lag quer. Das Neue sah aus wie etwas Planes, Unbetretenes, Unbetretbares. Ich war in einem Zustand zwischen überwach und benommen, angestrengt und todmüde. Was ich nicht vertrug, waren Ratschläge. Was ich überhaupt nicht vertrug, waren abgetragene Röcke und Blusen, die sich zusehends in meinem Zimmer stapelten. Ich wollte keine. Ich wollte kein Aschenputtel sein. War ich undankbar? Auf alle Fälle.

Zwei ostdeutsche Frauen und zwölf ostdeutsche Männer, die im September und Oktober 1989 in östlichen Grenzflüssen starben, fast alle in der Donau. Vierzehn Menschen, die nicht durch den Revolutionsstrudel kamen. Der unbedingte Wunsch, der Wille, eine andere, ein anderer zu werden, noch einmal ganz von vorn anzufangen. Wie sie ihren Rucksack gepackt und Abschied von ihrem alten Leben genommen haben. Worauf lag ihr letzter Blick? Was haben sie gedacht, mit wem zuletzt gesprochen? Sie fuhren los, in ihr neues Leben. Bis zur Donau, bis zum Cut.

Dopplereffekte

Upper West Side. Herbst 1989. Das Warten auf die Studienzulassung. Was bedeutete: von 5 bis 9 Uhr jobben auf der Post, von 11 bis 14 Uhr Crêpes drehen im Café *Quartier Latin*, zweimal in der Woche Arbeit in der Privatgalerie *Netuschil*, von 19 bis 2 Uhr Schicht in der Weinstube. Keine Ahnung, woher ich die Energie hatte. Ich hätte sie heute nicht mehr. Aber ich brauchte ein eigenes Zimmer, ich wollte raus aus dem Hotel, ich brauchte Bücher, ich brauchte Geld.

Über Mittag kam des Öfteren ein Mann ins *Quartier Latin*: um die 70, klein, hager, speckige Jeans, Karohemd, gelblicher, fädiger Bart, lange Haare, Pfeife im Mund. Er bestellte eine Cola und musste reden. Von seinen Erfindungen und Patenten. Er malte Maschinen auf Bierdeckel, die aussahen wie Bienenwaben. Er brachte Teile davon mit, die alle etwas mit Wiegen, Tabletten und der Darmstädter Firma Merck zu tun hatten. Ich musste mittags viele Crêpes machen, es war voll, es hatte schnell zu gehen. Der Cola-Mann saß auf seinem Hocker und bot viel Text. Ich hatte keine Zeit, ihm zuzuhören. Irgendwann legte er mir einen Umschlag auf den Tresen und sagte: »Nimm es an. Ich habe zu viel davon, zu viel Kohle, ich kann damit nichts anfangen.« Im Umschlag lagen zehn Tage New York: Flug, Hotel, Broadway, alles gebucht. Das annehmen? Nie und nimmer. Der Mann meinte, das brauche keine Begründung, es sei so. Keine Widerrede. Es ginge nur annehmen. Also annehmen? Er fuhr mich in seinem klapprigen VW-Käfer zum Flughafen. Er sah sich nicht um. Für ihn war das Ganze erledigt. Vermutlich können sich viele an etwas Unverhofftes in diesem Anfang erinnern. Der einen wurden die Zähne gratis gemacht, dem anderen wurde ein Auto geschenkt. Die Zeit war freundlich und glänzte sanftmütig vor sich hin.

April 1990. Das *New York Marriott Marquis*-Hotel mitten in Manhattan, 34. Stock mit Blick auf den Times Square. Ich musste unweigerlich an »Hannah und ihre Schwestern« denken, an den Film von Woody Allen, den wir noch als Studenten in der DDR gesehen hatten. Das war 1986. Die speckigen Sitze des Jenaer *Palast*-Kinos, der Zwanziger-Jahre-Swing, die New Yorker Straßen, die Opulenz der Gebäude, das Met, die Filmbüros und Plattenläden, die Wohnungen, das Familiäre, der Sound der Stadt. »Hannah und ihre Schwestern« war mein Bildkoffer für den Westen. Was wir zu sehen bekamen, entsprach ganz dem, was die Stadt in unserer Vorstellung ausmachte. Wir staunten, wir starrten auf die Leinwand, wir schauten uns den Streifen immer wieder an, ohne eine Sekunde daran zu zweifeln, dass das, was Woody Allen uns als New York präsentierte, die Realität sein würde. Wir fuhren in den knallgelben Taxis, liefen über die 5th Avenue, joggten durch den Central Park, feierten mit Hannah, Elliot, Holly und Lee Thanksgiving, nur um uns sagen zu können: New York gibt es. New York ist real.

Und das war gerade mal vier Jahre her? Ein frostiger Aprilabend des Jahres 1990. Ich lag in einem übergroßen Fenster eines New Yorker Hotels. Im Blickschlund der Times Square. Die Skyline der Stadt glitzerte in den Fensterfronten gegenüber, in den Straßen lag der letzte Schnee, die Leute hasteten dem Abend entgegen, die untergehende Sonne streute ihr Licht zwischen die Häuser, mein erster Amerika-Tag verglühte. Ich sah der Imagination dabei zu, wie sie in die Realität hinüberwechselte. Oder auch: Ich lief durch eine Filmkulisse, die sich anschickte, hinter dem Unwirklichen unentwegt neue Unwirklichkeiten zu entwerfen. Waren Mauerfall, Westen und Cola-Mann nicht schon heftig genug? In Jena hatte uns der Hannah-Film an die Welt angeschlossen. Jetzt war ich in ihr. Die Bilder im Kopf, die Bilder des Films, die Bilder der Realität. Was hatte es auf sich damit? Was gehörte wohin, wenn man gerade aus dem Einschluss kam? Ziehen Bilder dann einfach nur um, oder gibt es welche, die hinter ihren Oberflächen etwas versteckt halten, was man nicht ohne weiteres hin- und herschieben kann? Woran würde man die erkennen?

New York war New York und ich in einem Zustand, der schlicht zu groß für mich war. Noch in Darmstadt hatte ich mir das Hannah-Video ausgeliehen. Ich wollte eine Roadmap erstellen, um die Filmwege abzulaufen, die realen Schauplätze zu sehen, ich wollte einen Geländeabgleich welcher Art auch immer. Ich wollte dem Taubheitsgefühl des Übergangs auf die Schliche kommen, jener Zeit ohne Erinnerung. Vielleicht lag es an den Resten von Schnee, vielleicht an meinem Fremdblick, vielleicht an der Dimension der Häuserschluchten – New York war riesig, aber es war kein Labyrinth. Die Stadt wirkte wie eingehängt in ein System, das ich zwar nicht kannte, das mir aber in einem fort zuraunte: Geh los, du kannst nichts falsch machen hier, es wird schon. Ich verließ das Hotel und lief zwei Meilen am Central Park entlang zum *Jackson Hole*, der Burger-Legende, die auch bei Hannah auftauchte. Natürlich die Jogger, natürlich die Hunde. Mir fiel David ein, der Architekt, der im Film sagte: »Und das Auge wandert weiter, eingeschläfert durch Zufriedenheit.«

Vielleicht waren die Twin Towers oder das Empire State Building ja so etwas wie der Mont Blanc und das Matterhorn, dachte ich. Oben nah bei der Fahne stehen, um unten auf die sorgsam geordneten Bahnen zu schauen, auf eine entfernte, sehr übersichtliche Welt. Eine Frage der Relationen und der Druckverhältnisse. Die Höhe und die Ruhe im Tal, die Höhe und der sehr eigene Klang, der dadurch entstand. Man würde New York sofort an seinen Geräuschen erkennen. Oft sind es Nachgeräusche. Als müsste man erst mal drei Runden um die Ecken rennen oder eine Weile Fangen spielen, ehe die Töne zueinanderfinden. Als käme man aus dem Hohlen, aus einer Art Unterdruck. Jedenfalls war ich die ganze Zeit mit den Klängen beschäftigt, mit ihren Dopplereffekten. Mit dem Schlottern der Fahrstuhlseile, dem Trampeln der U-Bahnen, dem Gewinsel der Klimaanlagen, dem Kreischen der Schachtwände. Das viele Metall, das sich in die Schädeldecke der Stadt drückte.

In den Touristen-Shops fiel mir das Wort *memory* entgegen, in den Regalen stapelten sich Schneekugeln in allen Varianten und Größen. Ich kaufte eine vom Times Square. Der Schnee war pink und sah aus, als könne er klimpern.

Die noble Upper West Side, das Guggenheim, die Graybar, die Columbia University, der *Pageant Book and Print Shop*. Der Hannah-Film warf sein Montage-Netz über mir aus. Ich lief es ab, um irgendwann festzustellen, dass ich unentwegt um den Central Park kreiselte. Er war das Zentrum, eine Idee, etwas Verborgenes, etwas Abwesendes vielleicht.

Am Klavier. Auf dem Rückflug nach Frankfurt zog der kalte Stadtsog noch immer durch mich durch. Das Metallische, Pulsierende, Hypnotische. Geräusche wie aus dem All. Aber was waren diese zehn New-York-Tage gewesen? Zum ersten Mal den Kontinent gewechselt, durch die Neue Welt gelaufen, Meryl Streep auf der Bühne gesehen, gute Drinks geschlürft, durch jede Menge Museen gelaufen, zehn Nächte lang von meinem Hotelfenster aus den Times Square im Blick gehabt, in Jazzbars rumgesessen, im *Pageant Book and Print Shop* die Bücher von Anne Sexton entdeckt, New-York-Stiefel gekauft. War das alles? Mein Eindruck war, dass das noch Rahmenlosere in dieser Stadt in der Lage war, dem Rahmenlosen einen Rahmen zu geben. Keine Ahnung, wie das funktionierte, aber es war so. Jedenfalls bin ich durchgekommen, New York hat mich nicht aus der Bahn geworfen. Es war unwirklich, surreal, es war großartig. Hat sich etwas in mir geordnet? Zumindest war ich meinen Taumel losgeworden.

Die sonore Tonspur der Maschine über dem Atlantik, in die sich nach und nach ein paar Stimmen schoben. Es waren Hannah, Mickey, Lee, Elliott, Holly, Frederick. Stimmen aus dem Woody-Allen-Film. Eine sagte: »Die ganze Welt ist bedeutungslos.« Eine andere: »Es ist pechschwarz heute Nacht. Ich fühle mich so verloren.« Die dritte: »Wenn die aufhören zu singen, werden sie Geiseln nehmen.« Ich dachte an den Central Park, an das abwesende Zentrum. Ich dachte an Hannah, an die Ruhigste im Film, die am meisten beunruhigte. Sie war es, die das mit der Verlorenheit gesagt hatte und das mit dem Pechschwarzen. Aber was wurde hier eigentlich verhandelt? Wieso war mir das bisher nicht aufgefallen? Ich kannte den Film doch.

Die üppigen Interieurs, die prächtigen Schauplätze, das Übermaß an europäischer Kunst im Film. War von all dem so viel da, um die Ängste derer, die in dieser gebauten Welt lebten, irgendwie im Zaum zu halten? Ging es darum, etwas dermaßen anwesend zu machen, damit die flatternden Filmseelen etwas in die Hand bekamen, woran sie sich festhalten konnten? Den Hannah-Film hatte man weltweit als große Komödie beworben, als ein familiäres Verwirrspiel, als ultimative Liebeserklärung an New York. Ich flog von den Neuen Welt in die Alte zurück und dachte: Es ist anders. Die Geschichten um den Central Park sind etwas anderes. Sie handeln vom Knacks, von der Katastrophe, vom Verlorenen, vom Absturz, der Angst. Ich war in New York, um die Alte Welt wieder mit zurückzunehmen. Der Central Park war das Bild für etwas Abwesendes, die zittrige jüdische Geschichte.

Eine Ebene, die auch in Jena vollkommen unerwähnt geblieben war. Das Flugzeug war auf der Hälfte der Strecke. Es ruckte hart, ein Luftloch vielleicht. Kurz danach tauchten zwei Figuren auf, die im Film eher Statistenstatus innegehabt hatten: Vater und Mutter. Er saß am Klavier, neben der Partitur ein Weinglas, sang immer dasselbe, bekam ab und an einen Wutanfall, aber keine Geschichte ab. Sie lehnte, stand oder saß neben ihrem Mann, spielte die Rolle der unberechenbaren Narzisstin und prostete sich heftig dabei zu. Auch von ihr erfuhr man letztlich nicht viel. Die beiden wirkten wie Monumente, wie ein Bann ohne Worte. Das, was die Eltern-Szenen verband, war das Klavier. Spielte es, fand die Familie zusammen. Spielte es nicht, trat binnen Sekunden das Drama auf den Plan – die Verletzungen, die Aggressionen, der Verrat.

Es ging nicht anders, als in dieser Atlantiknacht an die beiden in Dresden zu denken. An Vater und Mutter. An den Mann am Blüthner-Klavier mit dem dunklen, runden Klang. Daran, dass er es nie geschafft hatte, seine Frau neben sich ans Klavier zu stellen. Zumindest kann ich mich an keinen Moment erinnern, in dem die beiden mal zusammen Musik gemacht hätten. Vielleicht hatte er es sich gewünscht. Und sie? Ich sehe beide ein Weihnachtsfest vorbereiten, höre ihre Stimmen in der Küche, ihre Schritte im Flur. Die Erinnerungskamera fährt über den Baum, die Kerzen, den großen Tisch. Die Atmosphäre füllt sich mit der gedimmten Patina-Farbigkeit des Ostens. Die Kamera fährt in Richtung Klavier, bleibt auf den Tasten hängen. Das Dresdner Elternbild bleibt leer.

Das Flugzeug über dem Atlantik, die Hannah-Bilder, dahinter Jena, Dresden, der Osten. Was ich vor 35 Jahren alles nicht wusste, nicht wissen konnte. Es ist einiges. Ich frage mich, wie das eigentlich mit der Neuen und der Alten Welt ist. Wer sich da auf wen zubewegt, welche Richtung beide haben und wieso man solche Begriffe benutzt, wenn ohnedies alles in einem fort in Bewegung ist. Zwei Millionen Jüdinnen und Juden, die in New York leben, deren Geschichten, Erinnerungen endlos um den Central Park kreisen. Es ist nicht genug zu sagen, dass das Bild, das dabei entsteht, nicht zu fassen ist. Es ist auch gar kein Bild. Aber was?

Ich landete in Frankfurt, das mir an diesem Morgen fremder vorkam als New York. Ich würde den Interregio nehmen. In Darmstadt würde ich nicht die Rheinstraße laufen, sondern die Mornewegstraße Richtung Zentrum. Ich würde in meiner Gesindestube als Erstes die neuen Stiefel anprobieren und für die Schneekugel vom Times Square den richtigen Platz finden. Ich würde kurz vor 17 Uhr über den Hotelhof laufen, die Tür der Weinstube aufschließen. Ingo, der Koch, würde mich mit seinem Hallo begrüßen. Ich würde ihm ein bisschen von New York erzählen.

Es muss schnell gehen jetzt, dachte ich. So bald wie möglich raus aus der Gesindestube, mit dem Studium anfangen, eine eigene Wohnung finden. Wieso dauerte das so lange? Die Behörden, die Studienzulassung. Was gab es denn zu prüfen? Die New-York-Reise hatte mich sicherer gemacht: in Darmstadt ankommen, nicht mehr in den Osten zurück. Dort waren die Freunde, aber da war kein Anfang. In Darmstadt waren keine Freunde, aber es würde schon gehen, es würde einen Weg geben, die Zulassung würde kommen, sie würde freundlich ausfallen, ich war mir sicher.

Ein paar Tage nach New York fuhr ich nach Berlin. Pia, mit der ich studiert hatte, feierte ihren 25. Geburtstag und bestand darauf, uns alle zu sehen, die komplette Seminargruppe. Wir saßen in großer Runde, wir rauchten viel, wir führten denkwürdige Gespräche. Richard erzählte von seinem Vater, einem Stasioffizier, der sich vor Jahren von der Familie verabschiedet hatte. Nun war er arbeitslos geworden und kehrte zurück. Das klang nicht gut. Auch die anderen erzählten, was sich im letzten halben Jahr in ihrer aufgebrochenen Welt ereignet hatte. Umbrüche, Ortlosigkeiten. Die Geschichten erzählten von etwas, was man nicht in den Medien las. Die Welt war offen, aber etwas schien sich nach innen zu verschieben.

Erinnerungstransfer

Beistehwörter. Die Tage, Wochen, Monate nach dem 9. November 1989. Eine Zeit, die hüpfte, quirlte, schäumte. Die den Atem nahm, verunsicherte, die Angst machte, überreizte, erschöpfte. Das Wort vielleicht und das Wort damals, das Wort opulent und das Wort einsam. Der Zeitriss und seine kollektive Biographie, ihr Haupttext. Gab es ihn? Das Beseelte, Erlöste, Glückliche. Die Enttäuschung, das Chaos, den Schock. Wie das einfangen, was nach 35 Jahren so beiläufig gemacht wirkt, so geschluckt, weggehalten, beiseitegestellt?

Herbst 1989 und die Geschichte der Träume. »Das wunderbare Jahr der Anarchie« heißt ein 2004 im Berliner Ch. Links Verlag erschienenes Buch: Im sächsischen Kurort Gohrisch erzwangen die Einwohner die Öffnung eines Bonzen-Gästeheims und stellten eine lokale Parallelregierung auf. Hunderte Menschen zogen zum Jagdsitz des einstigen Regierungschefs Willi Stoph und forderten die Abschaffung der Staatsjagd. Der kleine Ort Rüterberg im nördlichen Grenzgebiet an der Elbe erklärte sich zur freien Republik nach Schweizer Vorbild. Eine junge Frau bildete eine Untersuchungskommission, um dem Devisenmogul Alexander Schalck-Golodkowski auf die Schliche zu kommen. Im Zuchthaus Bautzen II traten die Häftlinge in den Hungerstreik und gründeten einen Gefangenenrat. In Frankfurt/Oder initiierten zwei Frauen den Widerstand gegen die Vernichtung der Stasiakten. Ein Gemüsehändler aus Erfurt setzte im Januar 1990 sein Recht auf Gewerbefreiheit durch und vollzog die Währungsunion von sich aus. Matrosen der Volksmarine unterwanderten die Befehlsgewalt und gründeten den »Ersten Matrosen- und Soldatenrat«. In Rostock ließ sich der Runde Tisch auf einen Machtkampf mit dem alten Regime ein und gewann. Oberbürgermeister und Stadtschulrat mussten zurücktreten. Naturschützern gelang es, in einem schier aussichtslosen Wettlauf mit der Zeit einmalige Landschaften und Nationalparks zu retten. Ein Berliner Lehrer gründete eine unabhängige Schule.[1]

Herbst 1989 und das Ende der Befehle. Das Ende des Wehrkunde- und Staatsbürgerunterrichts, der Fahnenappelle an den Schulen. Jungpioniere, Thälmannpioniere, FDJler gab es nicht mehr. Aber was war wirklich weg und was nur zum Schein? Der Kollaps im Äußeren und das, was sich im Inneren ereignete, in den Machtzentralen, in den Familien, im Einzelnen. Man müsste eine Stimme in einen leeren Raum setzen und sie noch einmal die andere Geschichte sprechen lassen. Nicht die öffentlichen Schlagwörter, die totgeredeten Sätze, all das Stilisierte, sondern das, was in diesen Monaten ad hoc ausbrach, das schlicht rausmusste. Das Ungefilterte, Unbearbeitete, Unverfälschte. Eine kleine Demoskopie des Freudestammelns, der Beistehwörter, des Ungläubigen, Verzweifelten. Es müsste noch einmal alles da sein dürfen. Vielleicht, dass wir was anderes bemerken würden, etwas, über das wir bislang hinweggeschaut haben.

Was für ein Glück das war, denke ich. Das Unwahrscheinliche, das dazu bestimmt war, das Unverrückbare zu sein. Aber das stimmte nicht. Millionen, die erlebten, wie das Unmögliche in die Möglichkeit kippte. Die dabei waren. Was auf einmal alles da sein durfte – leicht, selbstverständlich, wild, ungestört. Es gab kein Nein mehr. Vielleicht sind die Geschichten, die zu erzählen sind, ja eher die unplausiblen, unannehmbaren, inakzeptablen. Vielleicht sind diejenigen, die das erlebt haben, später vor allem dazu da, auf dieses Momentum zu beharren, in dem das Unmögliche ins Reale kippte. Vielleicht geht es immer noch darum, Jahr für Jahr und in aller Ruhe zu sagen: Das war's. Mehr geht nicht. Es war das Wunder. – Der Mauerfall des Geruchs. Der Mauerfall in den Dingen, des Schmerzes in den Dingen, in den 17 Millionen Ost-Körpern. Was weiß man schon. Es ging alles so schnell. Aber hat der Westen nicht auch hinter seiner Mauer gelebt?

Eingekerbtes. 15. Juni 1990. Die Erklärung zur Regelung offener Vermögensfragen, die als zentrales Puzzlestück zu einer sich einkerbenden Meistererzählung gehören sollte. In den ersten Monaten nach dem November 1989 waren sich der Osten und der Westen durchaus freundlich begegnet, im Zauber der Erwartung und der großen Ereignisse. Aber ab Juni 1990 tauchte in den Medien das Bild des arroganten, geldgierigen Alteigentümers aus dem Westen und des naiven, übertölpelten Ostdeutschen auf. Es gab Berichte von vermeintlichen Altnazis, die in ihren dicken Schlitten aus Würzburg und Köln angerauscht kamen, um Häuser, Villen, Fabriken, Gutshöfe, um ihr Land im Osten einzusacken. Berichte von Jung-Erben, die durch Wälder stiefelten, als hätten die ihnen seit Ewigkeiten gehört. Keine Frage, Eigentum ist eine hochemotionale Angelegenheit. Viele Ostdeutsche haben unter schwierigsten Bedingungen und mit viel Zeit versucht, zu sanieren und zu erhalten. Tatsache ist: Laut einer Studie aus dem Jahr 2020 sind in den neunziger Jahren mehr als zwei Millionen Restitutionsanträge gestellt worden. Das Ergebnis: 49 Prozent der Anträge wurden abgelehnt, 14 Prozent der Anträge zurückgenommen, nur 22 Prozent rückübertragen.[2] Oder auch: Die offenen Vermögensfragen sind eine verblüffende Erfolgsgeschichte der Ostdeutschen. Die Betroffenen – nicht selten ehemalige DDR-Eliten – gründeten Vereine, Bürgerinitiativen, einen Mieterbund, agierten lokal und landesweit, wurden ungemein öffentlich, wussten sich zäh durch die Instanzen zu klagen, erwiesen sich als auffällig fit im Hinblick auf die neuen Behörden sowie Gesetze und schafften es, damit ihre Vermögen zu verteidigen.[3]

Ähnliche Unstimmigkeiten fallen auf, wenn es um die Nacherzählung im Hinblick auf das DDR-Schulsystem geht. In der Umbruch-Studie ist zu lesen, dass »sich große Unterschiede zwischen den Aussagen in den Dokumenten und Texten, die 1990 entstanden, und den späteren, etwa 1995 oder 2018 formulierten Erinnerungen feststellen« lassen.[4] Gleich nach dem Mauerfall sei das Schulsystem im Osten erst einmal massiv in die Kritik geraten. Die generelle Politisierung, die Militarisierung, die ideologische Dauerbestrahlung, selbst in den Jugendorganisationen. Im Frühjahr 1990 äußerten Jugendliche im Kontext der Sächsischen Längsschnittstudie noch, dass die Polytechnische Oberschule (POS) sie zu wenig gefordert habe. Sie hätten zu wenig gelernt und seien deshalb schlecht auf die neuen Anforderungen vorbereitet.

Fast zwanzig Jahre später, im Jahr 2017, hieß es, der DDR-Unterricht sei besser strukturiert gewesen, man habe mehr Allgemeinbildung vermittelt bekommen und die soziale Selektion sei geringer ausgefallen. Was war passiert? Wie ist das zu erklären? In der Studie heißt es, dass die Diskrepanz in den Aussagen zwischen der unmittelbaren Umbruchszeit und den nachgereichten Statements überaus markant sei und ein generelles Muster aufweise: Je weiter der Befragungszeitpunkt vom eigentlichen Ereignis entfernt sei, desto diktaturfreundlicher falle die Erinnerung aus. Dies, so halten die Forscher fest, sei erklärungsbedürftig, jedoch nicht allein den Gesetzen der Erinnerung geschuldet. Der Einfluss medialer Diskurse über die Ostdeutschen sei dabei nicht zu unterschätzen.

Abartige Größen. Ein drittes, nicht weniger emotionales Thema in Sachen Erinnerungstransfer dürfte das DDR-Gesundheitssystem sein. Hatten Schulen und Universitäten den Auftrag, den Neuen Menschen zu formen, war das Gesundheitssystem die öffentliche Visitenkarte für das *bessere, humanere Deutschland.* Allen Ostdeutschen sollte ein einheitlicher, ergo gerechter Zugang zu gesundheitlichen Leistungen garantiert werden. Kostenlose Gesundheitsbetreuung, ambulante Versorgung in den Polikliniken, Standard-Routineuntersuchungen, verpflichtender Mutter-Kind-Schutz, diverse Impfprogramme verbuchte der Staatsmythos auf seiner Habenseite. Die Kehrseite: »Spätestens ab Mitte der 1970er Jahre wurde sichtbar, dass die DDR vor allem bei der medizinischen Ausstattung, der Arzneimittelversorgung und der Behandlung von chronisch kranken Menschen internationalen Standards nicht mehr entsprechen konnte«, schreibt die Soziologin Sabine Böttcher.[5] Darüber hinaus blieben im Gesundheitsbereich notwendige Investitionen aus, standen eine marode Bausubstanz sowie veraltetes Medizingerät beständig auf der Mängelliste, waren die Dienstzeiten vielfach überlang, flohen vor allem junge Ärztinnen und Ärzte bzw. konnten wegen Wohnungsmangel nicht eingestellt werden.[6]

Die medizinische Situation in der Endphase der DDR war schlichtweg desaströs. Ein Stasibericht von 1987 hielt »das gänzliche Fehlen von Verbrauchsmaterialien wie Spritzen, Katheter, Kanülen, Magen- und Nasensonden und Desinfektionsmitteln« fest.[7] In Neubrandenburg fehlte es an Mulltupfern und Gummihandschuhen, die nur in »abartigen Größen vorhanden« waren.[8] Die katastrophale Situation wurde allerdings öffentlich beschwiegen und konnte nur mittels Hilfen aus dem Westen aufgefangen werden. Noch 1990 wurden für diesen Bereich 500 Millionen DM in den Osten transferiert.[9] Der Unmut gegenüber den üblen Zuständen spiegelte sich auch in den ersten Transformationsberichten: »Im Mai/Juni 1990 waren 74 Prozent der Ostdeutschen der Meinung, dass die Verbesserung des Gesundheitssystems sehr dringlich und wichtiger als die Umstellung der DDR-Mark auf die D-Mark (70 %) oder die Verbesserung der Versorgungslage der Bevölkerung (66 %) sei.«[10] 24 Jahre später, im Jahr 2014, bescheinigten »66 Prozent dem Gesundheitssystem der DDR besondere Stärken«.[11] Wie ging das? Was war nach dem großen Revolutionszorn passiert?

Text-Schleusen. 1991 wurde Treuhand-Chef Detlev Karsten Rohwedder erschossen, fand der erste Mauerschützenprozess statt, beschloss der Bundestag das Stasiunterlagengesetz, fiel die Entscheidung, dass Berlin künftiger Regierungssitz sein solle. Diese fiel knapp aus. Die Bilder und Filme zu den Ereignissen sind in unseren Köpfen. Wir schauen sie an, in Endlosschleife, je nach Jahrestagen, und haben das Gefühl, dass sie uns gehören. Wir waren dabei, wir steckten drin in diesem Film. Aber welche Bilder hat das Erklärungsbedürftige? Etwas ist in diesem Anfang, das hängen geblieben ist, denke ich. Etwas, das nicht zum Ereignis werden wollte, sich nicht ins Neue übersetzte, es nicht konnte. Es sollte im Alten bleiben, ungesehen, unerkannt. Vielleicht hängt es noch immer an der Abrisskante der Geschichte und weiß nicht, wohin. Vielleicht ist auch zu viel gleichzeitig geschehen, gab es zu viele Turbulenzen, haben wir uns keinen Begriff davon gemacht, was wirklich passierte. Wie auch?

Mein Ost-Ich ohne West-Ort. Mein Such-Ich im Westen ohne Ost-Land. Das Übergangs-Ich, das Interregnums-Ich, das Anfangs-Ich. Alles Platzhalter, die die Bahn markierten, die die Warnzeichen aufstellten, die das Ich sorgsam verpackten, es umstellten, vervielfältigten. Als ob es so einfach wäre. Es war nie einfach. Jedenfalls nicht so, wie ich es mir anfangs erhofft hatte. Im Grunde ging gar nichts. Kein Satz, der stimmte. Nichts, was zu halten gewesen wäre. Also wie? Ich will es klarer haben. Es soll ein Text-Ich geben, das Boden hat, das durch was durchmuss, bei dem man weiß, was Sache ist, das aber auch sagt, wenn es schlingert und nicht weiterkommt.

In der DDR wurden Landkarten verkauft, auf denen man nicht jede Straße, nicht jeden Weg eingezeichnet hatte. Militärobjekte, Grenzgebiete, abgesperrte Zonen, die nicht einsehbar sein sollten. Eine spezielle Kartographie, mit deren Hilfe unerwünschte Gedanken, Wünsche oder gar Abwege verhindert werden konnten. Der Einschluss und das Wegretuschierte. Das Verbotene, Gesperrte, Unbegehbare. Es ist ein Bild im Bild. Der Osten und seine inneren Räume. Das Lahmgelegte, Abgedrosselte, Eingemeierte. Die ausbleibenden Referenzräume, das System der Camouflage, die speziellen Codes. Was wissen wir davon, wie lange es braucht, ehe sich das Eingeschlossene auf den Weg macht und nach außen kriecht, wann die Wörter loslaufen, auf welchem Pfad sie sich durchschlagen und mit wem. Vielleicht ist das Text-Ich ja dazu da, die Wörter zu begleiten, den Weg gewärtig, gegenwärtig zu machen, den Übergang hinzukriegen. Vielleicht ist es eine Schleuserin. Eine, die die Wasserflasche trägt, den Kompass ausliest, die Falllöcher hütet. Eine, die da ist und dableibt. Der es egal ist, wie lange es dauert und was die anderen dazu sagen.

Hakki und unser Bügeldeutsch. Aber auch sein Blick auf mich: unnachgiebig, skeptisch. Seine Sorge, was nun werden würde, wenn immer mehr Ostdeutsche in den Westen kamen. Er sprach nicht darüber. Er erzählte auch nichts von sich. Er stand an der Kasse, tippte die Essen und Weine ein. Seine Schritte tackerten durch die Weinstube. Er arbeitete akkurat, still, wollte alles im Blick haben. Manchmal, wenn nichts los war, erzählte Ingo, der Koch, von ihm. Von den gemeinsamen Feiern in Hakkis Familie, den Kindern, der Frau, der kleinen Wohnung, der Härte des Anfangs. Von dem, was mit einem Mal so sichtbar wurde und ein türkischer Jugendlicher aus Berlin unumwunden in dem Satz fasste: »Wir wussten schon immer, dass wir in Deutschland auf einem Monster leben; lange Jahre hat es geschlafen, nun ist es aufgewacht und beißt um sich.«[12] Das Migrationsland Deutschland, eine Flüchtlingsgesellschaft, die über Nacht mit Bildern und Sätzen konfrontiert war, die man überwunden glaubte. Im sächsischen Riesa stellte ein 18-jähriger Jugendlicher fest, dass »Ausländer die größten, faulsten Schweine seien«, eine junge Frau assistierte, die »Fremden würden sich aufführen, als wären sie die Größten« und außerdem würde man »die Weiber hier alle wegnehmen«. Ein Einwohner von Riesa empfahl: »Das Viehzeug muss ausgerottet werden, ohne zu zucken.« Der 17-jährige Norbert aus Frankfurt/Oder stellte fest: »Auschwitz, das war eine Lüge, dass da sechs Millionen Juden umgekommen sind. In den Lagern waren Verbrecher, Vaterlandsverräter, Arbeitsscheue und so. Da war keiner drin, nur weil er Ausländer oder Jude war. Es waren 200 000 Kommunisten und Verbrecher, die da umgekommen sind, nicht weil sie umgebracht wurden, sondern die sind meistens an Krankheiten gestorben.«[13] Ich habe viel an Hakki gedacht.

Originales. Das Schreiben vom Hessischen Ministerium für Wissenschaft und Kunst in Sachen Studienanerkennung kam direkt nach New York, am 25. April 1990: »Falls Sie im Besitz der Originalurkunde der Friedrich-Schiller-Universität Jena vom 11. Juli 1989 über die Verleihung des akademischen Grades Diplomgermanist sind, sind Sie berechtigt, diesen Grad in der Bundesrepublik zu führen. Mit freundlichen Grüßen, im Auftrag.«[14] Auf dem Blatt unten: Gleitende Arbeitszeiten. Bitte Besuche und Anrufe zwischen 8.30 Uhr und 12 Uhr und 13.30 Uhr und 15.30 Uhr, freitags bis 13 Uhr.

Mein Leben ist jetzt hier, im Westen, dachte ich. Das Leben aber, das mich zum Original macht, befindet sich in einer Welt, die verschwunden ist. Die Wohnung in Jena ist aufgelöst. Ich bin geflohen. Im Alten ist nichts mehr. Wie an das Original herankommen? Ich wollte mir nichts anmerken lassen, jetzt nicht an Stempel, Akten, Prüfungsämter, Ministerien denken, nicht an das, was man *Besitzzeugnisse* (Nr. 1 VO zur Durchführung des Gesetzes über die Führung akademischer Grade vom 21. 7. 1937 – RGBI I, S. 1326) nannte.[15] Es waren Dinge, die keine Rolle spielen sollten. Nicht jetzt, nicht in meinem neuen Leben. Sie spielten eine Rolle. Ohne Original kein Studium. Es dauerte, aber irgendwann kam es. Im Oktober 1990 hatte sich das Land vereint, und ich konnte noch mal mit einem zweiten Studium anfangen.

Die Philosophen im Uni-Schloss, die Institutsbibliothek als Seminarraum, die oberen Fenster offen, im Regal das Gegurre der Tauben. Der Institutsleiter Gernot Böhme und seine Übungen: Was ist Sprache? Was ist Atmosphäre? Was ist ein Gespräch? Seine Reflexionen, Entwürfe, Exerzitien, Skizzen, das Vorläufige bei ihm und das Beiläufige. Der Professor als Rolle, Habitus, Inszenierung, als Pose. Gernot Böhme und seine akademischen Gegenüber. Er nannte sie Bruder und Schwester, Freund und Freundin, Mädchen, Begleiterin, Eingeweihte. Sie waren Zuschauer und Zeitzeugen. Wofür eigentlich? Ich lese in seinen handgeschriebenen Briefen. Lassen Sie mich von meiner Theorie her antworten, hieß es. Das Selbst ist draußen. Wir müssen es uns schaffen durch Engagement.

Gernot Böhme und seine Philosophie der großen Themen, des Stils, der Unruhe, der Träume und Gedichte, des Bestimmten und Flüchtigen, des Persönlichen und Distanzierten. In einem Brief lese ich, er sei in Goslar gewesen, in seiner Schulstadt. Der Anlass der Reise: das 40. Jubiläum seines Abiturs. Mehr als die Leute habe ihn der Ort interessiert. Wie sehr man sich selbst an Orten ablege, schrieb er. Das Gedächtnis sei zur Hälfte draußen. Ich frage mich, worauf die Sätze verweisen wollten und was die vierzig Jahre bei ihm waren. Dessau, Goslar, Göttingen, Hamburg, Heidelberg, Starnberg, Darmstadt. Ich frage mich, wieso wir uns unaufhörlich über die DDR streiten mussten. Hart, unversöhnlich. Wir konnten nicht aufhören damit. Er redete von der Wärme des Kollektivs, ich packte das Buch aus, das ich bei meiner Flucht im Rucksack hatte – die Gedichte der Dichterin Inge Müller –, und legte es ihm auf den Tisch. Er las es und entdeckte das Nackte für sich. Den nackten Reim, den nackten Ton, das nackte Leben.

Und der Osten in unseren Briefen? Bereits 1990 heißt es bei ihm: Wovon Sie schreiben, ist der Versuch, auf das

Trauma zu verweisen. Ein Staat, der vorgab, für ewig zu sein, wäre über Nacht abhandengekommen. Immerhin hätten die Starrsinnigen ausnahmsweise mal eins auf die Mütze gekriegt. Passiere ja auch nicht oft in der Geschichte. Dass viele von denen weiter im Amt seien, dürfte von allgemeinerer Natur sein. Das nenne man Geschichte. – Ich hätte näher rankommen, es dichter halten müssen, bei ihm früher, genauer, direkter nachfragen sollen. Ich war nicht so weit, ich war im Übergang. Er schrieb was von *Aufbruchswillen, Phantasie, Redefähigkeit.* Ich wollte mit ihm über Stille, Pause, das Schweigen nachdenken. Das gefiel ihm. Er machte Übungen dazu: Was ist das Absolute? Was ist das Nichtzugehörige? Er schrieb: Überlesen Sie nicht die Anmahnung, sich *auszusetzen*, sich betreffen zu lassen. Er schrieb: Ich hoffe, Sie bald zu sehen! Kommen Sie zu Kräften! Er schrieb: Ob es Seele nur im Text gibt?

Wir gaben uns Mühe. Das immerhin muss gesagt werden. Wir dürften eins der zahllosen Ost / West-Projekte des Anfangs gewesen sein. Wir übten, wir hatten Themen, wir schrieben uns Briefe, wir machten zwei Seminare miteinander. Wir tauschten uns aus, sahen uns oft, wollten es wirklich gut machen. Wir verstanden uns nicht. Als hockten wir auf verschiedenen Planeten und redeten die ganze Zeit vom Mond. Ich sehe einen hageren Mann mit weißem Schal vor mir. Jahrgang 1937, Kriegskind, geboren in Dessau. 1989 war er 52, hatte eine Professur inne, einen berühmten Bruder, eine große Familie und leitete sein Darmstädter Institut. Er war inständig mit seinem Entwurf eines gelingenden Lebens befasst: Glück ist draußen, Glück ist Arbeit, Glück ist Übung, Glück ist Inszenierung, Glück ist Selbstmanagement.

Als ich 1990 zu Gernot Böhme kam, brachte ich ihm – ohne dass es mir klar war – ein Stück Herkunft mit. Das Abgeschnittene, Weggeschlossene, Unerreichbare. Wir sprachen nie darüber: über Dessau und seine Kindheitslandschaft, über das anhaltinische Ende des Krieges – vom Westen die Amerikaner, vom Osten die Sowjets, dazwischen das Gemetzel. War er dort? Und wenn er es nicht war, wo ist er dann gewesen, im Mai 1945? Warum war die Kindheit all die Jahre kein Thema für ihn, obwohl es Gesetz war, dass bei ihm alles Thema sein durfte? Seine sprichwörtliche Geistesgegenwart, das Dozierende, Abgepolsterte, Gelenkige. Es war in einem fort und alles immerzu gegenwärtig, da, parat. Auch die Abwehr, die in seinen Gedankengebäuden, im Kostüm der Wörter zu Hause gewesen ist.

Wie anders der akademische Betrieb in Darmstadt im Verhältnis zu Jena war. Das Suchende, Fragende, Übende, kategorisch Offene. Die Möglichkeit, einen Gegenstand zu ertasten, ihn ungestört zu umlaufen, zu hinterfragen. Die Abwesenheit von Ideologie, von versteinerter Sprache. Aber das, was hätte gesagt werden müssen, um die Spiegelszene zu verlassen, haben wir uns nicht gesagt, nicht sagen können.

Salz und Tränen

Glück auf. Ich kannte das Gesicht. Nur woher? Juli 1993. Im Fernsehen liefen die Bilder von Bischofferode, vom Hungerstreik der Kalikumpel im thüringischen Eichsfeld. Unter den Männern vorn einer mit gelbem Schutzhelm und zornigem Gesicht. Hinter ihm eine wogende Menge von anderen gelben Helmen und anderen zornigen Gesichtern. Die Bilder lasen sich knapp vier Jahre nach der Revolution wie der aktuelle Lagebericht zur deutschen Einheit. Der klang nicht gut und befeuerte auf grelle Weise den Mythos vom ausgebooteten, kolonisierten Osten und knallharten Kapitalismus-Westen. Das sicher auch, da die Bischofferoder Legende wie aus einem Guss daherkam: emotional, stark, im Grunde unhintergehbar. Sie handelte von ehrlich arbeitenden, stolzen Bergmännern, die ihre Gruben, ihre Arbeit, ihre Identität, ihre Familien verteidigten, von einer traditionsreichen, tiefenschichtigen Industrieregion, von Widerstand, Hungerstreik und Solidarität – von einer so realen wie symbolisch aufgeladenen Glück-auf-Kumpelwelt, in der etwas rundum Gutartigem, traurig Untergehendem von einer bösen Macht der knallharte Prozess gemacht wurde.

Und der Mann mit dem gelben Schutzhelm? War Dieter Strützel, Jahrgang 1935 und wie Gernot Böhme in Dessau geboren. In den fünfziger Jahren hatte er bei Ernst Bloch und Hans Mayer in Leipzig studiert, ehe die beiden aus der DDR vertrieben wurden. Hans Mayer nannte seinen späteren Assistenten einen *roten Hitlerjungen* und meinte den rigiden, mitunter brutalen Umgang seines Schützlings mit denen, die nicht in sein Programm passten. Dieter Strützel promovierte über das »Typische« und ging nach seiner Dissertation zum Mitteldeutschen Verlag in Halle, wo er vor allem junge Stimmen wie Christa Wolf betreute und nach kurzer Zeit geschasst wurde. Nach seinem Rauswurf arbeitete er als Kultursoziologe an der Leipziger Universität, ab 1976 in Jena. Dort begegnete ich ihm 1985 in den Räumen der Germanistik. Er war ein wuchtiger, unüberhörbarer Mann, ganz dem verschrieben, was er die *Bewegung* nannte. Ein Ingenieurssohn, der aufs Arbeiterliche setzte, ein Utopist, der mit Hegel-Zitaten um sich warf, wenn sich die Verhältnisse mal wieder gegen das Große-Ganze aufgebäumt hatten. Ein Vollideologe und Stalinist, ungerecht, dogmatisch, widersprüchlich. Vermutlich blieb er einem deshalb im Kopf wie kaum ein anderer Unimensch. In seinem Seminar lasen wir die aktuellsten Suhrkamp-Bände, etwa die »Stichworte zur geistigen Situation der Zeit«. Bücher, die man im Land nicht bekommen und normalerweise auch nicht lesen konnte. Ich weiß nichts mehr davon, nur dass es in der Zukunft hoch hergehen würde, war relativ sicher. Wir quälten uns durch die »Ästhetik des Widerstands« von Peter Weiss, stritten wochenlang über das »Floß der Medusa«, über Schiffbrüche, zerfetzte Körper, die versteinerte Geschichte, um am Ende erschöpft festzustellen, dass wir, der Osten oder wer auch immer, ziemlich am Ende waren.

Als ich Dieter Strützel im Juli 1993 im Fernsehen wiedersah, hatte ich unsere letzten Auseinandersetzungen wieder vor Augen: wie er mir im Unifahrstuhl meinen Walkman vom Kopf zerrte, weil das Miniding in seinen Augen eine üble Sache des Klassenfeindes war. Dabei hatte es mir Carl Lewis, US-amerikanische Sprintlegende, 1983 im Kölner Stadion einfach über die Ohren gestülpt. Wie er unsere Seminargruppe rüde in die Mangel nahm, weil wir uns geweigert hatten, in die obligatorische Zivilverteidigung zu fahren und dort den *Dienst an der Waffe* zu leisten. Wie er Anfang Juni 1989 auf ein Plakat reagierte, das eine Freundin und ich wegen der getöteten Studenten auf dem Tiananmen-Platz in Peking an die Institutswandzeitung gepinnt hatten. Unser knapper Wortlaut: »In Peking wurden Studenten getötet, die friedlich demonstrierten. Solidarität und Trauer.« Das Plakat hing zwanzig Minuten. Dann wurde es durch einen Text von Dieter Strützel ersetzt: »Trauer ja, Solidarität nein! Heute früh hing hier ein Plakat, gezeichnet von zwei Studentinnen unserer Sektion. Es hängt nicht mehr. Auch ein Akt von Solidarität. Sind Revolution und Konterrevolution Realitäten unseres Lebens oder Museumsstücke? Zwischen Trauer und Solidarität sollte Anstrengung stehen: nachdenken. Tiefer hinein in die Konflikte unserer Zeit. Den eigenen Standort bestimmen. Nicht mitlaufen.«[16]

Unsere kleine Plakataktion hatte Folgen: Entzug der Promotionsmöglichkeit und auch keine Arbeitsvermittlung, was für die Universität bindend gewesen wäre. Das war nun vier Jahre her und die Welt eine andere geworden. Jetzt stand

Dieter Strützel in Bischofferode vorn, in der ersten Reihe. Aber was machte er da? Noch im November 1989 war er nach Gera gegangen, um die alte Staatspartei SED abzuwickeln und sie in eine *neue Bewegung* umzutopfen. Sein Sparringspartner für diesen Salto mortale hieß Klaus Höpcke, einst Oberzensor des Landes, der entschieden hatte, was man in der DDR lesen durfte und was nicht. Die beiden Männer waren sich während ihres Studiums in Leipzig begegnet und blieben sich über die Jahre eng verbunden. Politstrategen, die das offene Gespräch beschworen, um es am Ende rigide abzuwürgen. Hardliner mit vitalem Interesse, »die nun bestehenden Verhältnisse abzuschaffen« –, Dieter Strützel mittlerweile als Vize der neu gebauten Thüringer PDS, Klaus Höpcke mittlerweile als PDS-Fraktionsvorsitzender im Thüringer Landtag.

Und Bischofferode? Bot sich für die beiden als Katalysator an. Im Land der Kumpel lohnte es sich, politisch zu investieren. Hier konnte man Flagge zeigen, den Kümmerer spielen, sich an die vorderste Front stellen. Hier konnte man die Geschichte überschreiben, sich vom Stigma der Diktaturpartei befreien. Hier ging es darum, das öffentliche Narrativ zu manipulieren, die eigene Reinitiation zu betreiben und die neue Zeit zu bewirtschaften. Kommunismen sind was für die Ewigkeit. Dieter Strützel, der Stichwortgeber der vermeintlich neuen Partei, nannte seinen Strategievorstoß: »den Ring um die PDS sprengen«. In Bischofferode lag insofern einiges drin. Für die beiden Demagogie-Fintler dürfte es das Hoffnungsprojekt per se gewesen sein.

Fremdkörper. Die DDR galt als der drittgrößte Kaliexporteur weltweit. Eine Industriebranche mit langer Geschichte und Gewicht, die nach 1989 wie andere Bereiche auch binnen kurzem den Weg in die Privatwirtschaft bewerkstelligen musste. Ein Mammutprojekt und eins mit Brisanz: zu viele Interessen, zu viele Akteure, zu viel politische Projektionsfläche, zu viel entzündliche Krisensubstanz, zu viele Illusionen, zu rasches öffentliches Urteil. In diesem Radikalumbruch wurde der kleine Ort Bischofferode im katholischen Thüringer Eichsfeld zum Mythos, zum Sinnbild für den rüden Ausverkauf des Ostens, aber auch einer besonders zähen Protestkultur. Wo es den Helden gibt, ist der Buhmann nicht weit. Eine Rolle, die der *Treuhandanstalt* zugewiesen wurde. Eine Behörde, die noch in der Spätphase der DDR von der frei gewählten Volkskammer per Gesetz vom 17. Juni 1990 beschlossen wurde, betraut mit der Aufgabe, anfangs wenigstens vier Millionen Menschen und 8500 Betriebe in die Marktwirtschaft mitzunehmen. Der Ausgang der Unternehmung ist bekannt: Die Treuhand wurde öffentlich zum Sinnbild einer verfehlten Transformationspolitik und galt als Traumatisierungsinstanz schlechthin, die plattmachte, kolonisierte, pokerte, überwältigte, eiskalt enteignete und heftig nebenregierte.[17]

Mittlerweile liegen zwölf Kilometer Treuhandakten auf dem Tisch, die von einer Historikercrew des Instituts für Zeitgeschichte München-Berlin ausgewertet wurde. Nach deren Besichtigung ergab sich ein doch anderes Bild der so einhellig skandalisierten Behörde. Das auch deshalb, weil die Forscher stark auf den Kontext drängten – von regional, europäisch bis global – und deutlich machten, dass die Anstalt von Beginn an mit ihrem Aufgabenberg völlig überfordert gewesen war und in der Gründungsphase zudem nicht entsprechend ausgestattet wurde. Darüber hinaus schrieben die Forscher, dass die Behörde »nicht im luftleeren Raum agierte, sondern von rechtlichen Vorgaben abhängig war«, dass sie »ein Fremdkörper im Verfassungsgefüge der Bundesrepublik war«, da sie in Länderkompetenzen eingriff, und dass ihre Arbeit zum Teil von nichtstaatlichen Akteuren, wie etwa westdeutschen Wirtschaftsberatern und Interessensverbänden, unterminiert wurde.[18] Ein weiterer Punkt war, dass »weder auf ostdeutscher noch auf westdeutscher Seite ein Masterplan zur Transformation der Wirtschaft in Ostdeutschland vorhanden war«.[19] Kein Plan, aber heftiges Kompetenzgerangel und vor allem enormer Zeitdruck.

Nach einer ersten Auswertung im Juni 1990 von 2600 Betrieben lagen die als konkursgefährdet eingestuften Betriebe bei 39 Prozent.[20] Auch die Summe der offiziellen DDR-Schulden lag um das Vierfache höher als anfänglich taxiert, bei etwa 120 Milliarden DM.[21] Tatsachen, die den Handlungsdruck auf die Sanieranstalt massiv erhöhten und sie auf eine rigorose Privatisierungspolitik umschwenken ließen. Diese wiederum wurde – nach der politisch alternativlosen, aber wirtschaftlich unrealistischen Währungsunion – am Ende zum Fiasko. Die ostdeutsche Wirtschaft brach herb ein, ein Drittel der Betriebe musste dichtmachen, die Zahl der Arbeitslosen schoss durch die Decke.[22] Die Forscher belegen allerdings auch, »dass die Privatisierung bei den einzelnen Betrieben höchst unterschiedlich verlief, von mehreren Faktoren abhing und sich bis Ende der neunziger

Jahre erstrecken konnte. Dabei nahm die Treuhandanstalt mitunter die Rolle einer Vermittlungsinstanz ein, auf deren Entscheidungen Unternehmen und potenzielle Käufer Einfluss zu nehmen versuchten.«[23]

Das simple Treuhand-Bashing ist demnach deplatziert. Richtig ist, dass ein überaus rabiater Systemumbruch unter Hochdruck stattfand, der mit Hilfe des kompletten Instrumentariums des westdeutschen Wohlfahrtsstaats aufgefangen werden musste. Innerhalb von 25 Jahren beliefen sich die Transferzahlungen von West nach Ost auf ca. zwei Billionen Euro.[24] Eine horrende Summe, im Nachblick aber nicht das Mittel, das das Gesellschaftsloch nach 56 Jahren Doppeldiktatur im Osten auffüllen konnte. Was hätte es anderes gebraucht? Anfang der neunziger Jahre: Im Fernsehen liefen die Bilder von ostdeutschen Marktplätzen, von Halle oder Arnstadt, von Eierwerfern und schwer Enttäuschten mit jeder Menge Anti-Kohl-Plakaten. Die Wut skandierte. Es war immer da, denke ich. Etwas hatte angefangen, etwas noch nicht Auslesbares, Unversöhnliches, etwas noch ohne Richtung. Aber etwas, das aussah, als würde es sich Bahn brechen.

Tiefenschichten. Die große Ungewissheit, die keimende Politisierung im Osten und der Hungerstreik von Bischofferode. Ein Megastoff, der in der Rezeption immer wieder als Ursprungskatalysator für das spätere *Ost/West-Ding* strapaziert wird. In seiner 2023 erschienenen Studie »Hungern für Bischofferode« weist der Historiker Christian Rau darauf hin, dass vor allem das Emotionale der Proteste

»einem sehr klaren narrativen Muster mit eindeutigem Täter-Opfer- bzw. West-Ost-Schema« folgte und damit »andere Akteure, Zusammenhänge, Tiefenschichten, Dynamiken und Widersprüche der historischen Prozesse« ausgeblendet wurden.[25] Es war August 1993 und Dieter Strützel nach wie vor im Bild. Sein gelber Schutzhelm schwamm wie eine Leuchtboje in der Fernsehmenge. Es sah aus, als würde er sich in dem Moment in eine Geschichte verwandeln. Oder auch: Es sah so aus, als wäre Bischofferode für ihn genau der Ort, um in die Geschichte neu einzusteigen. Wann fängt man an, jemanden in die Vergangenheitsform zu setzen? Wenn die Geschichte vorbei ist? Wenn der andere einen nicht mehr interessiert? Wenn es noch einmal losgeht?

Als am 1. Juli 1993 zunächst zwölf Bischofferoder Kalikumpel in den unbefristeten Hungerstreik traten, kippte der kleine Ort für Monate in den Ausnahmezustand. Dieser hatte eine längere Vorgeschichte: mit dem ohnehin unter Druck stehenden Kalimarkt bereits vor 1989, insbesondere durch die drückende sowjetische Konkurrenz, dem desaströsen Gebirgsschlag im März 1989, bei dem 3000 Abbaupfeiler im thüringischen Werragebiet einbrachen, was die allemal schlechten Produktionsbedingungen noch einmal verschärfte, und nicht zuletzt durch bestimmte Dauerthemen – Wochenendarbeit, Drei-Schicht-System, maximierte Fördervorgaben, die zu einer besonders hohen Zahl »schwerer und tödlicher Unfälle« führten.[26] Es war also eh schon dicke Luft im Schacht und ordentlich Druck auf dem Kessel.

Ab Herbst 1989 kam es zu langwierigen, kleinteiligen, schier unlösbaren, irgendwann unerträglichen Verhandlungen über die Zukunft von Bischofferode. Es ging endlos vor und zurück. Mal sanieren, mal schließen, mal fusionieren, mal kaufen, mal Gewerbegebiet, mal Untertagedeponien. Strukturprogramme, Fusionskonzepte, Aufsichtsräte, Investitionsmittel, Sozialpläne, Sonderausschüsse. »Noch am 1. Mai 1990 hatten zahlreiche Kalikumpel aus Ost- und Westdeutschland gemeinsam den Tag der Arbeit gefeiert und der Wiedervereinigung trotz des Bewusstseins über die Herausforderungen und Unwägbarkeiten der Marktwirtschaft optimistisch entgegengesehen.«[27]

Der vereinte Frohsinn aber war nicht zu halten. Anwachsender Unmut über verfehlte Regionalpolitik, anwachsender Unmut über verfehlte Landespolitik, anwachsender Unmut über verfehlte Bundespolitik. Schuldzuweisungen, Tricksereien, vermeintliche Geheimverträge, politische Hängepartien. In diesem auflaufenden Zorngefälle war erst einmal niemand da, der den moderierenden Part oder so etwas wie Verantwortung für das Gesamtgeschehen übernehmen konnte, übernehmen wollte. Auch die Treuhand nicht. Sie war mit anderem befasst. Das sollte sich rächen, auch deshalb, weil es politischen Akteuren den Bischofferoder Protestraum überließ, die andere Interessen verfolgten als die um ihre Existenz hungernden Kalikumpel. »So betraten nun auch Personen die politische Bühne, die in heutigen Rekursen auf den Hungerstreik weitgehend vergessen sind … vor allem UnterstützerInnen aus den Reihen der außerparlamentarischen Linken prägten die Protestdynamik nachhaltig. Sie trugen wesentlich dazu bei, dass mit dem Hungerstreik eine Protestform der radikalen Linken ins Eichsfeld einsickern konnte«, schreibt Christian Rau.[28]

Zorngefälle. Die großen Transformationen. Und die kleinen, persönlichen, intimen. Ihre erstaunlichen Choreographien. Ich sah Dieter Strützel im Fernsehen und mit ihm der Vergangenheit dabei zu, wie sie ins Jetzt hinüberwechselte. Für ihn dürfte Bischofferode ein unhintergehbarer Ort, das Ende von vierzig Jahren *Bewegung* und zugleich ihr erhoffter Neustart gewesen sein. Dafür rackerte er. Das Konkrete, das Wirkliche, das Reale, wie er es oft nannte: Noch Ende 1989 hatte Dieter Strützel ganz strategisch mit dem begonnen, was die Linke später den *Thüringer Weg* nannte. Zielvorstellung: rot-rot-grüne Landesregierung.[29] Ende 1990 führte er die PDS Thüringen, den Bund westdeutscher Kommunisten Bayern und die DKP Bayern zusammen, um eine programmatische *Linke Schule* zu gründen.[30] Ein Ideenort, der als *Zufluchtsstätte* zur Neuorientierung der Linken diente und ab Sommer 1992 im thüringischen Schnepfenthal seinen Ort fand, damit von dort aus »neue Ziele in der neuen Konstellation« angegangen werden konnten.[31] Aktives Kampfgebiet: jetzt bundesweit.

Von Schnepfenthal bis Bischofferode waren es knapp 90 Kilometer. Als 1992 die Entscheidung über die Fusion von Kali Ost und Kali West gefallen war, dürfte das für die Schnepfenthal-Linken das Initial gewesen sein. Ihr strategisches Unterfutter schien noch aus früheren Zeiten beziehbar. Zumindest waren mir die Sätze von Dieter Strützel zur kommunistischen *Bewegung* noch aus den Peter-Weiss-Seminaren an der Uni vertraut. Der Feind, die große Machtfrage, die Mikroprozesse. Seine Marschroute für die Zeit nach 1989 klang nunmehr so: »Man greift nicht dort an, wo der Gegner ein fest gefügtes Festungssystem hat, und der Staat der Parteien ist ein solches System. Sondern man bringt die anderen dynamischen Kräfte der Gesellschaft, die sich nicht unter diese Kontrolle stellen lassen, mit in Bewegung und bewegt sich in ihnen.«[32]

Bis zum Herbst 1989 hatte der unüberhörbare Mann dreizehn Jahre lang seine Kämpfe an der Jenaer Universität geführt. Nun ging er geräuschlos und ohne Evaluation. Was für viele in diesem Augenblick zur Erlösung wurde, kann sich für ihn nur wie ein Scheitern angefühlt haben. Wie die Wiederholung eines Scheiterns. Sein Vater hatte als Ingenieur bei der *Junkers Flugzeug- und Motorenwerke AG* in Dessau gearbeitet. Sie war eine der zentralen Rüstungskonzerne Hitlers, bekannt für ihre Stukas, die Sturzkampfflugzeuge mit dem unheilvollen Sirenenton. Das Ende des Krieges: Was dem Vater blieb, war der Zustand der Niederlage. Der dürfte den Sohn geprägt haben. Vielleicht kommt es von da, das stoische Lebensmotiv für die *Bewegung*, denke ich. Um nichts in der Welt in die Nähe der väterlichen Enttäuschungsgeschichte geraten. Mit dem Herbst 1989 aber war Dieter Strützel drin.

Angstaggregate. Die Intensität, die Vehemenz, die Entschiedenheit, mit der er sich über Wochen an der Bischofferoder Streikfront unersetzbar machte. An ihr überschlugen sich die Ereignisse: Zwei Wochen nach Hungerbeginn bot die Bundesregierung allen 700 Kumpeln einen Arbeitsplatz für zwei Jahre an. Die Belegschaft hielt dagegen und entschied, den Streik fortzuführen. Daraufhin das Angebot, diesmal vonseiten der Landesregierung, jedem Kumpel einen Arbeitsplatz bis Ende 1995 zu garantieren. Auch das konnte den heftig zirkulierenden Interessensklumpen nicht lösen. Dann fuhr eine Delegation der Kalikumpel nach Berlin ins Bundeskanzleramt. Ohne Ergebnis. Dann pilgerten 15 000 Menschen nach Bischofferode für einen bundesweiten Solidaritätstag. Dann grüßte der Papst und schickte seine Hilfsnote. Dann kamen die Medien aus aller Welt. Über den Sommer 1993 wurde Bischofferode zur Spitzenmeldung. Ein Dutzend Übertragungswagen postierten vor der Werkskantine, um von dort aus die stärksten Bilder zu erhaschen: auf Pritschen liegende, immer knochiger werdende Männer, die abtransportiert oder notbehandelt werden mussten, dazu Frauengesichter, über die große Tränen rollten, und sehr stille Kinder.

Es war eine schwierige Gemengelage, ein heftiger Machtpoker, bei dem die Bischofferoder Kumpel letztlich zum Spielball wurden, auch wenn es ihnen über die Wochen gelang, ein eigenes Protestformat zu entwickeln. »Erklärungsbedürftig« bleibt dennoch, merkt der Historiker Christian Rau an, »wie die Idee des Hungerstreiks und damit eine der radikalen Linken zugeschriebene Protestform in die Protestkultur der Eichsfelder einsickerte.«[33] Das Eichsfeld war zutiefst katholisches Land, das bereits unter Hitler, vor allem aber zu DDR-Zeiten auf seiner Widerständigkeit beharrte. Insofern waren ein paar spezielle Zugänge vonnöten, damit die radikallinke Systemkritik in Bischofferode überhaupt fruchten und das dicke Eis bei den Bergleuten gebrochen werden konnte. Als ein gangbarer Weg erwies sich die *Ostdeutsche Betriebsratsinitiative*, ein Bündnis, das im Februar

1992 in Berlin auf den Plan gerufen wurde und umgehend überregional agierte. »Dies gelang jedoch nur«, schreibt Christian Rau, »weil die Initiative wesentlich von West-Berliner Linken mitsamt deren Strukturen und Netzwerken getragen« und von westdeutschen trotzkistischen und maoistischen Gewerkschaftlern, insbesondere aus der IG Metall, unterstützt wurde.[34]

Im Bischofferoder Streikkessel dürfte der Mann der Stunde dann doch eher ein anderer gewesen sein. Es war Dieter Strützel, der hinlänglich Ortskunde ausweisen konnte, eine Bewegung in der Bewegung zu inszenieren wusste, neue Bündnisse schmiedete, Mikrostrategien entwickelte, mobilisierte, Feindbilder kreierte. Mit Leuten in der Praxis reden, das konnte er. Das war als Soziologe sein Job und hatte er oft genug unter Beweis gestellt: bei der Wismut, in der Maxhütte Unterwellenborn, bei Carl Zeiss Jena. »Theorie der Bedürfnisse« lautete der Titel seiner Habil-Arbeit. Er schrieb sie nie, was eher für ihn sprach. Und die Eichsfelder Bedürfnisse? »Bischofferode war für viele linke AktivistInnen einer der wenigen Hoffnungsschimmer in der – zumindest im Westen – protestarmen ersten Hälfte der 1990er Jahre«, bemerkt Christian Rau.[35]

Der Thüringer Salzschacht als Utopie, die durch die außerparlamentarische Linke zur manifesten Klassenkampfszene umgebaut wurde, »während die Kalikumpel«, so Rau, »dabei selbst immer mehr zur Staffage verkamen«.[36] Das auch, weil sie nach wie vor in der Luft hingen. Durfte es wirklich keine Lösung für sie geben? Wieso eigentlich die Härte angesichts von zwei Billionen Transferzahlungen? Es wurde September, Oktober, November 1993. Es wurde allerlei hintertürig erwogen, bedacht, demonstriert, eskaliert und wieder zurückgenommen. Ein hartes Spiel auf Zeit. Die Situation zermürbte, nichts klärte sich, die Nerven lagen blank. Alle, aber auch alle waren erschöpft.

Auf Youtube ist ein kurzer »Panorama«-Film mit Szenen aus Bischofferode vom Silvestertag 1993 zu sehen. Der Eingangssatz: »Hilfe erwarten die Streikleute nur noch von der Kirche und der PDS.« Man sieht Bodo Ramelow, ab 2014 linker Ministerpräsident des Freistaates Thüringen, damals Gewerkschaftler im stahlblauen Hemd, der sehr charismatisch und sehr ernst vor den Kumpeln steht und ihnen zuruft: »Kolleginnen und Kollegen. Der Kampf um das Werk ist verloren.« Im Nachhinein sollte Bischofferode zu Ramelows Heimaterzählung werden. Ein Stoff, mit dem er seine politische Identität begründete. Und natürlich durfte in diesem hochpolitischen Konfliktfeld auch Gregor Gysi nicht fehlen, der den Streikenden noch vor Ort juristische Hilfe garantierte.

Dieter Strützel hatte erfolgreich gekämpft und vor allem durchgehalten. Die Strategie war aufgegangen: die Bewegung in der Bewegung, der Zugriff auf die Emotionen, auf die Kipppunkte, über die sich die Geschichte drehen ließ und damit strategisch umschreiben – gegen das System, die Treuhand, den Westen. Vor allem aber am Ort bleiben. Es sollte keine Lösung geben. Es gab auch keine. Die Grube wurde dichtgemacht und abgewickelt. Bischofferode kannte am Ende nur einen Sieger: die PDS.

Aufzudröselndes. Auf das Schock-Ende folgte die Zeit der Legenden. Was ist Realität? Was ein Bild? Was ein Mythos? Können sich Fakten ändern? Bischofferode wurde zum David-Goliath-Stück der unmittelbaren Nachwendezeit aufgebaut. Die Bilder, die davon existieren, sind starke Bilder. Die Kumpel hatten monatelang gehungert und gelitten. Ihre Frauen hatten mit ihnen gekämpft. Es hatte diese vielen Tränen gegeben. Und die Kinder erst. Es war Wut, es war Angst, Enttäuschung, Empörung. Es gab aber auch inszenierte Wut, inszenierte Angst, inszenierte Enttäuschung, inszenierte Empörung. Es ist schwierig, das aufzudröseln. Was ist was? Wer hat gesteuert?

Die Hungerbilder der Kumpel bewegten die jungvereinte Republik auch deshalb, weil sie Risskanten der politischen Kultur des Landes offenbarten. Etwas lag schon da völlig quer. Als wäre die Bonner Republik mit ihren vielen Umzugskisten auf dem Weg nach Berlin auf der Strecke geblieben. Und der Osten? War im freien Fall, bewegte sich in zugigen, wunden, aufgebrochenen Verhältnissen. Ein Vakuum, das vor allem denen Handlungs-, Mobilisierungs- und Interpretationsräume verschaffte, die vom Glück des neuen Landes nicht sonderlich angetan waren. »Dass der Hungerstreik von Bischofferode vor allem in der Erinnerungskultur der Linkspartei fortlebt, verwundert angesichts der einst massiven Unterstützung der Kumpel durch die PDS nicht«, formuliert es Christian Rau im Fazit.[37] Bischofferode als Projektionsfläche für vieles – für ein großes Unrecht, für die Arroganz der Mächtigen, für den Widerstand des Ostens.[38] Als ein Imageprojekt, das insbesondere die

Thüringer Linke immer wieder für sich zu nutzen weiß. Der Symbolwert der Protestgeschichte der Kumpel ist ohnegleichen. Eine starke Bezugsgröße, über die man die eigenen Politstrategien rituell beliebig aufladen kann.

Dieter Strützel starb 1999 mit 64 Jahren an Krebs. Die Grabrede auf ihn hielt Professor Doktor Manfred Beyer, einst Institutsleiter der Jenaer Literaturwissenschaften, der zudem viele Jahre intensiv als IM Dr. Gallus für die Staatssicherheit gearbeitet und Studenten wie Kollegen bespitzelt hatte. Fast zwei Drittel der Hochschullehrer unserer Sektion arbeiteten dem Geheimdienst zu. Auch Jens-Fietje Dwars alias IM Frank Müller, der sich bereits als 19-Jähriger im Vorfeld seines Philosophiestudiums in Breslau für eine Stasi-Zuarbeit verpflichtet hatte, war dabei. In Jena dürften wir seine ersten Studenten gewesen sein. Er schätzte ein, urteilte, verurteilte, diskreditierte und lieferte seine Studenten auf diesem Weg dem Geheimdienst aus.

Nach dem Tod von Dieter Strützel war es vor allem Jens-Fietje Dwars, der sich um das Erbe seines Kombattanten kümmerte. An der alten Wirkungsstätte der beiden, der Jenaer Universität, fand am 14. September 2019 eine Tagung der Rosa-Luxemburg-Stiftung zu Ehren von Dieter Strützel statt. Er wurde als ein Mann gewürdigt, der in »zwei politischen Systemen gewirkt hatte – in beiden gegen den Strom der Zeit«.[39] Als ein Vordenker, Ideengeber, Parteistratege, wirklicher Kämpfer. Jens-Fietje Dwars nannte ihn einen »Sokrates der DDR« – einen, dem die Wahrheit des anderen wichtiger war als sein eigenes Besserwissen.[40]

Hier war ich nie

Hohlraumkomplexe. »Hier war ich nie«, sagte er und sah mich scharf an. Es war dieser Satz. April 1996. Ich stand mit Carl Laszlo, Jahrgang 1923, ungarischer Jude, Kunstsammler, Schriftsteller und Holocaust-Überlebender auf der zugigen Höhe. Es gibt nur eine wie die: Gedenkstätte Buchenwald. »Warum sagen Sie das?«, fragte ich ihn. Er war in Auschwitz, Sachsenhausen, Ohrdruf, Buchenwald, Theresienstadt gewesen. Er war 73 Jahre alt, rauchte dicke Havannas, hielt sie steil nach oben, schloss die Augenlider beim Sprechen, fror bei jedem Wetter und trotz des braunen Pelzmantels. Seit der Begegnung mit Carl Laszlo fallen mir die auf, die beim Sprechen die Lider schließen, das Kinn leicht nach vorn ziehen, damit die Augen mehr vom Himmel abkriegen oder wovon auch immer. Man sieht nicht, was sie sehen.

Wir waren mit dem Auto über Ohrdruf gekommen. Er wollte dort zum Außenlager Ohrdruf/Jonastal, dem so genannten *S III*. »Ich bin nie mehr da gewesen«, meinte er. »Seitdem.« Wir stolperten über leere, nasse Felder. Unter dem Pelzmantel trug er ein buntes Hawaiihemd und eine

Sommerhose, an den Füßen leichte Ledermokassins mit so Trotteln obendrauf. Seine Schritte klimperten oder auch die lange, tibetanische Halskette und der andere Schmuck, der an ihm rumbaumelte. Er griff nach meinem Arm, um sich abzustützen. »Wissen Sie«, sagte er und blieb abrupt stehen. »Die Stollen hier. Ach, na«, wehrte er ab. »Sie kennen das alles. Sie sind ja Ostdeutsche.« – »Nein, woher?« Das Areal gehörte nach 1945 den Sowjets und war bis 1989 gesperrt. Ich las erst später darüber: über die mysteriöse Anlage, die Höhlen, die Tunnel, die Bunker, das hochmoderne Nachrichtensystem. Und dass es das Endversteck für Hitler werden sollte, das unterirdische Exil der deutschen Reste-Regierung, ihr geheimes Verteidigungszentrum, das neue Führerhauptquartier. Dabei ging es auch um V-Waffen, um Depots für Gold, Schmuck und Kunst. In diesem von Tausenden Häftlingen in den Berg getriebenen Bunkersystem sollte das überleben, was sich als Endsieg ausgerufen hatte. War es mehr als ein Entwurf?

Carl Laszlo hatte die verschütteten Stollen entdeckt. Jedenfalls sahen wir zwischen den Bäumen große, helle Kalkflecken. »Da ist am Ende des Krieges einiges gesprengt worden«, meinte er. »Ich war hier Schreiber in der Krankenbaracke. Das hat mich gerettet. Ich hätte das Geschufte in den Stollen nicht überlebt.« Die Koordinaten der Landschaft, denke ich. Man müsste die ganze Gegend erzählen, die ganze Zeit. Wir liefen. Da waren der Himmel, das Feld, der Wald und unter uns das geheime Tunnellabyrinth. Aber de facto sah man nichts. Nichts von dem, was sich hier ereignet hatte. Vielleicht ein paar Abdrücke, vage Zeichen. Überwachsene Erosionsrinnen, Stahlbetonabdeckungen, Stollentüren, irgendwelche Hohlraumkomplexe. Das Endlager der Nazis als eingefrorener Tatort. Ein überhastetes, aberwitziges Rückzugsgefecht, dem im Frühjahr 1945 noch mindestens 5000 Häftlinge zum Opfer fielen. Der Terror und die Tunnel. Als wisse das, was man das Böse nennt, doch, was es tut, denke ich. Als müsse es sich am Ende irgendwie noch unterbringen. Als hätte es einen Ort zu beanspruchen, eine letzte Behausung. »Wie schön die Landschaft ist«, sagte Carl Laszlo. »Ich hatte Flecktyphus hier. Aber das hatten ja alle. Das *S III* haben nicht viele überlebt.«

Der Ohrdruf-Tag. Wie wir beide wacker über die Erinnerungsbrache stolperten, über ein Territorium ohne Markierung, ohne Anfang und ohne Ende. Was für eine innere Karte ist er abgelaufen? Was hatten wir miteinander zu tun, das uns immer weiter durchs Gelände tasten ließ? Es war April, es war kalt, es hatte leicht zu regnen begonnen. »Wissen Sie«, sagte er, »Ohrdruf war ja das erste Lager, das die Westalliierten befreit haben. Von hier aus sind die Bilder in die Welt gegangen. Sogar Eisenhower lief hier durch. Aber da war ich schon nicht mehr da.«

Die DDR-Jahre, der Laszlo-Moment, das Heute. Drei Schichten von Zeit. Was wusste ich, wann? Was im Hinblick auf die große Geschichte, was im Hinblick auf die eigene? Ist nicht längst alles dazu gesagt, durchgemangelt, ausdebattiert? Wie durch diese so ausformulierte deutsche Wand kommen? Und wo ist eigentlich das Text-Ich abgeblieben? Es hatte Beistand versprochen. Es hatte zugesagt, sich um die Übergänge zu kümmern. Es hatte dabeibleiben wollen. Es gibt auch ein Körperwissen des Textes, denke ich. Ich muss darauf bauen. Ich muss davon ausgehen, dass es sich an den April 1996 erinnert. Wie kalt es war. Wie Carl Laszlo und ich die knapp 70 Kilometer über die Autobahn von Ohrdruf nach Buchenwald fuhren. Wie er mir erzählte, dass diese vielen Außenlager oft unbestimmte Orte waren und man sie ganz gezielt irreführend, ungenau oder auch falsch beschrieben hatte. Karte und Territorium sollten nicht dasselbe sein. Das Ganze sollte geheim bleiben, versteckt, abgedeckt, nicht eruierbar. Die Häftlinge sollten nicht wissen, wo sie sich befanden.

Das Undefinierte, das so eindeutig war. Allein in Buchenwald wurden annähernd 266 000 Menschen inhaftiert, 56 000 kamen dort zu Tode. Carl Laszlo sagte: »Dass man ständig diese Riesenlager baute und dort immerzu Menschen austauschte, also ein ständiges Kommen und Gehen organisierte, das war der Sinn im Sinnlosen. Aber dieser essenziellen Leere verdanke ich mein Leben.« Wie tonlos, ungeschönt er seine Sätze sagte. Stattdessen die DDR-Geschichte: Sie kreiste vierzig Jahre lang und mit viel Pathos um die 72 deutschen Kommunisten, die in Buchenwald ums Leben gekommen waren. 72 von 56 000. Sie waren der Kern im Kern, die tote Binnenmannschaft für den Staatsmythos.

Erinnerungsbeton. Im Frühjahr 1994 erst war die sogenannte »Geheimakte Buchenwald« erschienen. Es ging darum, dass der 1949 gegründete Staat im Osten Deutschlands neben etlichem anderen auch ein Staatsherz nötig hatte, eine emotionale Urbegründung, einen gedächtnispolitischen Bibelstoff, der die Ostdeutschen hautnah mit dem Ideenschiff der Kommunisten verschweißen sollte. Auf die Idee folgten allerhand Machtscharmützel und Strategiespiele im Ostberliner Apparat, in deren Folge die Wahl auf die Legende vom dramatischen Kampf der roten Buchenwald-Helden um die Befreiung des Lagers fiel. Es ging um alles – um Solidarität, den Sieg über Hitler, um Schicksal, Leid, Opferung, um Selbstermächtigung.

Mit der Geheimakte, vor allem aber mit dem kurze Zeit später erschienenen Dokumentenband des Historikers Lutz Niethammer, »Der ›gesäuberte‹ Antifaschismus«, bekam der mythologische DDR-Urmeter erstmals schwere Risse. Die reale DDR war seit fünf Jahren ad acta, nun aber lagen Quellen auf dem Tisch, die das ideelle Erbe des Staates mehr als in Frage stellten. Ein immaterieller Umbruchsschock, vermutlich der eigentliche. Denn die Fakten belegten, dass die kommunistischen Buchenwald-Kader eine »mafiose Struktur kollektiver Selbstbehauptung« aufgebaut und eng mit der Lager-SS kooperiert hatten.[41] Ein System im System, das insbesondere auf die ab Mitte 1941 praktizierte systematische Ermordung von Kranken durch Giftinjektionen und tödliche Medizinexperimente an Fleckfieber-Häftlingen abzielte.[42]

Das Ende des Zweiten Weltkrieges, das Ende von Hitler, seines Terrors und seiner Lager. »Von allen Schlachten, die der Antifaschismus geschlagen hat, ist das Kapitel Buchenwald eines der heroischsten«, war bereits Ende 1945 in der ersten, von deutschen Kommunisten herausgegebenen Buchenwald-Geschichte zu lesen.[43] Die Legende war gesetzt und musste nun unter enormem Druck als Staatserzählung und DDR-Memorialmassiv protegiert werden.

Der Terror der Lager, die Not, der Schrecken waren das

Unfassbare im Extrem. Es ging ums blanke Überleben. Den deutschen Kommunisten vorzuhalten, für sich und ihre Leute Schutz organisiert zu haben, wäre unlauter, historisch ohne Maß. Doch Mord bleibt Mord. Buchenwald hätte mit seiner umgruppierten historischen Wahrheit nach 1945 nicht zur zentralen Stätte der DDR-Gedächtnispolitik werden dürfen. Der Ort war nicht geeignet dafür. Aber man brauchte ihn, man brauchte seinen Symbolwert – den reinen Helden, der über das absolut Böse gesiegt hatte. Ein gedächtnispolitischer Coup, der gelang. Eine Staatslüge, die in der Nekrose endete.[44]

Die große Zahl. Carl Laszlo und ich standen oben auf dem Buchenwald-Schotter. Wir hatten nasse Füße. Er hatte den Himmel im Blick und rauchte. Als ob er auf einen Gedanken wartete. Es müsste mehr dazu gesagt werden, denke ich. Der Stoff, die Schichten. Was gilt? Wie sich durchfinden? Wer redet? Was fehlt? Was ist dieses Lager, wenn einer, der drin war, sagt, er sei nie drin gewesen? Wer war ich an dem Tag im April 1996, noch nicht wissend, dass beide Großväter bei der SS gewesen waren und der Vater als Stasiagent zwölf lange Jahre im Westen sein Unwesen getrieben hatte? Wären Carl Laszlo und ich uns anders begegnet, wenn ich es gewusst hätte? Hätte ich ihn anderes gefragt? Wie ist es überhaupt mit dem Wissen? Mit dem inneren und dem äußeren? Wie reden die beiden miteinander? Was lassen sie voneinander zu? Welche Vereinbarungen treffen sie insgeheim miteinander? Gibt es welche?

Und der Mann mit der Zigarre? Wer war er? Carl Laszlo

wurde 1923 im südungarischen Pécs geboren. Seine Kindheit war Tradition, Bildung, Schönheit, Reichtum in einer jüdischen Familiendynastie, die ihren eigenen Esprit verlangte: Fin de Siècle und Rückbezug auf die bäuerlichen Vorfahren, Kosmopolitisches und Regionales, streng Hierarchisches und ausufernd Unkonventionelles, Exklusives und sehr Bodenständiges. Mit einer unbestimmbaren Melange aus intimem Schutz und großbürgerlicher Nonchalance war die Laszlo-Familie eindeutig mehr als Status. In sie wurde integriert, was ihre Existenz, aber auch ihre Lebendigkeit sichern konnte. Ins Haus geladen wurde wer? Bohemiens, Intellektuelle, Künstler, Exaltierte. Alles, was sich als interessant, schillernd, anregend, exquisit herausstellen könnte. Ein Familiengebilde – im wahrsten Sinne vermögend –, das das Bild einer vielfältigen, intakten, jüdisch-europäischen Kultur prägte. Für Ungarn der einzige, ein erster und letzter Moment, in dem sich solcherart Symbiosen bilden konnten: zwischen Tradition und Moderne, Patriotismus und Weltsinn, gesichertem Wohlstand und gewusster Gefährdung. Carl Laszlo sagte: »Kurz bevor ich alles verloren habe, war alles da.«

Am 19. März 1944 wurde Ungarn von deutschen Truppen besetzt. Zeitgleich wurde mit dem Unternehmen *Margarethe* begonnen, der Deportation und Vernichtung der ungarischen Juden. Von 795 000 Jüdinnen und Juden am Tag der deutschen Besetzung wurden 508 861 verschleppt, 382 500 von ihnen ermordet. Carl Laszlo musste zusammen mit seiner großen Familie Anfang Juni 1944 auf Transport nach Auschwitz. 56 seiner Angehörigen kamen dort zu Tode, darunter sein Vater und seine Mutter. Von Auschwitz aus ging der 21-Jährige auf Transport nach Sachsenhausen, nach Ohrdruf, nach Buchenwald und schließlich nach Theresienstadt. Dort wurde er in den letzten Kriegstagen und nach zehn Monaten Lager-Odyssee von sowjetischen Truppen befreit. Er wog noch 38 Kilo.

Die Zahlen, die Schicksale, die Lager, die Quellen. Carl Laszlo sagte: »In Wirklichkeit verhält es sich so, dass die Statistik, die große Zahl, die Menge einen qualitativen Unterschied macht. Und dass man jedem neuen Einzelfall wehrloser und schwächer gegenübersteht.« Das Körperwissen des Textes. Ich muss noch mal darauf zurückkommen. Vielleicht, dass es gar kein Wissen ist, nicht sein kann. Man liest die Zahlen. Sie bleiben abstrakt. Man liest und liest sie sich weg, weil sie nicht zu fassen, nicht zu erfassen sind. Man begreift die Zahlen nicht.

Kunstdschungel. 56 ermordete Angehörige und eine Schwester in Basel, die sich als Einzige der Laszlo-Familie in letzter Sekunde hatte retten können und den Bruder nach Kriegsende zu sich holte. Sie ermöglichte ihm ein Medizinstudium und die Ausbildung zum Psychiater beim Vater der Schicksalsanalyse, Lipót Szondi, ebenfalls Jude und Holocaust-Überlebender. Carl Laszlo begann zu schreiben. Die Wörter, die nur ihm gehörten und etwas Inneres in Bewegung brachten. »Die Zeit begann wieder zu laufen«, erklärte er. 1955 erschienen seine Lagererinnerungen »Ferien am Waldsee«, eines der frühesten literarischen Dokumente über den Holocaust. Seiner Schreibzeit folgten die Imperative: Pamphlete, Theaterstücke, Manifeste. Radikale Kulturkritik, die mit jedem Text schärfer, rebellischer, donnernder wurde. Nach der Aktionszeit zog es ihn in die Welt. In New York saß er mit Andy Warhol und William S. Burroughs, in Westberlin mit Patricia Highsmith und Christo zusammen, in Tibet traf er den Dalai Lama.

Wieso war ich Carl Laszlo überhaupt begegnet? Die Lesereihe des Potsdamer Literaturbüros unter dem Titel »Schreiben nach dem Überleben«. Das war 1995. Ein Kollege und ich kuratierten. Bei der Recherche stießen wir neben Imre Kertész und einigen anderen auch auf Carl Laszlo. Wir nahmen Kontakt zu ihm auf. Wir fuhren nach Basel. Wir betraten sein großes Jugendstilhaus am Sonnenweg und damit etwas Undurchdringliches aus Kunst, das wir nicht verstanden. Bilder über Bilder über Bilder. Wir dachten an Chaos, Dschungel, ich weiß nicht, woran. Es gab keine Kriterien dafür. Es war das, warum wir wiederkamen und mit Carl Laszlo die Idee entwickelten, nach der Lesereihe auch seine Bilder nach Deutschland zu holen.

Die Vorbereitungen am Sonnenweg, unsere Gespräche und meine erneute Frage, warum er darauf bestehe, nie in Buchenwald gewesen zu sein. Carl Laszlo schloss die Lider, rauchte, stand irgendwann auf, verschwand hinter einer Tür, um mit einem dünnen, grauen Heft zurückzukommen. »Hier«, sagte er. Es war der KZ-Bildbericht des *American Office of War*, die Aufklärung für die Deutschen, im Mai 1945 in einer Auflage von 25 000 erschienen. Auf Seite 1 der Satz: »Dieses Heft enthält vor allem Photographien, denn das gedruckte Wort kann keine Vorstellung davon geben, wie es in Buchenwald und Bergen-Belsen, in Gardelegen, Nordhausen und Ohrdruf wirklich aussah.«[45] Ich blätterte die 32 Seiten durch. Die Schreckensmatrix der Lager, die Überdimension. Wie eine Chiffre. Einige Fotos waren wie Ikonen. Andere hatte ich noch nie gesehen. Die Wörter reichen nicht, sagte der Bericht. Sie können keine Vorstellung geben. Sie wissen nicht, wie das Wirkliche aussieht. Ich blätterte noch einmal, schaute jedes Bild noch einmal an, schaute Carl Laszlo an. Er hatte recht.

Das Lager, das wir uns gemacht haben, ist nicht das Lager, in dem er war. Auf den Fotos keine Sortierung und keine Fragmentierung. Lebende und Tote existieren auf engstem Raum, wie ein symbolisches Kontinuum. Miteinander, nebeneinander, übereinander, untereinander. Die Toten können nicht tot sein, die Lebenden nicht leben, aber sie sehen aus wie miteinander verschweißt. Überall Haufen, immer zu viel. Viel Schutt, viel Feuer, Holz, Waffen, Menschen, Schuhe, die Geometrie der Knochen. Keinerlei Distanz, keinerlei Schutz, keinerlei Abwehr. Ein anderes System von Existenz, ein anderer Organismus. Und dabei doch nur ein Ausschnitt. »Man musste das Ganze aushalten«, sagte Carl Laszlo.

Der Bildbericht liegt hier, neben meinem Computer. Der Mann in Basel wollte, dass ich ihn mitnehme. Warum? Das Papier ist mürbe, als seien die Fotos ein halbes Jahrhundert lang betrachtet worden. Ich denke an den Mann in seiner schönen Jugendstilvilla und an seine Sammlung, in der alles nebeneinander anwesend sein durfte: das Konstruktive und Realistische, die ungarische Moderne und der Jugendstil, asiatische Kunst und die Highlights des Westens. Das Vergessene und Umstrittene, das Übersehene und Hochkarätige, das Historische und Aktuelle, das Herzinnige, Abwesende und die Dämonen. In einer Ordnung, die nur er kannte und die nur er bestimmte. Er war sein eigenes Gesetz. Nichts, kein Bild, kein Detail durfte ohne ihn verschoben werden. Er hatte sich seinen Kunstdschungel geschaffen. In ihm lebte er. Es war das Kunstwerk seiner Erinnerung.

Ich sehe Carl Laszlo die blaue Treppe in seinem Haus herunterkommen. Rechts jede Menge buddhistische Figuren, allesamt Monster, die so aufgestellt waren, als ob sie das Haus soeben verlassen wollten. Links die Vitrine mit den meergrün schimmernden Art déco-Vasen Alles in allem an die 15 000 Exponate. Es mussten viele sein, so viele wie möglich. Der Mann mit der Zigarre sah seine Bilder nie an. Sie waren da, ihm vertraut, sie waren ihm nah. Alle hatten ihren Ort. Er kannte jede ihrer Geschichten, ihre Genesen, Geheimnisse und inneren Verbindungen. Er konnte sie wittern, war mit ihnen verbunden. Er war ein Seismograph mit einer »mythischen Sicherheit im Finden«, wie der Maler Johannes Grützke sagte, der von ihm früh entdeckt und gefördert worden war.[46]

Der KZ-Bildbericht ist mittlerweile im Internet zu finden. Die Fotos können herangezoomt, größer oder kleiner gestellt, Ausschnitte aus Ausschnitten gemacht, das Grauen verflüchtigt, vergröbert, verflüssigt oder auch weggeklickt werden. Die Sache mit den Bildern. Heute sind sie es, die in den *essenziellen Leerlauf* geschickt werden. Ausgemergelte Körper, leere Augen. Leben, Schicksal, Würde, Aura outgesourct, Erinnerung gelöscht, Entkommen ist nicht mehr, Befreiung nicht vorgesehen. Das Jahrhundert der Erfahrung, das Unverkraftete, die Isolation, die Konversion. Das, was wieder anfängt. Das nie weg war. Carl Laszlo sagt: »Je weiter das Lager in die Vergangenheit rückt, umso schrecklicher wird es.«

Es geht um Räumlichkeit, aber auch um Zeit, denke ich. Um das, was an den Orten geschehen ist. Um Ereignisse in der Zeit, die an den Orten geschehen sind. Es geht um das, was diese Zeiten und diese Räume mit der Zeit und dem Raum in unseren Köpfen machen. Es geht um das Faktische, um Wissen, um Legenden, um Vorläufe und Nachträge, um die innere Struktur einer Erzählung, um das Körperwissen eines Textes. Es geht darum, an welcher Stelle Opfer und Täter sich trennen, wann sie nichts mehr miteinander zu tun haben, nicht können. Zwei konkurrierende Erfahrungen. Etwas Unübersetzbares, Unverrückbares, etwas entschieden Geschiedenes.

Der Kunstdschungel von Carl Laszlo war ein Rettungsakt. Nicht nur für sich, seine ausgelöschte Familie, die jüdische Geschichte, sondern auch für die Idee des souveränen Opfers. In einem Interview von 1980 sagte er: »Das große Erlebnis nach der Befreiung war, dass man überlebt hatte, ein echt ekstatisches Erlebnis. Wenn man allerdings sieht, was in den letzten 35 Jahren passiert ist, was andere erlebt haben und wie es weitergeht, dann wird das Verkraften schwieriger.«[47] Das Überleben der Lager und die Zeit danach. Die inständigen Versuche, das Kumulative abzuwehren. Carl Laszlo war Exilant, Holocaust-Überlebender, Avantgardist, Homosexueller. Mit allem, was er war, war er existenziell draußen. Ein Fremder, das Fremde. Aber es gab seine Erfahrung. Sie beanspruchte einen Ort. Das Territorium als Faktor, das Haus als Recht, die Kunst als Eigenreich. Das souveräne Opfer ist ein Mensch in der Verantwortung, denke ich. Das Erlittene nicht weitergeben, nicht andere zum Opfer machen. Carl Laszlos Sammlung war nicht nur Idee, sondern auch Anspruch. Oder wie er sagte: »Damit die Kunst gerettet werden konnte, sammelte ich sie. Endre Ady, Kassák, Moholy-Nagy. Man wusste ja nicht, wie lange der Kommunismus dauern würde.«

Kunst retten und sich zugleich in sie hineinretten, nicht mehr veropfert werden. War es das? Die Gegenwart der Vergangenheit, die Rückkehr des Vergangenen im Jetzt. Aber eben auch die große Vitrine im Eingang des Kunstarchipels. Das Schimmern der smaragdgrünen Art déco-Vasen, die ihr Licht über die Dinge im Raum warfen. Die helle, vor sich hin glimmende Fläche. Wie eine Lebenslandschaft. Ein Anfang, der halten sollte. Als ob jemand im Entrée auf ihn wartete, ihm zulächelte, ihn begrüßte, um ihm den Pelzmantel abzunehmen. Als ob es die Dinge des Anfangs noch einmal geben könnte. Was wissen wir? Wie geht Wiedergutmachung, wie Wiederherstellung? Wie geht das, was wir im umfassenden Sinn Restitution nennen? Die Sammlung von Carl Laszlo war keine Flucht. Sie torpedierte den Riss zwischen dem Vergangenen und dem Jetzt, hielt die Türen offen, ließ Luft rein. Sie wollte anwesend machen, zulassen. Sie wollte schützen, bergen. »Niemand hat ein Monopol auf Auschwitz«, sagte er.

Gedächtnisbiotope. Das souveräne Opfer ist eine entzündliche Leerstelle in der deutschen Erinnerungslandschaft geblieben. Kann das sein? Wie keine andere hat die bundesdeutsche 68er-Generation die politischen Debatten im Land geprägt. Die Jahrgänge zwischen 1935 und 1950 sind eine Konfliktgeneration, die mit ihrer *Gegen-Identifizierung* hin zu den Opfern Ende der siebziger Jahre den großen Erinnerungs-Turn einleitete.[48] Ein harter Streit ums Fundament, um ein belastbares Geschichtsbild auf dem Weg zur erinnerungsbewussten Nation. In der Rezeption ist das Bild einer Sponti-Generation entstanden, die das Kollektivtrauma der Deutschen aus dem Zeittunnel holte und in die Mitte der Gesellschaft wuchtete. Das Ergebnis: umgeworfene Familientische, rüde Kontroversen, Gewaltdiskurse. Die Intervention der Jungen hatte Wirkung und war ein Katalysator für die Liberalisierung der westdeutschen Gesellschaft. Dazu gehörte auch das Selbstbild einer gelungenen Aufarbeitung des Nationalsozialismus, nach 1989 eine in die Welt exportierte Erfolgsgeschichte, die dem neuen Deutschland gehörig Prestige einbrachte. Im Schattenraum dieses Selbstbildes machte sich allerdings zunehmend auch ein Unbehagen im Hinblick auf diesen Erinnerungsmodus breit. Der Vorwurf lautete, die 68er-Generation würde hauptsächlich um den Mythos kollektiver Unschuld kreiseln, ihre Trauer sei »in erster Linie selbstbezüglich«, »die Identifizierung hysterisch«, die tatsächlichen Opfer würden keine Rolle spielen.[49] Im Raum stand, dass sich diese Generation qua Scheinsolidarität und Erinnerungsritual der tatsächlichen Auseinandersetzung entzogen hätte. Ein Vorwurf, der schwelt und aufs Jetzt pocht.

Ein verharschter Generationenstreit, in dem Fall im Westen. Dazu kam, dass die westdeutsche Gesellschaft nach 1989 zwar nach wie vor intensiv mit der Erinnerung an den Holocaust befasst war, in diese Anstrengung aber hatte sich etwas Neues geschoben: der Kriegskinder-Diskurs. Ein gedächtnispolitisches Skript, das die deutsche Zivilbevölkerung um 1945 als Opfergemeinschaft zeichnete. Um diese gruppierte sich eine mäandernde Flut an Erinnerungsliteratur, Traumaforschung, Fachtagungen, interdisziplinären Fortbildungen, regionalen Selbsthilfegruppen, in deren Folge im Westen sukzessive eine mehrgenerationelle Erinnerungsgemeinschaft entstand. Ein Netzwerk des Schmerzes, das sich europäisierte und den Schuldkomplex der Deutschen nach und nach zu integrieren suchte. Die Opfer des Holocaust? Man war aus den unterschiedlichsten Gründen mit etwas anderem beschäftigt.

Und im Osten? Hatte der korrumpierte Buchenwaldkomplex die Gesellschaft ins gedächtnispolitische Nirwana geschickt. Mit dieser instrumentellen Doktrin gelang es, zu Zeiten der DDR ein kompaktes Widerstandskollektiv zu zementieren. Eine loyal gemachte Gesellschaft, die durch die Staatspartei per se entlastet und von aller Verantwortung freigesprochen wurde. Der Rote Antifaschismus als Staatslegende wurde zum gesellschaftlichen Basalraum ausgebaut, die Negativfolie der Schuldigen allein im Westen in weiten Teilen aufrechterhalten, über Generationen und bis über 1989 hinweg. Für die vereinte Berliner Erinnerungsrepublik waren das denkbar schwierige Voraussetzungen.

Als wir Carl Laszlo ein letztes Mal in seinem Haus in Basel besuchten, beschäftigte ihn, was aus seiner Sammlung werden würde. Er erwog verschiedene Optionen. Verschenken, stiften. Er hatte auch die Idee für ein Kunstmausoleum in Ungarn, wo sein Memorial in der Form Aufnahme finden sollte, wie er es in Basel zusammengetragen hatte. Carl Laszlo starb 2013. Seine Sammlung wurde unmittelbar darauf versteigert und in alle Winde verstreut.

Schnittfolgen

Lange Geraden. Vielleicht geht es um die Angst, ihr keine Fragen mehr stellen zu können. Keine Antworten mehr zu bekommen. Vielleicht will ich nicht allein sein damit. Es ist mir zu viel. Ich meine die Mutter, die unerlöste Frage, das Ding aus der Vergangenheit. Sie ist da. Die Frau in Dresden. Die ein Leben lang dort gewesen ist. Na ja, fast immer. Ob sie noch lebt? Ob es ihr gut geht? Sie wird bald neunzig. Wann war ich das letzte Mal bei ihr? Die vielen Bilder im Kopf: Wie wir am Grab der Schwester standen, die vor mir da gewesen ist. Wie die Katze mit den Flecken über die Steine gesprungen kam. Ich war vier, ich war fünf, ich war sechs. Wie wir nach Hause liefen, still. Ich weiß nicht, welche Liebe eher da war. Ihre zu mir oder meine zu ihr. Klar, was sie dazu sagen würde. Meine war sicherer, vorbehaltloser. Ich weiß es. Es musste so sein.

Eine Mutter haben, die erste Beziehung. Das Archaische. Ich würde gern noch mal von vorn beginnen. Es soll nichts verlorengehen. Die Mutter soll einen Ort erhalten, ihren Ort. Es ist dran, denke ich. Dabei muss ich an das Weihnachtsbild mit dem Klavier denken und warum es leer geblieben ist. Die schöne Mutter, die nie auf ein Bild wollte, die sich regelmäßig wegduckte, die sofort die Hand vor die Kamera hielt oder Grimassen schnitt. Ich kenne kein Foto von ihr, auf dem sie mal in Ruhe betrachtet werden konnte, auf dem sie sich zeigt, wie sie war. Es gibt nur welche, auf denen sie aussieht, als sei sie irgendwie reingestolpert ins Bild, ein bisschen wie deplatziert. Als hätte sie sich im Theater aus Versehen auf den falschen Platz gesetzt. Wie sie aus einer Gruppe heraus lacht oder in ihrem Wanderanorak dasteht und in die Berge schaut. Aber am liebsten blieb sie unsichtbar. Am liebsten nahm sie die Schere und schnitt ihren Kopf aus den Bildern, als solle es sie nicht geben.

Die Frau mit dem ausgeschnittenen Kopf. Man weiß ja, wie das geht mit den Muttertexten. Sie sind dazu da, heillos schiefzugehen. Mutter ist was mit Aufregung, mit immer was falsch machen. Mutter ist die, über die eh schon alles gesagt ist. Weil jede und jeder eine Mutter hat, eine Mutter gehabt hat, weil jede und jeder weiß. Ich weiß nichts. Vielleicht hat es mit den Schnittmustern zu tun, dass ich kein Bild von ihr habe oder eben viele. Wie Puzzleteile aus Puzzles, bei denen irgendwann der Verdacht aufkommt, es sei besser, das Ganze abzubrechen. Es würde nicht gut gehen, konnte nicht, es fehlte zu viel. Dennoch blieb ich mit dem, was noch da war, auf dem Teppich hocken, um die Teile, die sich auf der Fläche nicht finden wollten, weiter hin- und herzuschieben. Es war klar, dass es nichts bringen würde, das Archaische einfach wegzupacken. Es blieb da, so oder so.

Also, was lässt sich sagen? Mutter, eine Dresdnerin, Jahrgang 1935. Derselbe Jahrgang wie Gernot Böhme und Dieter Strützel. Kriegskinder also. Ich habe unsere letzte Begegnung vor Augen. Im Mai vor sechs Jahren. – Was wir sind, hat was mit Pausen zu tun. – Ich bat sie, mir ihre Kindheit zu zeigen, bei der sie seit geraumer Zeit wieder um die Ecke wohnte. Sie zog ihre Schuhe an, wir liefen los, ich stellte nur sehr kleine Fragen. Ich dachte an die ausgeschnittenen Köpfe, die ich mir wie das perspektivische Ende einer langen Geraden vorstellte. So nach hinten weg. Es war nie klar, wo der Fluchtpunkt sein würde. Stünde ich an der Stelle, würde ich dort der Mutter begegnen?

Die kleine, stille Frau. Ihr Körper, der nicht aufhört, mir vertraut zu sein, als hätte er sich in mir durchgeatmet. Wir liefen nebeneinander. Sie zeigte mir ihre Schule. Am Eingang ein altes Emailleschild. Sie erkannte es sofort: *Thüre schließt von selbst. Amt: II, Fernsprecher: 2100. Curt Heinsius, Königlicher Hoflieferant, Dresden, Kurfürstenstraße.* Sie zeigte mir ihr Obstfeld. Alles Äpfel. Sie habe immer so großen Hunger gehabt, sagte sie. Sie zeigte mir ihre Wiese. Wie hat sie sich ihr Leben vorgestellt? Was wird sie für Träume gehabt haben? Sie zeigte mir ihr Elternhaus. Etwas Vierstöckiges, Gelbes am Hang. Sie zeigte mir die Kurve, in der sich der Unfall ereignete. Oktober 1941. Sie war sechs. Sie hatte ihren dreijährigen Bruder an der Hand. Ein Kohleauto kam. Sie ließ die Hand los. Der Bruder wurde überfahren und starb.

Ich kannte die Szene, sie hatte sie erzählt, aber den Ort kannte ich nicht. Die Kriegsmädchen. Und später die Kriegsfrauen. Eine wie Großmutter, Jahrgang 1911. Sie hatte den Dresden-Rammel mit dem Sachsen-König. Dass da einer in der Kutsche vorbeikäme, ihr zuwinkte und dann für immer alles gut sein würde. Sie hatte das mit den Kindern für Hitler.

Bis sie knapp vierzig war, kann sie im Grunde nur schwanger gewesen sein. Sieben lebende Kinder, vier tote. In ihrem Buch »Gefühlserbschaften aus Kriegs- und Nazizeit« folgt die Psychotherapeutin Gesa Koch-Wagner der These, dass es einen Unterschied gebe »zwischen Kindern von Tätern und Kindern von Opfern des Nationalsozialismus«. Das Ergebnis für die Täterkinder: »Die Identifizierung von Müttern mit einer Weltanschauung der Härte und Unnachsichtigkeit gegenüber Schwachen mache sie unfähig, sich in ihre Kinder einzufühlen.«[50]

Gold für acht. Die Heimatfront, die Frontmütter, die Geburtsschlachten. 1938 wurde das »Ehrenkreuz der Deutschen Mutter« eingeführt.[51] Bronze für vier und fünf Kinder, Silber für sechs und sieben, Gold für acht und mehr. Gesa Koch-Wagner schreibt, dass es unter Hitler trotz vieler Anreize »nicht zu einer gesteigerten Geburtenhäufigkeit« gekommen sei. »Auch in überzeugten nationalsozialistischen Familien blieb es überwiegend bei der Zwei-Kind-Familie.«[52] Das Kreuz von Großmutter lag zusammen mit ihren toten Kindern in der Blechschachtel hinten im Buffet. Auch zu DDR-Zeiten hatte es in Greifnähe zu sein. Über die Kinder auf den Fotos kein Wort. Beim Kreuz fiel ihr ein, dass unter Hitler wenigstens noch Ordnung geherrscht habe und er ein Mann mit Glanz gewesen sei. Und Mutter? Wie war es für sie nach dem Unfall des Bruders? Wer sprach mit ihr, wer stand ihr bei? Dinge, die durchs Schnittmuster fielen. Auch die Jahre in Riga, ihre Kindheit in der Auslöschungsstadt. Mutters karge Worte über das jüdische Ghetto, ihren

Mädchen-Pelzmantel, die Toten im Schnee. Puzzleteile, die in Nebentexten landeten oder hinter der Wand, zu der sie selbst irgendwann wurde.

Im Sommer 1944 die Flucht von Riga über die Ostsee. Da war sie neun. Im Februar 1945 die Bombardierung von Dresden, kurz darauf das Ende von Hitler. Da war sie zehn. Wie geht das? Wie kann ein Mädchen Schock auf Schock überstehen? Hätte es eine Wahl gehabt? Hätten die Kriegsmädchen sagen können, es wäre ihnen lieber gewesen, aus der Geschichte entlassen zu werden? Die archaische Mutter, die archaische Schuld, die zunächst keine war, nicht sein konnte, sich aber an sie heftete. Vielleicht auch, dass sie dachte, sie könne nun alles überleben, sie hätte alles gesehen, sie wäre eine Unverwundbare. Vielleicht, dass Mutter nichts anderes als endlich eine Kindheit haben wollte. Sicher sogar. Der Schatten, dahinter der Schatten und irgendwann der Nichtort. »Das Trauma führt zu einem *psychischen Loch* in der psychischen Struktur, es hat keinen Ort.«[53]

Gesa Koch-Wagner hält im weiteren fest, dass es zu »tiefsitzenden Identifizierungen« zwischen Kriegsmüttern und Kriegstöchtern gekommen sei.[54] Dass sich Nazimütter »in der Regel mit ihren Männern solidarisierten«.[55] Dass »Frauen im Nationalsozialismus eine eigene weibliche Sphäre zu schaffen suchten, in der sie unter dem Primat männlicher Herrschaft weitgehend autonom wirken konnten«.[56] Dass die »Familienidylle dazu beitrug, den Schrecken des außerfamiliären Lebens zu maskieren und zu normalisieren«.[57] Dass »Soziologen noch bis in die sechziger Jahre behaupteten, dass sich durch die NS- und Kriegszeit kaum Traumatisierungen ereignet hätten. Mit dieser Aussage hatten sie teil an der gesamtgesellschaftlichen Abwehr.«[58]

Die lange Gerade, die Abwehr, die Schnittmuster, der Fluchtpunkt, an dem Mutter sich seit über fünfzig Jahren abhandenkommt. Wir liefen zurück. Vom Elternhaus, an den Wiesen und der Schule vorbei. Sie erzählte, dass sie das mit der Schriftsetzerin schon ganz gern gemacht hätte. Texte aufs Papier setzen. Die richtige Form für die richtigen Wörter finden. Warum sagte sie das jetzt? Ich erinnere mich an die Hefte mit den großen Buchstaben, an die Kästen auf dem Dachboden und dass wir in ihnen stundenlang Zeichen aus Metall aussuchten. Vielleicht, dass sie in ihren Setzkästen eine Ordnung für sich gesucht hatte, ein Gerüst, etwas, das ihr Halt geben konnte. Sie hat es am Ende nicht gemacht mit den Buchstaben, sie ist keine Schriftsetzerin geworden. Wieso eigentlich nicht? Ich sehe Mutter die Schultern hochziehen. Sie wusste nichts darauf zu sagen. Sehnsüchte, Wünsche, die auf der Strecke geblieben waren.

Weiter kamen wir nicht. Das war unser Maximum. Ihr Körper, ihr Blick sagten es. Der SS-Großvater, die Riga-Zeit, der Stasi-Vater, die deutsche Mutter, die Familie. Es ging nicht. Gleich würde sie sich an ihrem Fluchtpunkt auflösen, dachte ich, gleich würde nichts mehr da sein von ihr. Ich war nicht im Modus des Vorwurfs. Ich hatte keinen Zorn. Es war anders als vor zehn, zwanzig, dreißig Jahren. Es würde nichts mehr repariert werden können. Ich war bereit, mit ihr die Gerade zu laufen. Ich wollte, dass sie die Schere weglegte, endlich, nach fünfzig Jahren. Die zerschnittene Frau, die zerschnittene Mutter, die zerschnittene Weiblichkeit.

Sag mal A. Anfangs hat Mutter gern Linien mit Farben gezeichnet. Gemalt, schraffiert, gestrichelt. So lange, bis es ihre Zeichen waren. Linien wie Fäden. Spinnennetze, Wollfäden, Nabelschnüre, Denkfedern, Regenzeilen, Haarsträhnen, Wolkenlinien. Anfangs hat sie noch versucht, dem Unaussprechbaren ein Erbarmen abzutrotzen. Was dabei herauskam, kann sie nicht überzeugt haben. Sie hat aufgehört damit. Sie hat keine Fäden mehr geknüpft, sondern sich für die Scheren entschieden. Das Jahrhundert der Scheren. Als ob die Oberflächen zu viel Spannung gehabt hätten und deshalb nach innen wegbarsten. Die vielen Frauen mit ihren Schnittfolgen. Die Berliner Dichterin Inge Müller, Jahrgang 1925. Eine der Jüngsten in der Kriegsmüttergeneration. Sie war acht, als Hitler kam, 14, als der Krieg begann, 18, als sie Soldatin wurde, es werden musste. Lebensdaten wie aus dem Setzkasten. Gefasst, gerahmt, in den weiblichen Körper gerammt. Im April 1945 lag sie drei Tage und drei Nächte unter einem weggerutschten Haus in Berlin verschüttet. Mein Schreiben hatte mit ihr begonnen, mit dem Suchen nach ihr, mit ihrem nichtvorhandenen Nachlass, mit der Frage, warum sie sich 1966 gegen ihr Leben und gegen eine Welt entschied, in die ich gerade hineingeboren wurde. Bei Inge Müller war es mir das erste Mal aufgefallen: die zerritzten Fotos, die zerstoßenen Schreibblätter, die ausgestrichenen Wörter, das Haptische der Zeit.

Das Stigma der Niederlage, das nach 1945 bei den Männern deponiert wurde. Was blieb den Frauen? Die Wehrmachtsfrau Inge Müller, die im öffentlichen Gespräch der DDR keine Rolle spielen durfte. Es gab sie nicht. Die Erfahrungen als Soldatin, ihr Schrecken, der weibliche Name des Krieges, der in der ostdeutschen Nachkriegsgesellschaft genauso tabu war wie die Erinnerungen von Mutter im Auslöschungsraum Riga. Auch die unabschließbare Trauer über die im Krieg gefallenen oder verschollenen Ehemänner, Väter, Geliebten, Brüder, Onkel oder die Geschichte von Millionen Vertriebenen, die in der DDR kurzerhand zu *Umsiedlern* wurden. Politisch-instrumentelle Blackouts, die mit familiären übereinkamen, staatliche Entlastungsstrategien mit intimen. »Gedächtnisstörungen, Andeutungen über die vergangene Epoche, aber auch ein gelähmtes Schweigen und damit eine Kluft in der Übermittlung von Wissen und Erfahrungen in der Generationenfolge waren lang anhaltende Folgen«, meint Gesa Koch-Wagner.[59] Die Entlastungswelt der Diktatur im Osten, die sich wie eine Glocke über den inneren Schrecken legte und ihn luftdicht verpackte. Außen musste alles neu sein. Außen wurde die Welt auf heil getrimmt, innen brodelte es. Innen musste das Irrewerden am Schmerz an die Verhältnisse angepasst werden. Das ging nur stufenweise, nur step by step, mit wohlinszenierten politischen Kulissenverschiebungen und privaten Versehrungen.

Mutterscharniere. Ich sehe eine Frau mit 35 Jahren eine lange Gerade laufen. Ein Studium hinter sich, voll berufstätig, verheiratet, drei Kinder, das vierte im Bauch, dazu der Haushalt, die große Wohnung. Es war das Jahr 1970, der Augenblick zwischen Walter Ulbricht und Erich Honecker. Eine Zeit der inneren Umbauten im Land, die hauptsächlich mit 1968 zu tun hatten. Mit Prag 1968. Die 35-Jährige trug Dutt und ein helles Kostüm, das sie sich selber geschneidert hatte. Die vielen Buchstaben im Setzkasten hatte sie sich zu einem Nadelmeer umerzählt. Mutter konnte stundenlang an der Nähmaschine sitzen, die Schnittmuster prüfen, sich ihre Schönheit zurechttackern. Das Gerät schnatterte. Sie wollte keine Stangenware sein, sie wollte anders aussehen.

Das Bild, wie sie sich nur vier Jahre später die Klamotten, die Vater ihr mitgebracht hatte, an der Maschine zuschnitt, zerschnitt, wegschnitt oder so auch an die Verhältnisse anpasste. Sie waren ihr zu laut, zu chic, zu sichtbar. Damals wusste ich nicht, dass Vater die Mutter-Sachen alle aus dem Westen mitbrachte. Woher hätte ich das wissen sollen. Ich war elf, ich war zwölf, ich war dreizehn. Ich wusste auch nicht, dass Vater unter acht verschiedenen Namen – als ein Spezialist von Legenden – für den Ost-Geheimdienst im Westen spionierte. Vater und Mutter waren ein Team. Was er tat, darüber war sie im Bilde. Sie war die Einzige, die es wusste. So steht es in der Vater-Akte. Der Mann mit seinen acht Identitäten, die er in der Welt auslebte. Die Frau und das, was sie in einem fort nach innen wegschnitt, um es gleichermaßen wie ein Scharnier funktionieren zu lassen. Wie ein eigenes Bedingungsgewebe, ein Periodensystem der Elemente, eine Schnittspirale.

Das Mutterscharnier, ihr Verdecksystem. Wäre Vater im Westen vom Bundesnachrichtendienst gestellt worden, hätte er sie nach seiner Verhaftung angerufen, und sie hätte die Information an die Staatssicherheit weitergegeben. »Die Ehefrau des IM ist über die Zusammenarbeit mit dem MfS informiert.«[60] So war es abgesprochen. Es gab präzise Einsatzpläne dafür. Ich las sie im Archiv. Mutter als Drehtür, hinter der sich das Reale abhandenkommen sollte. Das Bild reicht sich nach hinten durch und fragt auch nach meiner Mädchenzeit. Was real war, was komplett verdreht, was sichtbar, unerreichbar und was irreversibel verschwand. Mutters Schleuderprogramm, ihr Mauern, ihr beinhartes Schweigen. Sie hat es nie aufgegeben, höchstens dem Zustand stetig eine neue Farbe, einen neuen Ton abgerungen. Es kann schnell gehen, denke ich. Es sind manchmal nur Sekunden, Details, winzige Schritte. Man kann mit 39 Jahren auf einmal eine ganz andere sein als mit 35. Man kann mit jeder Faser, die man ist, an einem Gewebe bauen, um sich dann dabei zuzuschauen, wie man es zerschneidet.

Schmerzsätze. Bilder, die Stellvertreter sind. Deshalb stehen sie da. Die Trauma-Mädchen, die irgendwann zu Trauma-Frauen wurden. Die im *Zeittunnel* mit ihrer Doppellast die Lebensgerade liefen. Ihnen dabei zuzuschauen tut weh. Die ungebrochenen Loyalitäten gegenüber ihren Männern, weil sie sie »nicht verraten, nicht bekämpfen, nicht ihre Taten behindern« wollten, wie Gesa Koch-Wagner weiß.[61] Die ungebrochenen Illoyalitäten gegenüber den eigenen Kindern. Es geht um Täterfamilien. In ihnen scheint alles doppelt vorhanden: das doppelte Trauma, das doppelte Verdecken, das doppelte Schweigen. Zuschweigen, Wegschweigen, Ausschweigen, Schutzschweigen. Vielleicht sind sich die Mütter nirgends so nahe gekommen wie in den eigenen Kindern. In diesem Verhängnis, das sie kannten, in dem sie feststeckten, das ihnen irgendwann das Vertrauteste gewesen sein musste und dem sie jetzt ihre Kinder auslieferten. »Die Ineinanderrückung der Generationen.«[62] Etwas

Kontinuierliches. Etwas, das die Mütter halten konnte, ihnen Bedeutung gab, sie aufwertete. Das die Unwirklichkeit des Traumas zu einer eigenen Realität machte. Wie da je rauskommen? Was war diese weibliche Erfahrungsgeneration für die neue Gesellschaft im Osten? Wie richteten sich die Kriegskind-Mütter im vermeintlich besseren Staat ein? Mit welchen Ängsten?

Nilpferde am Fluss. Was also war die spezifische Ostangst etwa des Jahres 1970? Dass man wegen irgendwas durchs Raster fallen konnte und dann nur noch fallen würde? Dass man ausdelegiert wurde aus dem Binnenkollektiv und einem etwas anhaftete, was man aus sich heraus nicht mehr loswerden konnte? Dass man einfach verschwand, aussortiert wurde, weg war für immer? Ich hätte es von Anfang an festhalten sollen. Nicht nur, wo ich sie überall gesucht habe, sondern auch die Umstände dabei. Jutta Petzold, Jahrgang 1933. Nur zwei Jahre älter als Mutter. Eine, die in der DDR sehr real durch alle Raster fiel und damit ins Bild rückt, was das bedeuten konnte. Die Unbenannte, vom System Geschluckte. Die Frau im Einschluss der Einschlussgesellschaft, in der Tiefe des Systems. Die verbale Frau ohne Resonanz, ohne Öffentlichkeit, die auch nach 1989 ignoriert und ausgeblendet wurde. Die kein Bild bekommt, weil es zu viel an Nein auf sich ziehen würde. Die Stimme, die es nicht geben sollte, nicht gibt.

Ihre Mutter, Ilse Petzold, hatte in den DDR-Aufbaujahren steile Politkarriere gemacht, als Schulleiterin, Direktorin einer Berufsschule, als Oberreferentin im Ministerium für

Volksbildung, als Dozentin an einer Parteihochschule. »Ich hatte stets so viel verantwortliche Arbeit«, erklärte sie, »dass ich mich kaum um meine Kinder kümmern konnte. Sie mussten immer wieder ins Kinderheim, weil sie mir sonst verhungert wären.«[63] Die wechselnden Krippen, Heime, die wechselnden Menschen. Die Anfänge, die nicht zu Anfängen werden konnten. Nach der Oberschule begann Jutta Petzold ein Studium der Germanistik in Ostberlin. Das musste sie aufgeben. Nach zwei Semestern schon war sie draußen. Die Chefs ihres Instituts an der Humboldt-Universität hielten sie für »oppositionell und anmaßend«. Sie hielt sich für »temperamentvoll und exzentrisch«.[64] Sicher nicht die schlechtesten Voraussetzungen für eine Künstlerexistenz.

Theater, Puppen, Körper, Wörter. Jutta Petzold wollte schreiben. Mit 26 veröffentlichte sie einen ersten Text. Es blieb der einzige. Der Ton aber war gesetzt: das Dialogische, Grundironische, Weltausgreifende, Stilsichere. Ein Ton, den es in der DDR nicht mehr geben sollte. Die »Sprache mozartisieren«, »die Lyrik mit Löffeln fressen«, »Kolumnen von der Ekliptik schreiben«, »sich mit Glück vollstopfen«.[65] Jutta Petzold wollte alles und vor allem das lesen, was man nicht zu lesen bekam. Else Lasker-Schüler, Stefan George, Gottfried Benn. Es war das, was man mit Beginn der DDR aus dem öffentlichen Raum verbannt hatte.

Wie es Jutta Petzold gelingt, mich mit drei Sätzen in die Physis des Ostens zu holen, in das Wunde, Akute, Bloßgestellte. Sie macht das mit ihren Wörtern. Wörter wie im Streckverband. Die herumgeworfen werden, die was auszuhalten haben. »Ich will es aushalten, komm. Singende, sterbende Schwäne aus Kot. Wir sind die Nilpferde am Fluss. Das Glück ist entsetzlich.«[66] Jutta Petzold und der Aufstand der Sinne. Was es sie gekostet haben muss. Die Wege durch die Wörter, die Szenen in den Wörtern, die Existenzen in den Wörtern. Widersprechen, das Fehlende behaupten, wieder und wieder aufs Schöne setzen.

Nach dem Mauerbau 1961 ihr Fluchtversuch nach Westberlin. Er misslang. Sie schnitt sich die Haare ab, legte sich ins Bett, beschrieb alles an Papier, selbst Toilettenpapier, was sie zwischen die Finger bekam, verlagerte ihre Existenz in die Sprache, hielt eisern die Textmaschine am Laufen. Ihr Romanentwurf »Die Verfolgung. Eine Krankengeschichte«, der vom Tag des Mauerbaus berichtete. Berlin, 13. August 1961: Eine Frau beobachtete jede Menge Militärautos, hörte Kommandos, fühlte sich verfolgt, sprang in die S-Bahn, Endpunkt: Psychiatrie. Auch ihre Wörter landeten da. Sie zerbarsten, gingen entzwei. Der Zugriff war total. So auch im realen Leben. Ab 1965 musste sich Jutta Petzold mehrfach in der Psychiatrischen Klinik der Berliner Charité aufhalten. Freunde berichteten von medikamentöser Überdosierung. Ihre Kreativität erlosch. Eine Dichterin, die »personelle Freiheit« und »geistige Autonomie« beansprucht hatte und nun von »lebenslänglichem Gewahrsam« schrieb, von einem »Druckraum, den wir nicht verlassen dürfen«.[67]

Land im Land. Die Töchter des Nationalsozialismus und ihre langen Geraden. Vielleicht bin ich noch immer zu nah dran, denke ich. Die Fotos von Jutta Petzold. Ihr verletzter Blick. Als würde er hinter die Versiegelungen, die Unabänderlichkeiten schauen. Hinter das, was nicht automatisch auf der Hand liegt, was rausgefallen ist aus dem großen Bericht. Als würde er auf die Schnitte verweisen, die das System an die Frauen gelegt hat. Die Fotos von Jutta Petzold und die Bilder der Aufbaugeneration Ost: die Aufmarschierten, Fortschrittlichen, der Jubel, die Strahle-Legende von der arbeiterlichen DDR-Frau. Die ostdeutsche Überleisterin als Imagegarantie, als perfekte Mutter, als uneinholbarer Vorsprung gegenüber den Westfrauen. Das Prinzip Emanzipation als nie endender Fulltime-Job: Beruf, Haushalt, Kinder, Einkauf, Weiterbildung, das Gesellschaftsprogramm. 1949 waren 45 Prozent der ostdeutschen Frauen berufstätig, 1989 92 Prozent. Zahlen, hinter denen andere Zahlen stehen: 1949 waren knapp ein Prozent der ostdeutschen Kinder in Krippen untergebracht, 1989 waren es 80 Prozent.[68]

Die vergesellschaftete Mutter, das verstaatlichte Kind. Bis 1960 gab es für das Krippensystem der DDR noch die Bindungsforschung. Mögliche sprachliche, kognitive, motorische, emotionale Entwicklungsstörungen beim entbundenen Kind waren zu der Zeit Standardwissen. 1962 aber kam DDR-Justizministerin Hilde Benjamin und erklärte diese Ansätze für rein »bürgerliche Psychologie«.[69] Das bessere Land sollte einen besseren und vor allem eigenen Weg gehen. Ohne Familie, aber mit Pawlow. *Forcierte Förderung* fand von da an über ein Plansystem statt und mittels mechanistischer Reizsysteme: Tagespläne, Schlafpläne, Essenspläne, Waschpläne, Nachttopfpläne, Spielpläne. Eine Diktatur dauert an, solange sie ihre Kinder und die Mütter als Scharniere sicher hat. Die politischen Setzkästen, das Bedingungsgefüge. »Die gefühlsunterdrückende Erziehung konnte man auf jedem Kinderspielplatz, in jedem Eisenbahnabteil, in jeder Schulklasse beobachten«, resümierte der Psychoanalytiker Hans-Joachim Maaz 1990 in seinem Buch »Der Gefühlsstau« über die Verhältnisse im Osten.[70]

Die aktiven, toughen, gütigen, erfüllten, heiteren, warmherzigen, starken Mütter. Die es schafften, ihre Familien abzuschirmen, die sich trotz allen Drucks zu erhalten wussten, die kämpften, schufteten, denen so viel gelang. Sie sind der eine Teil der Geschichte. Der andere hat was mit der doppelten Diktaturgeschichte im Osten zu tun, mit dem Verzahnten, Unauflösbaren. Vielleicht ist es ja die aktivere Figur in dem Ganzen. Ich habe immer auf Mutter gesetzt, als Freundin, als Nahmensch, als Komplizin meiner Kindheit, als Symbiose. Ich dachte an etwas Unverbrüchliches, nie Endendes. Ich dachte, dass wir eine Straße entlanglaufen könnten, dabei still wären und es nie enden würde. Ich sehe Mutters Setzkästen, sehe, wie die Buchstaben zum Nadelmeer werden, sehe die Schnittfolgen ihres Lebens und verstehe, dass sie sich mit 1989 ihr drittes Schweigen kreierte.

Zitadellenexistenz. Das Jahr 1989 und die Implosion der DDR-Familien. Es ging rasant zu. Geburten, Heiraten rutschten in den Keller, Scheidungen erreichten historische Höchststände. Eine Gesellschaft trieb auseinander. Fünf Jahre später fand die Familie bereits wieder zusammen. Als soziale Kapsel, als Stabilisator, als Orientierungsinstanz für das, was das Leben der Ostdeutschen derart beschleunigt hatte. Umso wichtiger war, was an den Familientischen passierte, was an ihnen gesprochen und verhandelt wurde. Der

Historiker Wolfgang Schivelbusch hat in seinem Buch »Die Kultur der Niederlage« kollektive Bewältigungsstrategien nach historischen Niederlagen untersucht. Er beschreibt darin, wie sich die Niederlagenpsyche nach dem konkreten Ereignis mit einem Arsenal an Phantasmen und Umdeutungen, Selbstauratisierungen und Mythenbildungen ausstatte und sich damit eine Ersatzwelt baue. Diese brauche sie, um sich resistent gegen das Unabänderliche, aber auch gegen neuerliche Enttäuschungen zu machen. Ein Denken, das wie eine Art *citadelles sentimentales* gebaut sei.[71]

Die Brisanz, der Druck, das Dilemma in den Generationen nach dem Zeitriss von 1989. Ein Wettlauf um Neuorientierungen, Bestandssicherungen, Identitäten, aber auch um Familienloyalitäten. Welche Geschichten, welche Brüche, welche Kontinuitäten sollten öffentlich oder durften auf gar keinen Fall öffentlich werden? Wer erzählte zuerst? Wer durfte überhaupt erzählen? Was waren die tatsächlichen Geheimnisse? Wann und wo wurden sie und vor allem warum offenbart? Gerade für die Kriegskindgeneration wurde das große Glück von 1989 zu einer Geschichte ohne Abschied. Anders als der Generation im Westen war es im Osten nicht möglich, sich auf die Siegerseite der Geschichte hinüberzuerzählen, da diese Generation schlicht zu viel Geschichte in den Knochen hatte.

Wie danach sprechen? Mutter und ihre Scharnierfunktion, die Drehtür, die neuen Schnittmuster. Sie hat diese Rolle nach 1989 strikt beibehalten. Kontinuität klingt nach Dauer und auch ein bisschen nach Langsamkeit. Mutter aber war unerhört schnell. Sie hatte die neuen Zeiten wie über Nacht verstanden. Um das Trauma einmal mehr abzudecken, zu schützen, zu kontrollieren? Vielleicht, dass sie das Gefühl hatte, ihr Leben erneut verstecken, verlernen, vergessen, noch einmal anders erfinden zu müssen. Das Prinzip Mutter unter der Diktatur ist keine reine Größe, kann es nicht sein. Aber es geht um mehr. Der Rote Antifaschismus, der Rote Feminismus – die doppelte Bannmeile, die doppelte Entlastung. Als hätte der Osten sein Prinzip Mutter hinter eine zweifache Mauer gestellt. Wie sich das nach 1989 erzählte? Als eine einzigartige, gelungene Heldenstory der »fortschrittlichen ostdeutschen Frau«. Die Durchemanzipierte wurde zum *role model* für den neuen Müttersound nach der Einheit und die Leitlinie für die westdeutschen Frauen, die nur noch zu übernehmen hatten.

Verrat und Scham, Stärke und Verantwortungslosigkeiten, das dritte Schweigen und das, was sich mit ihm neu aufladen ließ. Gesa Koch-Wagner hielt in ihrem Buch über Gefühlserbschaften der Nazizeit fest, dass »Forschungen zur Involviertheit von Frauen in nationalsozialistische Ideen und Taten« im Westen verstärkt erst in den achtziger Jahren begannen.[72] Forschungen über die Involviertheit von Frauen in der DDR-Diktatur stehen noch am Anfang. Eine erste Gesamtdarstellung zum Thema Täterinnen und Staatssicherheit legte gerade die Historikerin Angela Schmole vor. Aus ihr geht unter anderem hervor, dass 1989 immerhin 14 259 Frauen für den Geheimdienst tätig waren. Das entsprach 15,7 Prozent.[73] Was bedeutet die Zahl?

Heimatcodes

Andererseits. Wie war das eigentlich? Ende August 1989 und meine Flucht aus dem Osten. Die Jenaer Wohnung und der letzte Weg durch die Unistadt, der Wohnungsschlüssel in der Hand meines Bruders auf dem Dresdner Hauptbahnhof, unser Abschied, der Nachtzug nach Budapest, die verwarteten Tage und Nächte an der Donau, weil ich meine Angst nicht im Griff hatte, der Vorortzug Richtung Sopron und Kópháza als Exit, Ausstieg, Endstation Ost. Ein 500-Seelen-Nest und die Nacht, das Fernsehflackern, das Hundegebell, die Stimmen, das Robben und Kriechen über die Grenze, die Ankunft im Neuen.

Fluchtpunkte. Auffangpunkte. Ab Mitte August 1989 reagierte dann auch das politische Ostberlin auf den anwachsenden Flüchtlingsstrom. Es kanzelte ab, diskreditierte die, die gingen, beschwor die implodierende DDR-Normalität und setzte auf den eigenen Realitätsverlust. Im Jahr 1989 verließen 343 854 Ostdeutsche ihr Zuhause, reisten aus, flohen. Eine Entschiedenheit, insbesondere der Jungen, die der Revolution erheblichen Schwung verlieh. Nicht mehr reden, keine aufgehübschte DDR mehr herbeiwünschen, sondern sich lossagen, sich aufmachen, losfahren, rüberschwimmen, weghechten, sich in die Botschaften von Prag oder Budapest hocken und damit den Druck erhöhen. In jedem Fall weg, nur weg.

343 854 Fluchtschicksale allein im Revolutionsjahr 1989. Dahinter stehen 4 892 474, die zwischen 1949 und 1989 den Osten verließen. Zusammen 5 236 328 Menschen. Dazu zwischen 1991 und 2017 noch einmal annähernd sechs Millionen Ostdeutsche, die in den Westen gingen. Sie alle versuchten, im Neuen anzukommen. Wie? »Umfassende historische oder soziologische Untersuchungen, die sich mit der Aufnahme von DDR-Zuwanderern in der Bundesrepublik, ihrer Wahrnehmung und spezifischen Erfahrungen des Ankommens auf Seiten der Gewanderten in den 1970er/80er Jahren befassen, liegen nicht vor«, schreibt die Historikerin Bettina Effner in ihrer Studie »Der Westen als Alternative«.[74] Das gilt auch für 1989, aber auch für die Jahre danach.

Ohne Frage, es gibt dies und das. Viele Fluchtschicksale sind öffentlich erzählt, einzelne Aspekte durchaus ausgeleuchtet worden. Doch die Millionen, die in den Westen gingen, spielen in den aktuellen Debatten über den Zustand des Landes kaum eine Rolle. Ihre Schicksale, ihre vielfach erstaunlichen Karrieren, ihr Blick auf das geeinte Land nach 1989 liegen noch immer verschattet im kulturellen Gedächtnis. Das Emigrantenkollektiv der Millionen erhielt kein Chronistenrecht für die deutsch-deutschen Belange. Wieso? Was heißt der Zustand des Entkommens aus einer Diktatur und des Ankommens in einer Demokratie konkret? Sind die vielen mit der Hoffnung gegangen, tatsächlich zu entkommen? Wie verhält es sich mit den Phasen und Relationen der Ankunft? Was ist der existenzielle Taumel, jenes Verschobensein, in dem sich der Einzelne in seinem *Nicht-mehr-am-Ort-Sein* für eine gewisse Zeit oder sogar für immer befindet? Woran liegt es, dass dieser Zustand bis heute so auffällig undefiniert, ja unausgehoben ist? Wie hat sich dieses innerdeutsche Shifting in den Jahren zwischen 1945 und 1989 erzählt? Was sind die Unterschiede einer Flucht im Jahr 1955 oder 1978 im Verhältnis zum Sommer 1989? Was bedeutet es für das öffentliche Gespräch im Land, wenn dieses große Erinnerungskollektiv unsichtbar, abwesend, unzugänglich ist?

Laufzettel. Warum es mir so schwerfällt, mich mit Worten in diesem vagen Zustand nach der Flucht auszutarieren. Als sei ich eine ungenaue Größe, eine Wackelkandidatin, eine Art Übergangscontainer. Was war noch Altland, was schon Neuland? Gab es etwas, das zwischen alt und neu übrig blieb oder dazukam oder verlorenging? Die äußeren Koordinaten waren letzten Endes nicht so kompliziert. Es gab Grenzen. Vor der Grenze war alt, hinter ihr neu. Aber was war mit den inneren? Was machten sie mit der Erinnerung? Und wovon ist überhaupt die Rede: von Wandernden, Ausgewanderten, Einwanderern, Weggegangenen, Abgehauenen, Geflohenen, Ausreisewilligen, Rausgeschmissenen, Zwangsvertriebenen, Heimatlosen, Familienzusammengeführten, Emigrierten, Migrierten, Weggebliebenen, Exilanten? Vielleicht ist die Unschärfe, das Changierende der Begriffe schon Teil des Problems? Vielleicht, dass die Wörter von vornherein so viel Unklares, Verschiedenes, Unbestimmtes, so viele verschiedene Zustände mit sich schleppen? Die Abgehauenen, die so mutig waren und öffentlich zu Verrätern, zu Asozialen gemacht wurden. Dazu die Bilder, die in dieser Zwiefältigkeit vereisten.

Für den Exil-Philosophen und Prager Juden Vilém Flusser sind sie ein Paar: die Beheimateten und die Heimatlosen, die Gebliebenen und die Emigranten. Eins, das in einer heillosen Polemik verstrickt ist. »Das geheimnisvolle Heimatgefühl fesselt an Menschen und Dinge. Beide sind sie in dieses Geheimnis gebadet«, schreibt er, und auch, dass die »geheimen Codes der Heimaten« aus »nicht bewussten Regeln gesponnen«.[75] Man lebt in ihnen wie in ausgelatschten Schuhen. Die aber, die gehen, können qua Status nicht anders, als den Finger in die Heimatwunde legen. Ihr Weggehen sagt: Nichts ist einfach so. Was ihr als Heimat lebt, ist nichts anderes als Illusion und die sakrale Heimat banal.[76]

Der geknackte Heimatcode wird zum Affront, der Emigrant für »hassenswert, hässlich« befunden, da er die Wattedecke der Heimat lupft und den *schön Beheimateten* die sorgsam gehegte Täuschung nimmt.[77] Die am Ort leben, lassen den Ort erinnern. Was sie umgibt, erinnert sie. Die Gegangenen aber sind nicht mehr im Geheimnis der Heimat verankert, sondern »geheimnislose Wesen«.[78] Evidenzwesen.

Die Philosophie der Evidenzwesen ist eine des Andererseits, etwas zwischen *lost place* und *lost in place.* Ich erinnere mich an den Ort mit der leuchtenden Kirche nahe der österreichischen Grenze, an Deutschkreutz, an die Botschaft in Wien und das Warten dort. Ich erinnere mich an die Zugfahrt nach Schöppingen bei Münster, an das Auffanglager, den riesigen Schlafsaal, das ständige Kommen und Gehen.

Ich erinnere mich an die Papiere: »Wenn Sie im Auffanglager angekommen sind, erhalten Sie einen Laufzettel. Richten Sie sich nach dem Laufzettel. Wir wissen, dass eine Reihe von Anträgen für Sie schwer verständlich sind und sich Schwierigkeiten beim Ausfüllen einstellen werden.«[79]

Auffanglager, Laufzettel, Anträge. Als hätten sich die Worte mit der Ankunft im Lager dem Zugigen angepasst. Egal wie, Auffanglager haben was Lausiges, es sind Orte ohne Welt, und man muss raus da, so schnell wie möglich. Ich sehe mich in einem riesigen Saal unten in einem Doppelstockbett liegen. Ich sehe viele Frauen, Männer, Kinder, die an meinem Bett vorbeiziehen und sich in die anderen Betten um mich herum legen. Die Stimmen, die Sprachen, all das, was über mich hinwegschwappte. Die Karobettwäsche und meine Hände, die sich nicht trauten, oben auf der Decke zu liegen. Einzig, was unter ihr war, gehörte zu mir. *Lost space*. Mir war kalt.

Früher bin ich als Sprinterin sehr viele, unerhört gerade Geraden gelaufen. Immer wieder, jahrelang, in allen möglichen Ecken der Welt. Von A nach B. Ich kam immer an. Nach einer Flucht aber gibt es keine Geraden mehr, nur noch Ellipsen, Abgeknicktes, Krümmungen, Hyperbeln, Achsenverschiebungen, Außenwinkel, parallele Sehnen, immerzu Abgeleitetes. Vielleicht ist das mit der Biographie durch den 89er-Zeitenbruch ja eher zu etwas Landschaftlichem geworden, denke ich, vielleicht ist die Zeit in den Raum gekippt, in etwas Unbeschriebenes, kategorisch Offenes. Die Philosophie des Andererseits: Man weiß ja nicht, was hinterm Wald kommt, hinterm Meer. Aber das wäre zu simpel. Es geht um mehr.

Amnestisches. Der Emigrant als drängende, prekäre Figur des 20. Jahrhunderts, die nicht mehr verschwand, im Gegenteil: Sie wurde aktueller, akuter, anwesender, unabweisbarer. In der Literatur läuft die Figur durch die kanonischen Texte von Hannah Arendts »Wir Flüchtlinge« von 1943 oder »Der Emigrant« von Günther Anders, erstmals 1962 erschienen. Philosophische Berichte über akute Existenzbedrohungen. Verlustbilanzen, Notbilanzen, Fremdheitsbilanzen. Eine inständige Suche nach dem, was bleibt, wenn nichts geblieben ist. Der Emigrant als Kippfigur, als ein »gewissermaßen durch Teilung entstandener, neuer Organismus«, dem »die Zeiten quer zueinander liegen«.[80] Als jemand mit einer *wirklichen Erfahrung* – »weil Erfahrung um so mehr wirkliche Erfahrung ist, je weniger dasjenige, was wir erfahren, uns angemessen ist«.[81]

Das Unangemessene im Wirklichen: Ohne Frage ist die Emigrationserzählung der dreißiger und vierziger Jahre nicht auf die Konstellationen nach 1945 übertragbar. Die Differenzen sind evident, und sie bleiben es. Dennoch scheint sie der Basalraum für ein ungeschriebenes Gesetz: Je sichtbarer, realer, dominanter die Figur des Migranten in den politischen Raum einzieht, umso verdeckter und abwesender erscheint sie. Ist es das Ausgesetztsein, die Zumutung, das Inadäquate, die Lebenskollision des Heimatlosen? Ist es, weil der Migrant der Abwesende im Hinblick auf die eigene Herkunft ist?

Das Thema Flucht und die DDR. Die, die gingen, gingen zumeist im Dissens zum Projekt Sozialismus. Ihre Entscheidung verstand die Macht in Ostberlin als ein striktes Nein gegen sich und die eigene Politik, als letztgültigen, persönlichen Abschied von ihr. Schon aus dem Grund war der Komplex Flucht / Ausreise / Freikauf hochgradig ideologisch aufgeladen und beschwor eine regelrechte Psychologie des Einschlusses herauf. 1400 Kilometer doppelter Stacheldrahtzaun, dazu Selbstschussanlagen, Minenfelder, Signalzäune, Hundelaufanlagen waren das eine.[82] Das andere waren die drakonischen Strafen: Etwa 75 000 Menschen wurden zu Zeiten der DDR allein wegen Fluchtversuchen verurteilt.[83] Die, die das Land verließen, wurden zu sogenannten Vaterlandsverrätern, Nestbeschmutzern, Grenzverletzern. Sie wurden exkludiert, gehörten nicht mehr zum DDR-Körper, zu den besseren Deutschen, den Siegern der Geschichte. Als sogenannte Antragsteller verloren sie ihre Arbeit, wurden vom Geheimdienst bespitzelt, waren allen nur erdenklichen Schikanen ausgesetzt. Man machte sie nicht nur zu Abwesenden, sie fielen in die harte Amnesie, fanden keine Erwähnung mehr. Der Schnitt von innen war rabiat: Flucht und Ausreise gleich Verrat gleich Löschung. Es sollten weder im Realen noch im Kopf Schlängelpfade für die Zurückgebliebenen bleiben.

Überforderung, Orientierungskrisen, Fremdheiten im Neuen. Selbst nach geglückter Flucht oder Ausreise verstand sich die DDR darauf, für die im Westen Angekommenen so viel Leid wie nur möglich zu produzieren. Die Historikerin Bettina Effner schreibt: »Das SED-Regime beeinflusste durch seine Kontakt- und Nachzugsverhinderungspolitik nicht unwesentlich, wie sich das Heimischwerden herübergewechselter Ostdeutscher gestaltete.«[84] In einer Erhebung gaben Weggegangene an, dass 98,8 Prozent mindestens eine

Verwandte oder einen Verwandten ersten Grades in der DDR hatten. Gut 80 Prozent sagten, ihre Versuche, erneut in die DDR einzureisen, seien von den Behörden abgelehnt worden. »Am stärksten von der Restriktion betroffen waren ehemals Inhaftierte, gefolgt von der Gruppe der Geflüchteten.«[85]

Operatives. Ich muss an Vater denken, Jahrgang 1934. Er gehört an diese Stelle. Am 13. Dezember 1973 war er »auf der Basis der politisch-ideologischen Überzeugung« als *IM Gerhard* für die Staatssicherheit geworben worden. Zwei Jahre später erhielt er eine Ausbildung als *Instrukteur* und wurde ab Mai 1975 für »operative Einsätze im Operationsgebiet«, das heißt im Westen, eingesetzt. »Diese Aufgaben bestanden im Wesentlichen in der Anlage eines Treffsystems im Operationsgebiet, der Treffdurchführung mit *OG-IM Paulsen* und der Aufklärung operativ interessanter Personen. Des Weiteren arbeitete er an der Aufklärung des Operativvorgangs *Flieger*, XV 968/75 aktiv mit.«[86]

Operationsgebiet, operativ interessante Personen, Operativvorgang. Ich denke an Verrichten und Eingreifen, an Chirurgie und Instrumente, ich denke an Verletzung. Ich lese nicht oft in der Vater-Akte. Alle paar Jahre mal. Ich weiß, dass ich sie nicht verstehe, nicht verstehen kann. Das, was wirklich zwischen den Hunderten Seiten geschehen ist. Major Jedlitschka, Major Schubert, Hauptmann Tschulik, Major Richter, Oberstleutnant Luthardt, Hauptmann Leiß, Oberst Feustel, Oberleutnant Koch, Hauptmann Haase: Sie waren Vaters Auftraggeber. Sie schickten ihn nach West-berlin, nach Freiburg, Stuttgart, Furtwangen, Hamburg, Bremen, Kassel, Leverkusen. Sie schickten ihn überallhin, von Süd nach Nord, von Nord nach West. Die Aufträge lauteten: »Führen Sie von einer Telefonzelle aus ein Gespräch mit dem Anschlussteilnehmer Herrn K., Nummer: Furtwangen 07723 ---. Sie verlangen Herrn K. Dieser wird nicht anwesend sein. Es wird sich Frau M. melden. Führen Sie das inhaltlich nachgenannte Gespräch. Die Namensnennung muss von Ihnen deutlich verstanden werden. Sie bringen zum Ausdruck, dass Sie einen reparaturbedürftigen BMW-Dixi, Baujahr 1928, preisgünstig aufkaufen können. Durch *Frisieren* des Wagens soll dieser als Geschenk für Ihren Sohn dienen. Nur nach Aufforderung nennen Sie Ihren Namen und Wohnort. Vermeiden Sie Auffälligkeiten Ihrer Person, wechseln Sie die Bekleidung, führen Sie die Selbstabsicherung.«[87]

Vaters Aufenthalt in der deutsch-deutschen Operationslandschaft. Die vielen Legenden, Erkennungsworte, Sichtkontrollen, Vortrefforte, Komplexaufträge, Verbindungspläne, Parole-Fragen, die BMW-Jahrgänge, »das Beachten von markanten Objekten, Hauseingängen, Tankstellen, Hoteltüren, von Preisgefüge, Warenbezeichnungen, Reklame«.[88] Das klingt nach Räuber und Gendarm, war es aber nicht. Vaters Reisepseudonym für seinen Einsatz im September 1978: »Ich wohnte mit meinen Eltern bis 1945 in Berlin, mein Vater war Mechaniker und ist bei den Berlin-Kämpfen gefallen. Bis 1954, meine Mutter starb zu diesem Zeitpunkt, war ich in Köln wohnhaft. Nach dem Besuch der Schule erlernte ich den Beruf des Mechanikers im Ford-Werk Köln. Aufgrund meiner musischen Neigungen nahm ich ein Studium an der Staatlichen Hochschule für Musik und Darstellende Künste in Berlin auf, Fachrichtung Musikerziehung. Zwischenzeitlich musste ich das Studium unterbrechen wegen finanzieller Schwierigkeiten. Nachfolgend war ich freiberuflich. Ich bin tätig für wissenschaftliche Auftragsarbeiten. Ich wohne in Berlin Kreuzberg, bin ledig, habe keine Kinder.«[89]

Zwölf Jahre. Einsatz für Einsatz, Legende um Legende. Was hat das mit Vater gemacht? Ledig, keine Kinder, aber Opernliebhaber in einer ununterbrochenen Operation? Eine Operation, die sich verästelte, erstreckte, die sich Jahr um Jahr auswuchs. Die Begriffe Operativplan, operative Handlungen, operativer Reiseprozess, operativ bedeutsame Angaben. »Vom IM wurde der höchstmögliche operative Wert des Einsatzes angestrebt.«[90] 12. September 1978: »An diesem Tag verschaffen Sie sich einen Überblick zur Anschrift --- und konzentrieren sich besonders auf die Feststellung von Namen der Hausbewohner und öffentlichen Einrichtungen wie Arztpraxen.« 13. September 1978: »Sie suchen die KfZ-Werkstatt auf und erkundigen sich nach einem Reparaturtermin bzw. einer Reparaturmöglichkeit. Bei dieser Maßnahme geht es besonders darum, weitere konkrete Angaben zur Werkstatt und zu dort beschäftigten Personen zu erarbeiten.«[91]

Autos, Autowerkstätten. Vater hatte keinen blassen Schimmer davon. Er konnte so ziemlich jedes Instrument spielen, er konnte große Chöre leiten, er konnte auf Maiparaden Losungen rausposaunen, aber das, wofür er in den Westen geschickt wurde, das konnte er ganz sicher nicht. Er hatte nicht mal eine Fahrerlaubnis. Er saß im IC *Diplomat* gen

Freiburg. Wer war er, optisch in seinen neu gekauften Westklamotten und mit diversen Legenden drapiert? Manchmal, wenn ich versuche, ihm in Gedanken im Abteil gegenüberzusitzen und ihm ins Gesicht zu schauen, kann ich sie sehen – seine Verlorenheit. Dann sehe ich einen kleinen Jungen, dem die Mutter gerade sagt, dass der Vater nicht aus dem Krieg zurückkehrt. Ich sehe den jungen Mann im FDJ-Hemd mit Akkordeon vor der Brust auf irgendwelchen Jugendfestspielen, begeistert, bisschen nach Egon Krenz aussehend. Die Szene wirkt drall, zu drall, finde ich, wie überschminkt. Ich sehe ihn als Urania-Dauerreferent, als Schuldirektor, als Direktor des Pionierpalastes Dresden. Immer im Kollektiv, immer umgeben von strahlenden Kindern, Jugendlichen, Frauen, Männern. Auch das sieht eher nach Tünche aus. Im Zugabteil sitzt er allein, ist er ein Fremder, der im Grunde überall fremd ist. Was hätte ich ihn gefragt, wenn ich als Teenager gewusst hätte, was ich erst 2003 durch seine Akte erfahren habe?

Am 11. September 1978 war Vater auf dem Weg nach Freiburg, zu einem seiner vielen Operationsorte. Der Grund: Eine 23-jährige Kunstfliegerin aus Leipzig war am 5. März 1975 »unter missbräuchlicher Nutzung eines GST-Motorflugzeuges« in den Westen geflohen.[92] Im thüringischen Großhelmsdorf hatte es eine Zwischenlandung gegeben. Die Frau nahm dort ihren Liebsten, einen 48-jährigen KfZ-Mechaniker, auf. Sie war eine ausgezeichnete Fliegerin und für die DDR-Nationalmannschaft vorgesehen. Die Maschine war ein Einsitzer. Der Körper des Mannes klemmte während des gesamten Fluges zwischen Motor und Flugzeugkapsel. Gegen Abend landeten beide auf einer Wiese bei

Ottmannsreuth, in der Nähe von Bayreuth. Das Benzin war alle, die spektakuläre Flucht geglückt. Das Paar wurde von der Polizei aufgegriffen, nach Bayreuth gebracht, verhört, durchlief das Notaufnahmelager Gießen und ging nach dem üblichen Prozedere nach Freiburg.

Auf DDR-Seite wurden noch am Fluchttag Haftbefehle erwirkt und die Fahndung veranlasst. Zwei Tage später eröffnete die Hauptabteilung IV des DDR-Geheimdienstes den Operativvorgang *Flieger*, da sie von »feindlichen Aktivitäten der beiden Personen gegen die DDR« ausging.[93] Vater war bei dem Vorgang, wie der Geheimdienst festhielt, *aktiv*. Er hatte sich in ein anderes Leben geflüchtet, um in seinem Fluchtleben Flüchtlinge aufzuspüren. Was war das? Zumindest keine Rolle in einem glamourösen Agentenfilm. Es sah eher nach schäbiger Bürokratie aus. Eine Bürokratie, die für andere tödlich enden konnte. Vater wusste das. Die Einsätze im Westen wurden en détail vorbereitet und durchgesprochen. Das, was man das Böse nennt, ist nicht banal, nie, zu keinem Zeitpunkt. Es ist kalt, direkt, vital, aalglatt, gemein, entgrenzt. Es ist etwas mit hoher Energie. Etwas ohne Frau und Kinder. Es hat keine Tiefendimension und keine Bindung. Es ist das, was es ist. Mehr ist es nicht.

Peter und Rita. Vater, der über Jahre nach Freiburg fuhr. Im Dezember 1975, im April 1976, im September 1978, im Oktober 1978, im April 1979, im Januar 1980, im November 1981. Der seine schriftlichen Aufträge, die *Befehle* des Geheimdienstes waren, mit »selbst gelesen, als Auftrag verstanden und übernommen« unterschrieb.[94] Der die beiden Geflüchteten zunächst im Branchen-, Telefon- und Adressbuch suchte, sich allerhand Gesamtüberblicke verschaffte und dann eine endlose Litanei an Aufträgen abarbeitete: »Befragen Sie eine objektansässige Person nach der Erreichbarkeit des Herrn K. und beziehen Sie sich dabei auf ein Gespräch im Jahr 1980 zur Versorgung eines Gebraucht-PKW. Fahren Sie bis zum Ihnen bereits bekannten Wohngebiet mit öffentlichen Verkehrsmitteln. Führen Sie eine zielgerichtete Aufklärung durch. Weiterhin interessieren Angaben über Fahndungsaktionen, Polizeieinsätze, militärische Aktivitäten, Personenkonzentrationen aus besonderem Anlass«.[95]

Vater, der präzise Zeichnungen anfertigte und Hunderte Fotos mit geforderter *Tiefenschärfe* ablieferte. Der bei seinem neuen Pseudonym ab 1981 auf einmal geschieden war. Der minutiös berichtete: »Die Erdgeschoss-Wohnung im Vorderhaus links neben dem Eingang hatte ständig heruntergelassene Jalousien.«[96] Oder: »Die Orientierung muss sehr geschickt vorgenommen werden, da von allen Seiten eingesehen werden kann, auch von den Fenstern, vor allem des Erdgeschosses. Man muss zu diesem Zweck von der Straße erst etwas abwärts und dann direkt auf das Haus zugehen.«[97] Der in seiner krakeligen Handschrift laut Auftrag seine Codekarten nach Ostberlin schrieb: »Lieber Werner, das Wetter wurde schlechter, aber wir fahren nun auch wieder heim. Der nächste Besuch gilt Euch, hoffentlich seid Ihr wieder gesund. Schreibt mal! Beste Grüße, Peter und Rita.«[98]

Der auf seinen Einsätzen prompt, umsichtig wirkte und gern Zusätze lieferte: »Am 17.10.1978 habe ich in der *Badischen Zeitung* einen Artikel von ca. 3 Spalten je 10 cm mit einem Foto in Passbildgröße gelesen. Es wird dort von einem Stasi-Chef *Mischa* geschrieben, der in Ostberlin Aufträge zur Wirtschaftsspionage in der BRD erteilt. Es wurden Beispiele genannt, wo leitende Mitarbeiter von westdeutschen Betrieben Unterlagen und Angaben über die Produktion und Sicherungsanlagen an die DDR verraten haben … Im Artikel wurde zur Wachsamkeit aufgerufen.«[99]

Vater, bei dem es nie »irgendwelche Auffälligkeiten« gab, »keinerlei Widersprüche«, wie seine Auftraggeber in einem fort betonten. *Alles pünktlich, planmäßig, ohne Vorkommnisse*, als wäre sein Agentenleben das Selbstverständlichste von der Welt, als gäbe es so etwas wie Angst bei ihm nicht, als hätte er sich in seiner Grenzexistenz bequem eingerichtet, als ginge es gar nicht anders. Manchmal war Vater Rita und Paul, manchmal war er ledig und ohne Kinder, manchmal geschieden, manchmal war er Gerd Krüger aus Westberlin, manchmal Gerhard Kirchner aus Münster oder noch jemand anderes. Manchmal lebte er in Bremen oder in Wiesbaden, manchmal wollte er auch nach Köln ziehen. Manchmal hatte er vor, Pianist an den *Städtischen Bühnen* in Frankfurt zu werden, manchmal war er Musiklehrer in Wiesbaden.

Ich will es schaffen, die Vater-Akte von Anfang bis Ende zu lesen. Sie kommt mir vor wie ein Wurm – die Machthybris, das Diensteifrige, der Terror, die Anbiederei. Wie sich das durchs Papier frisst. Wenn ich anfange, über Vater nachzudenken, weiß ich oft nicht mehr, wo ich bin. Etwas in mir kippt in einen undefinierten Raum. Vater als Systembild, als Staatsprinzip. Er ist kein Einzelner, er ist der Stellvertreter. Er erzählt, was dem System möglich war. Wo es anfängt und wo es endet. Die Arbeit an der Verstellung, am Verrat, an der Zersetzung, der Unterwanderung.

Die blutjunge Leipziger Lehrerin, die nichts anderes wollte, als ihr Leben zu leben. Ihre wagemutige Fluchtidee. Ihre Trennung in die Welt. Das Paar, das alles riskierte und nach sieben Jahren Ankunft im Westen weiter vom DDR-Geheimdienst ausspioniert wurde. Wann ist der Einzelne raus aus dem DDR-Kollektiv, aus dem Diktatur-Körper? Jemand flieht, und dann wird er wann wirklich freigelassen? Klingelschilder, Türklinken, Werkstatteinfahrten, Autokennzeichen, heruntergelassene Jalousien: Jedes Detail des neuen Lebens im Westen wurde nach Ostberlin übergeben – für die Bürokratie der Anschläge. Vater lieferte.

Neuralgische Punkte. Es ist einfach, sich von heute aus über den Mann aus Dresden zu entsetzen. Er bleibt mein Vater. Im *Operationsgebiet* war er Mitglied eines Clans, Agent der Hauptabteilung IV des DDR-Geheimdienstes, Teil eines klandestinen Einsatzkommandos, Späher mit speziellen Kampferfahrungen. Es ging um neuralgische Punkte, um wohlweisliche Super-GAUs – um Politikerunfälle, vergiftete Flüsse, Kollisionen in Atomkraftwerken oder Chemiekonzernen und immer wieder um Flüchtlinge. Ich sitze Vater in Gedanken im Abteil gegenüber und weiß, dass ich nichts über ihn weiß. Ich kenne den Mann nicht. Genau das war sein Job. Das Verdeckte, Somnambule, die Camouflage, das Versteckspiel. Und wenn er aufgeflogen wäre? Er ist nicht aufgeflogen, all die Jahre nicht. Es hat gar nicht stattgefunden.

Seine Agenten-Zeit und seine Heimat-Zeit, das Außen und das Innen. Ost, West. West, Ost. Es sind Spiegelszenen wie Darmstadt und Dresden Spiegelszenen sind. Kampffelder, Kriegsräume mit einer eigenen Idiomatik und Energie. Ich weiß, in welchem Zustand Vater nach seinen Abwesenheiten die Wohnung betrat, wie er sprach, wie er roch, was er tat. Ich vergesse es nicht, kann nicht. Das Innen und Außen der Vater-Akte. Die Sache mit den Heimatcodes. Es gibt eine Spur der Spiegelszenen. Hör auf, es verstehen zu wollen. Sagt wer? Es ist zu viel unsichtbar. Sagt wer? Es ist der Moment, das Text-Ich zu verabschieden. Ich muss es allein hinkriegen.

Weitgehend problemlos. Günther Anders, der in seinen Texten die *Wundränder des Exils* betont hatte.[100] Vilém Flusser stattdessen entdeckte am Exil das Potenzielle, ein »Aufknacken des Selbst und ein Öffnen hin zum anderen. Ein Mitsein.«[101] Was aber überwog im Kollektiv der binnendeutschen Emigration zwischen 1945 und 1989? Die Abrisse, die Zukunft? Und wenn es beides war? Von außen wird dieses Exil kontinuierlich als eine Geschichte ohne Hürden erzählt, über die der Historiker Klaus Schröder festhält: »Weitgehend problemlos verlief die wirtschaftliche und soziale Integration der aus der DDR Übergesiedelten. Laut einer Studie des Instituts für Arbeitsmarkt- und Berufsforschung (IAB) war nur etwa jeder Zehnte ein Jahr nach der Übersiedlung noch arbeitslos. Die Quote derjenigen, die sich schnell heimisch an ihrem neuen Wohnort im Westen fühlten, lag bei überraschend 90 Prozent. Nicht einmal jeder

Zehnte (7,4 Prozent) sah seine Wünsche an das Leben in der Bundesrepublik als nicht erfüllt an.«[102]

Die guten Zahlen, die positiven Statistiken. Ist es das ganze Bild? Und die Weggetriebenen, die die Einschlusspsyche des Ostens nicht so mühelos ad acta legen konnten? Nicht die Angst, die Bespitzelung, die Verhöre, die Haft, die Zermürbung, die Enteignungen, die Zoll- und Grenzerfahrungen. Die aber deshalb ihre Berichte später oft als Heldengeschichten und Legenden erzählten. »Es steht zu vermuten, dass diese Narrationen nicht nur der biografischen Bewältigung respektive Distanzierung von einem dramatisch und folgenreich erlebten Geschehen dienten.«[103] Es ging auch um *den guten Erzähler*, der in der Lage sein sollte, das Schicksal zu kontrollieren.

Die Gegangenen, die nicht nur in der neuen Welt dem alten Geheimdienst ausgeliefert waren, sondern auch mit dem Verlust der Heimat, der Freunde, der Verwandten klarzukommen hatten. »Ein wichtiges Mittel der Abschreckung war die faktische Unmöglichkeit der Rückkehr in die DDR, zumindest für Einzelpersonen, seit den siebziger Jahren«, heißt es bei dem Soziologen Manfred Gehrmann.[104] Erst Ende der siebziger Jahre wurden die Erfahrungen der inneren Übersiedlung in den Westen zum Thema. Problematisiert wurden aber vor allem die »Flüchtlinge, Spätheimkehrer und DDR-Häftlinge«, die mit der Zeit unübersehbar zum öffentlichen Bild geworden waren. »Dass die Genannten zu Nichtsesshaften würden«, lag laut Politik »an mangelnden sozialen Bindungen und abgewerteten oder nicht vorhandenen beruflichen Qualifikationen«.[105] Die neuen Outlaws des Ostens, die nach ihrem ausdeklinierten DDR-

Leben im Westen durch alle Raster fielen. Die keine Klingelschilder und Türklinken aufzuweisen hatten, weil sie damit als Observationsobjekte für die Stasi ausfielen? Weil sie endlich wirklich frei sein wollten? Man müsste ihre Geschichten von Anfang an erzählen. Nicht als Straßenromanzen, sondern vom ersten Nein im Osten bis zur nicht bezogenen, nicht mehr beziehbaren Wohnung im Westen. Man müsste auf das Nichtzugehörige achten und wie es irgendwann notorisch wurde, die Grenze wechselte, und dann fragen, was nach all dem geschah. Man müsste den Nichtraum denken, jene weggesperrte Existenz von einem gesellschaftlichen Vakuum ins nächste.

Eine geglückte Flucht war insofern nicht zwangsläufig der Garant für eine vorbehaltlose Aufnahme im Westen. Der Goodwill unterlag Konjunkturen und politischen Interessen. »Ein nicht unerheblicher Teil der westdeutschen Bevölkerung sah die Neuangekommenen als Konkurrenten auf dem Wohnungs- und Arbeitsmarkt sowie als Profiteure staatlicher Unterstützungsleistungen«, schreibt Bettina Effner.[106] Je nach Marktlage waren die Ostdeutschen dennoch durchaus gewollt, anpassungsfähig, ausgebildet, leistungsbereit, oder sie bekamen bestimmte Stigmata verpasst: vom Schmarotzer, Delinquenten, Unfähigen bis zur Heulsuse. Ein Ja oder eher Nein gegenüber den Co-Nationalen hatte darüber hinaus auch mit der Dauer der deutschen Teilung und der ungelösten Nationenfrage zu tun. Je länger die Teilung des Landes, umso nachdrücklicher verschwand die DDR von der bundesdeutschen Politagenda. Sicher, hieß es nicht selten, es war drüben schon ein bisschen schlimm, aber so richtig?

Vor allem der linksliberale Kulturwesten begegnete den weggetriebenen Ostdeutschen oft mit herber Skepsis. Sie waren die Kalten Krieger, die Renegaten, die Utopieverweigerer. Zuchthaus, Gulag, Zensur, Tausende Geschasste, politische Evidenz waren nicht, was der Medienlandschaft der Bundesrepublik schlaflose Nächte bereitete. Die Mauer als Friedensgarant, als von der DDR gelabelter »antifaschistischer Schutzwall« war ein gern aufgenommener Topos vieler westdeutscher Intellektueller. Und sowieso war man ja im Boomerland. Die Zahlen stimmten. Es hatte voranzugehen. Wo also war das Problem? Die Angekommenen schrieben sich ihre eigene Erfolgsgeschichte und zugleich an einem Text über ihr unversichertes Land, das für sie eine Unwucht geblieben ist. Es störte, passte nicht ins Konzept. Die stillen Erfahrungen von fünf Millionen vor dem Mauerfall, aber auch derer, die nach 1989 gingen, sind ein essenzielles Kapital. Ein Wagnis, der Motor für eine Politik des Unwahrscheinlichen. Freiheit ist für Vilém Flusser nicht die »Frage, zu gehen und zu kommen, sondern fremd zu bleiben. Anders als die anderen.«[107]

Palmen-Deutschland

Was mit Porsche. »Die Erlebnisse sind vielleicht nicht mehr so euphorisch, die Gefühle nicht mehr so bedingungslos, die Grenzen klarer und innerhalb ihrer ist doch noch so vieles möglich, was in fünf Jahren vielleicht nicht mehr denkbar ist.« Ein Satz aus einem Brief einer Berliner Freundin im Oktober 1995. Er klingt ein bisschen wie in der Zeit eingeklemmt, nach Nichtvor und Nichtzurück, Nichtmehr und gerade Nochso, aber auch nach einigem Hintergrundflackern. Oktober 1995. Wo war ich noch mal? Ich hatte das Studium beendet, Darmstadt verlassen und war nach Berlin gezogen. Kreuzberg, Hinterhof, Kohleofen, ein großes Zimmer, 180 DM Miete. Die Verhältnisse blieben übersichtlich. Ich starrte die leeren, gelben Wände meiner neuen Wohnung an und wartete auf das Ja für ein Schreibstipendium. Ohne Ja hätte ich nicht weitergewusst. Ich wollte keine Kneipenjobs mehr, aber auch keine Unilaufbahn. Etwas lag quer in mir. Etwas Diffuses. Das Ja kam.

Das Jahr 1995. In dem auch der Roman »Faserland« des Schriftstellers Christian Kracht erschien. Der Popkritiker Jens Balzer schreibt in seinem Buch über die neunziger

Jahre: »Aus der Politik flüchtet sich der ›Faserland‹-Ich-Erzähler in eine Post-Politik, in der das, worum es eigentlich geht, unwesentlich geworden ist, während sie das, worum es eigentlich nicht geht, zum Wesentlichen erklärt … Der Ich-Erzähler in ›Faserland‹ ist in mehrerer Hinsicht also tatsächlich eine gute Symbolfigur für den Geist der mittleren Neunzigerjahre in Deutschland – jedenfalls in einem bestimmten Teil des Landes.«[108]

Ich weiß noch, dass ich das Kracht-Buch gleich nach Erscheinen gelesen hatte. Es interessierte mich. Ich las was mit Porsche und viel Markengedöns. Jemand war ständig unterwegs, um die Welt einigermaßen benebelt an sich vorbeirauschen zu lassen. Ein junger Mann ohne Namen, der vielleicht aufgegeben hatte, es aber mochte, sich noch eine Weile hinterherzufahren. Der Text roch nach Sehnsucht, Partys, Vakuum, aber auch nach etwas, das die ganze Zeit über in der Tiefe lauerte. Fasern, Verfaserungen, ein Myzel, unter Tage verästelt und nicht dazu da, irgendwann mal aufgelöst zu werden. Mir waren vor allem die Wörter aufgefallen. Freundlich, traurig, kaputt. Sie klangen wie Nachbilder und standen im Textraum in einem makellosen Sound: »Es gibt in Deutschland eigentlich nichts Angenehmeres als den Bodensee. Überall blühen Blumen, und an den Tankstellen spielen kleine Kinder mit Plastikbaggern, und es ist sehr ruhig dort im Frühjahr, und im Sommer wird es dann richtig heiß. Es gibt sogar richtige Palmen, mitten in Deutschland.«[109]

Ein mulmiges Palmen-Deutschland und die Generation von Christian Kracht (Jahrgang 1966) und Alexander von Schönburg (Jahrgang 1969), der man in der Zeit allerorten in den offenen Cafés von Kreuzberg begegnen konnte. Alexander von Schönburg traf ich wenig später bei Carl Laszlo in Basel. Beide waren gut befreundet. Der Roman »Faserland«, der zur Textikone des vermeintlichen Freiheitsjahrzehnts wurde. Ich las ihn als Pendant zu unseren Wundheiten und hatte dabei Showbiz-Größen wie Heidi Klum, Thomas Gottschalk, Boris Becker oder Rudolf Scharping vor Augen, die in den geräumigen Coupés des Kracht-Textes rumlümmelten, winkend durch die Landschaft der jungen Einheitsjahre schipperten und dabei einen stillen Passagier aushalten mussten, diesen jungen Mann ohne Namen, der die ganze Szenerie unablässig im Blick hatte. Die Post-Politik, der Eskapismus, die nette Marken-Welt, das inwendig Unerlöste.

Ich versuche, mich an den Berliner Anfang zu erinnern. An die Bausteppe am Potsdamer Platz, an das endlose Meer der Kräne, Zäune, Gruben, an die Sommer in den Hängematten auf der stillgelegten Gleisdreieckbrache, an den zerfledderten Stadtfuchs, der in Kreuzberg ungestört um die Ecken streunte, an das Versiffte, Gegerbte, Unbehauste, Aufgebrochene der Stadt, an die Nächte im *Tresor* und im *Planet*. Die neue Berliner Republik ab Sommer 1999 und ihr erster Kanzler Gerhard Schröder. Der vermeintliche Aufbruchsmann, der in seinen maßgeschneiderten Brioni-Anzügen im Fernsehen rumstand, auf bossig und Herrenabende machend. Ein Politiker, der die Hoffnung auf die Wiedervereinigung des Landes bereits in den achtziger Jahren als »Lebenslüge« und im September 1990 noch als »reaktionär und hochgradig gefährlich« bezeichnet hatte.[110] Der seinen Wahlkampf in Niedersachsen im Jahr 1990, wie Reinhard Bingener und Markus Wehner in ihrem Buch

»Die Moskau-Connection« festhielten, unter anderem mit der Forderung gewann, den »Zustrom von Übersiedlern« zu stoppen. Der eine Befragung der Westdeutschen zur Einheit initiierte, »da es nicht sein kann, dass 16 Millionen DDR-Bürger bestimmen, was die restlichen 60 Millionen zu tun haben«.[111] Man könnte der Einfachheit halber sagen: Die Einheit war nicht wirklich sein Projekt.

Unter dem SPD-Kanzler schrumpfte die ostdeutsche Wirtschaft wieder, wurde die politische Bildung im Osten harsch zurechtgestutzt, wanderte die DDR-Geschichte aus den Universitäten umstandslos in diverse Sonderinstitute aus, gab es sein *Basta!*, das augenscheinlich auf paternalistische Selbstanerkennung zielte, um der alten Bundesrepublik die Sicherheit zu geben, die sie für den Einigungsprozess nötig hatte. Die Berliner Republik begann, wie die Bonner Republik begonnen hatte: mit Verdrängung. Laissez-faire, Russland und China versus realistische Bestandsaufnahme und miteinander auszuhaltende Verunsicherung. Ein Politpoker, über den die konträren Selbstverständnisse von Ost und West eher eingefroren, denn offen verhandelt wurden. Nicht von ungefähr sollte der 3. Oktober als Einheitstag unter Gerhard Schröder aus rein wirtschaftlichen Gründen gleich wieder abgeschafft, genauer gesagt, auf den je ersten Oktobersonntag verlegt werden. Über das Land legte sich etwas fast physisch Greifbares, eine Art Historienglibber mit scheinbar untergründigen Symptomen. Dabei geschah unter der Haube so viel.

Rückkehr ins Material. Berlin, Ende der neunziger Jahre. Noch immer war Nebelzeit, lag viel Ungefähres in den Bruchstücken, noch immer war Aufbruch. Meine Tage in den Archiven, die S-Bahn-Fahrten ins Bundesarchiv, in die Stasiunterlagenbehörde, das verwaltete, weggesperrte, gebrochene, geschluckte Ostleben zwischen den Kilometern bröselnder Aktenpapiere. Es gibt auch ein Körperwissen dienstlicher Texte, denke ich, ihrer Zeichen, Fassaden, Auslassungen. Aber welcher Körper? Was atmete der aus? Die Unumgehbarkeit des Stoffes, die Rückkehr ins Material. War es richtig, in die zerbröselnde Berlin-Zeit zurückzukommen? An den Ort, an dem sich neue und alte Macht begegneten, begegnen mussten, an dem beide sich vermischten, neu orientierten, Allianzen schmiedeten, Haustür an Haustür wohnten? Was erzählten sich Diktatur-Psyche und Demokratie-Psyche in der aufgebrochenen Teilungsstadt?

Der *China Club Berlin*. Er wurde erst 2003 eröffnet, könnte hier aber synonym für den Misch-Groove der neuen Hauptstadt stehen. Ein Privatclub auf der Rückseite des Hotels Adlon, im Osten. Ich weiß nicht mehr, wieso ich da gelandet war. Jemand meinte, es gäbe da was, man sollte mal dort gewesen sein, wenn man verstehen wolle, was grad so abgehe. Ich sehe mich unten am Fahrstuhl stehen und mit einem Mann, der sich als Staubsaugerexperte vorstellte, in die Höhe schnellen. Oben angekommen, wurden wir mit »Willkommen zu Hause in der Fremde!« begrüßt und in Richtung Bar geschoben. Überall Mao-Figuren, Zitate von Mao-Figuren, dunkles Holz, rote Lampions, Falttüren, fuseliges Licht und dann noch mal Mao-Figuren. Ich erinnere mich, dass ich überall Leute mit Champagnergläsern rumstehen sah, dass hinter einer der Falttüren Leonardo DiCaprio saß oder jemand, den ich dafür halten wollte, dass hinter der nächsten Karl-Theodor zu Guttenberg residierte. Vielleicht war er es nicht. Im Nachhinein ist es nicht leicht, das auszumachen. Auf alle Fälle las ich später, dass der *China Club Berlin* ein Ort sei, wo sich Luxus mit Diskretion paare, wo das klassische China der Kolonialzeit aufgerufen werde und man sich vor jeglicher Anleihe, das kommunistische China betreffend, strikt verwahre. Tatsächlich waren sie alle schon da oder sind vielleicht praktischerweise einfach geblieben: Harrison Ford, Depeche Mode, Leonardo DiCaprio, Angela Merkel, Kate Moss, Karl-Theodor zu Guttenberg oder wer auch immer. Tatsächlich gab es einen Koch mit der Lizenz zum Töten, zum Töten von Fischen, und einen Barkeeper, der seine Cocktails bereits im *Neptun*, dem legendären Stasihotel an der Ostsee, geschüttelt hatte. Tatsächlich bekam man einen Eindruck davon, was das Ende des Kalten Krieges im neuen Herzen von Deutschland realiter bedeuten könnte. Germania als Matrix, aufgetan und geborsten, jede Menge grüne und blaue Maos, deutsche Staubsauger, russisches Erdgas, chinesische Computer, der eine oder andere Champagner sowie der strikte Glaube an einen echten Neustart samt großem Vergessen. Berlin als Echolot, als eine Stadt der Reinszenierung von Geschichte, der Explosion der neuen Medien, der kreuz und quer laufenden Diskurse, von Starbucks-Läden und Start-ups, von Trash, Pop, Techno, Loveparade, Ernst Busch und Punk. Alles auf einmal, alles immerzu.

»In einer Welt, die nur noch aus Simulationen besteht,

braucht man keine Bücher mehr darüber zu lesen, dass die Welt aus Simulationen besteht«, schreibt Jens Balzer. »Die Prophezeihung der Postmoderne, dass sich bald alles in einem universellen *anything goes* auflösen wird, ist dem Alltagsgefühl gewichen, dass sich alles bereits aufgelöst hat.«[112] Die Postmoderne und die Erfahrungswucht des Ostens. Was hatte sich aufgelöst? Wie? Wieso? Wodurch? Wie erzählen, dass es nicht so war, nicht sein konnte. Wie so schreiben, dass dieses Gefühl auch verstanden werden kann, dass es im Raum ist, dass es da bleibt?

In meiner Erinnerung war ich nicht sonderlich lange da, im neuen Club im Rücken des Brandenburger Tores. In meiner Erinnerung sehe ich mich im Fahrstuhl stehen, in einem grünstichigen, harten Licht. Das Gefühl der Ausweglosigkeit, das viele Nichtwissen, die Falttüren, die Falltüren der Geschichte, das offenbar neue Operationsgebiet. Den Knopf im Fahrstuhl drücken, auf die Etagen achten, durch die Schichten der Stadt gleiten, durch das Erbe, den Schutt, die Katakomben der Zeit. Nicht nur der Text, auch das Ich hat einen Instinkt. Er ist es, der bleibt, der sich nicht wegatmen, wegradieren, wegklicken lässt.

An den Gerichten, vor allem in Berlin-Moabit, fanden Ende der neunziger Jahre noch immer die Strafrechtsprozesse zum DDR-Unrecht statt. »Zwischen 1945 und 1955 verurteilten die sowjetischen Tribunale 2943 deutsche Zivilisten zum Tode, in 2223 Fällen wurden die Strafen vollstreckt. 927 Deutsche wurden zur Hinrichtung eigens nach Moskau gebracht«, schreibt der Investigativjournalist Uwe Müller.[113] Und: »Schon vor Gründung der DDR verhängten deutsche Gerichte auf dem Gebiet der SBZ mindestens 142 Todesurteile, von denen 48 vollstreckt wurden. Bis 1981 folgten nochmals 235 Todesurteile, die zu 164 Hinrichtungen führten. Auch ohne Gerichtsurteile wurden Menschen getötet. Nie aufgeklärt werden konnten rätselhafte Todesfälle im Umfeld der in der Bundesrepublik tätigen SED-Firmen und ausländischer Holdinggesellschaften, die 1989 einen Umsatz in Milliardenhöhe erzielten. Vermutlich sind mindestens 30 Verantwortliche liquidiert worden, weil Ostberlin den Verrat von Geschäftspraktiken befürchtete. Die meisten von ihnen wurden in die DDR gelockt, begingen dort angeblich Selbstmord, starben angeblich an Herzversagen oder kamen angeblich bei einem Sturz ums Leben. Die Urnen mit der Asche der Toten wurden der Bundesrepublik übergeben. In den Gefängnissen der DDR starben vermutlich 2500 Häftlinge eines unnatürlichen Todes. Laut Gefangenenkartei waren zwischen 1950 und 1989 rund 700 000 Menschen inhaftiert.«[114]

Gedritteltes Gedächtnis. Die Unumgehbarkeit des Stoffes. 100 000 Ermittlungen zum DDR-Unrecht führten nach 1989 zu einem Prozent Anklagen.[115] 46 Personen erhielten Freiheitsstrafen ohne Bewährung. 46 für 40 Jahre Diktatur. Ein Umgang mit Verbrechen und Recht, der den ostdeutschen Altklientelen als Unterwanderungskapital dienen konnte, um der 89er-Revolution eine Revanche folgen zu lassen. Für die ließ man sich Zeit. Die würde man, wie sich zeigte, ruhig angehen können. Die neuen Verhältnisse machten es möglich. Sich strategisch in unbekannten Feldern ausrichten, Täterbiographien schützen, sich um das andauernde Verschwinden historischer Fakten kümmern, historische Traditionspflege betreiben, den alten Apparat den neuen Gegebenheiten anpassen, sich im erweiterten Operationsgebiet salonfähig machen. Eine feinschrittige Taktik des Vater-Clans, ein emsiges Projekt, das auch auf der am 6. November 1989 begonnenen »außerordentlichen Vernichtung« der Stasiakten beruhte.[116] Wolfgang Schwanitz, Nachfolger von Geheimdienstchef Erich Mielke, hatte am 21. November 1989 dazu erklärt: »Was das Vernichten anbetrifft, Genossen, besonders in den Kreisdienststellen. Macht das wirklich sehr klug und sehr unauffällig. Wir werden stark kontrolliert … Es hat keinen Zweck, einen Haufen Papier mitzuschleppen, der uns in der gegenwärtigen und künftigen Zeit nichts nützt.«[117]

Von Hand zerrissen, in Papiermühlen, in Verbrennungsanlagen des Militärs, auf Mülldeponien verbrannt, im Wald vergraben oder verkollert wurde, »was Auskunft über die flächendeckende Sicherung« geben konnte.[118] Das war einiges. Die Akten der HVA, des DDR-Auslandsgeheimdienstes, wurden fast vollständig vernichtet. In Bezug auf die Vorgänge des Militär-Nachrichtendienstes blieben von 15500 etwa 140 übrig.[119] Auch die Überlieferungen im Zusammenhang mit dem sowjetischen Geheimdienst KGB und den *Diensten* der sogenannten Bruderstaaten wurden im großen Stil beiseitegeräumt. Im Kleinen, im Regionalen, kamen vielfach die Arbeitsakten von Spitzeln, aber auch Opferakten in den Schredder. »In Dippoldiswalde verbrannten MfS-Mitarbeiter allein an einem Tag 80 Akteneinheiten aus IM-Vorgängen, in Bautzen 158 Bände, in Lubmin über 194. In der Objektdienststelle Schwarze Pumpe wurden 366 Bände vernichtet, in Senftenberg mindestens zehn Bände.«[120] Später wurde im Berliner Zentralarchiv der Aktenbehörde der *Sonderbestand leerer Ordner* angelegt: 47 laufende Meter, an die 10 000-mal Vernichtung von Verrat.

Schwerpunkt der Aushebungen wurden die regionalen Stasi-Kreisdienststellen. Dort war fast die Hälfte der Bevölkerung in der *Zentralen Materialablage* erfasst, »d.h. zu jeder zweiten Person lagen gespeicherte Informationen vor«.[121] Eine illegale Sammelpraxis zu etwa sechs Millionen DDR-Bürgern, die nicht publik werden durfte.[122] Um die giftigen Elaborate klammheimlich in den Riss der Geschichte zu befördern, schliefen Stasileute im November 1989 schon auch mal in ihren Büros. Trotz der Hast konnten 16 000 Säcke mit vorvernichtetem Material sichergestellt werden. Vier bis sechs Kilometer laufende Akten. 500 Säcke aus diesem Bestand wurden bis 2019 manuell rekonstruiert. Der Rest steht nach wie vor aus.

Eine halbe Gesellschaft in Spitzelhaft, über die sie im Nachhinein nichts erfahren kann, weil die Zeugnisse verbrannt, verkollert, zerrissen wurden. Die Forschercrew um den Historiker Roger Engelmann legt Wert darauf zu betonen, dass die Löschaktion komplizierter war, dass auch turnusmäßig, regulär geschreddert wurde, dass an dem einen Ort sehr viel, an dem anderen weniger im Reißwolf landete, dass einiges rekonstruiert werden konnte. Und selbst wenn? Millionenfaches Bespitzeln, rauchende Mülldeponien, Hals über Kopf ausgeräumte Panzerschränke, das »Sichern des IM-Netzes«, wie es in den Stasiakten später hieß, das »Weiterarbeiten in den heutigen Strukturen«.[123] Was ist das für ein Bild?

Die Verlustbilanz, das Quellenloch, die Hälfte der Bevölkerung als Material. Das aber sollte nicht stattgefunden haben. Die später offenen Akten, durchgesetzt gegen heftige Widerstände, nicht zuletzt des politischen Westens. Das Depot der gesicherten Erinnerung, das Stasiunterlagenarchiv. Es gab keinen anderen Weg, es war historisch einzigartig. Wo wäre der Einzelne, wo wäre die Gesellschaft ohne diese Fakten? Wer wäre ich ohne das Wissen um den Vater, Trainer, Uniprofessor, Sportkollegen, Nachbarn, Kommilitonen? Ohne *Ernesto*, meine Opferakte? Und dennoch. Es bleiben Fragen. Sie betreffen die Mär von der gelungenen DDR-Aufarbeitung, vom komplett erschlossenen Bestand, vom Selbstverständnis der Forschung, das Wesentliche sei getan, man wisse hinlänglich Bescheid. Ist das angemessen? Hatte das Archiv der DDR-Geheimpolizei bis 1989 nicht zunächst aus drei Teilen bestanden?

Erstens aus dem, was später zur fixierten Überlieferung wurde und heute tatsächlich auch eingesehen werden kann: 111 Kilometer Akten, 2 Millionen Fotos, 23 000 Tondokumente, 3000 Filme. Da war aber zweitens auch das Depot der Nichterinnerung, des Nichtfixierten. Die im November 1989 hektisch gelöschten Quellen. Und drittens das, was man die *unsichtbaren Sammlungen* nennt. Das also, was an Geheimdienst-Entscheidungen nur mündlich gefällt, also nie verschriftet wurde, aber der brisantere Teil des Quellenlagers sein dürfte. Was ist damit? Wie da herankommen? Sind daraus unterdessen grundsätzliche Forschungsfragen entstanden? Wird jener dritte Teil des Archivs offensiv mitgedacht? Die unsichtbaren Reviere waren mir ins Auge gefallen, als ich die Forschungsakten zum Interkosmos-Programm der Sowjets, auch im Stasiarchiv, eingesehen habe. Dort, wo es dunkel wurde, wo man außerhalb des Protokolls agierte, kamen die Entscheider jeweils direkt zusammen. Dann wurde gehandelt, aber nicht geschrieben. Könnten womöglich die KGB-Archive darüber Auskunft geben?

Ein gedritteltes Gedächtnis, die Löschung der Ereignisse, der Zeugnisse, der Erinnerungen, der Gesprächsinhalte, der Sprache. Wer soll, wer kann Zeugnis über den Teil der Geschichte ablegen, der bislang nur als Imagination lebt? Die Täter? Aber was würde das bedeuten? Dass es das souveräne Opfer nach 1989 nicht gibt, nicht geben kann? Dass die Opfererzählung als hartes Pfand in der Hand der Schredderer bliebe, damit sie fortan nach Belieben die Angstschraube drehen können? War das der eigentliche Sinn für das 89er-Aktenloch? »Im Grunde ist das Gespenst die Zukunft«, schreibt der französische Philosoph Jacques Derrida, »es ist immer zukünftig, es präsentiert sich nur als das, was kommen oder wieder-kommen könnte.«[124]

Ground Zero. Jeder weiß, wo er sich befunden hat, als es passierte. 11. September 2001. Der Einsturz der Twin Towers in New York. Ich war in Wewelsfleth, im Stipendium-Haus des Berliner Senats, das Günter Grass Mitte der achtziger Jahre jüngeren Schreibkollegen überlassen hatte. Drei Monate Marschland, viel Wasser, das Atomkraftwerk Brokdorf im Blick und Zeit für eine Inge-Müller-Biographie. Ich war an dem Dienstag mittags über die Deiche gelaufen. Es hatte geregnet. Seit Wochen nur grau. Das Einzige, was sich vom

Nebel abhob, war die helle Kuppel des Atommeilers, die wie eine zu flach aufgehängte Sonne über die Wiesen strahlte.

Das Grass-Haus und sein Problem. Es stand auf einer Wasserader. Vielleicht hatte das viele Nass auch die nahe Elbe untergründig verbreitern lassen. Jedenfalls schwamm der Boden weg, das Haus wankte, ich eierte, tastete mich an den Wänden entlang, lag oft auf dem Sofa und schaute viel fern. Es beruhigte mich. Um drei Uhr nachmittags die Tagesschau. Die erste Meldung: ein angeschlagener Rudolf Scharping. Es war von Rücktritt die Rede. Minuten später hieß es: »Soeben erreichen uns folgende Informationen und folgende Bilder. Aus dem World Trade Center steigt dichter Rauch auf. Nach Berichten US-amerikanischer Fernsehsender ist eine zweimotorige Kleinmaschine in einen der beiden Türme des Wolkenkratzers gestürzt. Wir werden uns bemühen, dass wir Ihnen weitere Informationen im Lauf der Sendung noch nahebringen können.«

Über den Tag und den Terror ist alles gesagt, die Bücher sind geschrieben. Es heißt, die Zusammenhänge seien analysiert. Die Flugzeuge, die Feuerlawine, New York in Asche, eine Stadt in Panik. Fast dreitausend Tote. Claus Kleber berichtete einen Tag lang nonstop live aus Washington. »Was ist passiert?« – »Das wissen wir nicht … Wir gucken fassungslos auf die Bilder.« Ich blieb in meinem Taumel vorm Gerät hocken. Wie sich die Bilder aus der Katastrophe schälten, sich einbrannten, ihre Wirkung entfalteten. Das Jahrzehnt zersplitterte. Etwas war zu Ende. Jeder spürte es. Die Revolution, das Ding mit der Freiheit, der Kalte Frieden, das postmoderne Spiel. Etwas Altes kam zurück. Der Hass, das Nationale, die Identitätsfrage. Ich weiß nicht, ob das in dem

Moment klar war. Ich denke nicht. Man sah es nur rollen. Wie die giftige Wolke durch New York rollte und immer größer wurde.

Zwei Wochen nach dem Ground-Zero-Tag in New York sprach der russische Präsident Wladimir Putin am 25. September 2001 im Deutschen Bundestag und holte sich von den Parlamentariern stehende Ovationen ab. Kritik kam allein von zwei Grünen, von Werner Schulz und Helmut Lippelt, die den Kremlchef in einem offenen Brief vorab aufgefordert hatten, zum Tschetschenien-Krieg Stellung zu nehmen. Putins deutsche Rede liest sich von heute aus zurück. Die Dinge liegen offen. Die Gedanken laufen die direkte Linie, von Egon Bahr, Oskar Lafontaine, Gerhard Schröder bis nach Moskau. Und damit über eine Appeasement-Politik, die zwar anfangs wohl noch auf seriöse Entspannungsformate setzte, sich aber durch manifeste Wirtschaftsinteressen und Diktaturverleugnung im Osten in einen folgenschweren blinden Fleck hineinmanövrierte. Ein Fleck, der sich aus deutlichen Kontinuitäten und allerhand Realitätsverleugnung zusammensetzte: Ein nicht unerheblicher Teil der SPD wollte die deutsche Einheit nicht, die Ostdeutschen im Westen nicht, die NATO nicht, Europa so nicht. Aber der KGB-Mann, der ab 2000 im Moskauer Kreml präsidierte und seinen ausgewiesenen Geheimdienstkorps in die Posten schob, war bei diesem Teil der SPD hochwillkommen. Wieso war das so?

Im Nachblick liest es sich wie ein präzise durchdachtes Politskript: Wladimir Putin und die Operation Gerhard Schröder. Eine inszenierte Männerfreundschaft als forcierte geopolitische Achse, als strategischer Meisterdeal. Während

Schröders Kanzlerschaft trafen sich die beiden rund vierzigmal miteinander.[125] Vierzig Begegnungen. Die Bilder sind publik: auf dem Schlitten, zum Weihnachtsfest, in diversen Bars, in ihren privaten Villen, auf einem Dreimaster, mit Kosakenchor, mit Shantychor. In jedem Fall wurde gern gesungen. Schröders Blick hing voller Hingabe an Moskau. Für den Osten seines Landes blieb da nicht viel. Zumindest nicht das, was dieser nötig gehabt hätte.

Die Vergangenheit hat Zeit

Ungefährdet stabil. Schwindende Konturen. Das, was bleibt, wenn ein System wegrutscht. Aber ist es nicht umgekehrt? Werden die Konturen nicht stärker, klarer? »Die Vergangenheit hat Zeit«, schreibt der senegalesische Schriftsteller Mohamed Mbougar Sarr.[126] Mag sein. Doch zugleich gibt es keine. Ein Zugleich im Zugleich. Das Vergangene, aber auch das, was keine Zeit hat, das loswill, voranmuss.

Nine Eleven als das absolute Ereignis, das kein Zugleich im Zugleich zuließ, nichts Vergangenes, nichts Künftiges. Die Realität der Bilder, der Riss und die sofort anlaufende Übererzählung, der inständige Versuch, das Geschehene zu fassen, einzuordnen, zu verstehen. Die zerfetzte Zeit, der zerfetzte Raum. Das, was ausgehakt wurde, sich ausgehakt hat. Der Versuch, das Unwiderrufliche mit Worten einzuebnen. Wie ist das mit der Einbildung? Die scharfkantigen Bilder und das Geschrei in den Wörtern. Ist nicht das die Einflugschneise fürs Verrutschen, Umgruppieren, Entstellen? Braucht es das, um das Loch zuzustopfen, das ansonsten nicht auszuhalten ist? Kommen die Legenden darüber?

Wie das Bild von der Feuerwalze in New York als Endlosschleife durch die Welt brandete. Wie ich auf dem Grass-Sofa lag und meinen Kopf nicht mehr hochkriegte. Der wankende Boden, die Rutschpartie des Absoluten, die noch unkenntliche Kausalität. Die Nacht danach, der Tag danach, der Alltag der Nähe, die Zeit, die sich entschließen musste, wieder anzulaufen, die Realität, die einzig daran dachte, sich auszubreiten. Die Welt war mit diesem Wundtag dichter, rabiater, wackliger geworden, sie war näher herangerückt. Im Nachhinein legen sich die Dinge meist etwas zurecht. Im Nachhinein will meine Sehnsucht nach dem Westen da begonnen haben. Vielleicht stimmt es, vielleicht nicht. Das Gefühl, erst jetzt im Westen angekommen zu sein. Das Gefühl, dass dieses Gefühl gleich wieder bedroht war. Die Physis des Textes, das New York des Anfangs. Und doch sei »noch so vieles möglich, was in fünf Jahren vielleicht nicht mehr denkbar ist«, hatte die Berliner Freundin im Oktober 1995 geschrieben. Die fünf Jahre waren vorbei, sechs sogar. Und das Mögliche, das Denkbare, das Schöne, das Glück?

Schröders nuller Jahre. Die Diktatur im Osten war passé, aber in ihrer Binnenlogik funktionierte sie weiter. Was nicht zuletzt mit dem Ende der juristischen Aufarbeitung am 3. Oktober 2000 zu tun hatte. Bis zu diesem Datum musste sich das Altkader-System bedeckt halten. Ab da konnte es wieder freier agieren, war wieder mehr möglich. Das behände Neuverankern in den Strukturen. Das betraf die Landesparlamente, die Bundesministerien und Bundesbehörden, die Arbeitsagenturen, Medien, die Polizei, die Universitäten, auch international, die Schulen, die Kliniken, die Kultur. Auf eine Kleine FDP-Anfrage gegenüber der Bundesregierung wurden 1993 noch »2597 einstige MfS-Mitarbeiter beim

Bund eingeräumt. Da war schon fast jeder Fünfte unkündbar ins Beamtenverhältnis überführt worden. Und 40014 Beschäftigte waren überhaupt nicht überprüft worden.«[127] Aber es ging nicht ums Jetzt, es ging um später. Die alten Eliten, die wussten, wie sie sich neu zu bewegen hatten. Das Verleugnungskarussell lief ungefährdet stabil. »Nach Erkenntnissen der Stasi-Unterlagenbehörde waren Ende 2006 in den Polizeibehörden von Bund und Ländern insgesamt rund 1500 und beim Bundesgrenzschutz etwa 300 frühere MfS-Mitarbeiter beschäftigt.«[128] An anderen Stellen fiel die Bilanz noch brisanter aus: »Kein einziges Bundesland trennte sich von mehr als der Hälfte der enttarnten Stasi-Zuträger im Öffentlichen Dienst.«[129] Zahlen, die eine eigene Erzählung lieferten. Über das Überlebensgesetz der Macht, das verdeckte Klima in der Gesellschaft, über die Erfahrungen der Opfer, die im Neuen erneut dem Alten ausgesetzt waren.

Wäre es anders gegangen? Was wäre dafür nötig gewesen? Und wie war das mit der Diktatur-Psyche und der Demokratie-Psyche nach 1989 denn nun eigentlich? Mit der psychosozialen Frage der Einheit hat sich vornehmlich die Forschercrew um Elmar Brähler in Leipzig befasst. Brähler kommt ursprünglich von der Gießener Schule, von Horst-Eberhard Richter, der durch sein Standardwerk »Die Gruppe«, durch Psychosomatik, Feedbacktheorie und Beziehungsdynamik den Psychoturn im Westen der siebziger Jahre maßgeblich mit auf die Bahn gebracht hatte. 1991 ging Brähler nach Leipzig, erhielt dort 1994 eine Professur und übernahm die Medizinische Psychologie und Medizinische Soziologie am Leipziger Universitätsklinikum. Man kann vielleicht nicht von einer *Leipziger Schule* sprechen, aber sicherlich davon, dass mit Brählers Professur ein eigenständiger Ansatz »an der Schnittstelle von Soziologie, Psychologie, Geschichte und Medizin« etabliert wurde, der viel Forschung, viel Veröffentlichungspraxis und viel Goodwill gegenüber dem Osten aufzubieten hatte.[130] Insbesondere in Sachen Deutschland-Psyche erregten die Leipziger Empirien regelmäßig öffentliches Interesse. Es ging vielfach auch um den Langzeitblick: sieben Jahre nach dem Mauerfall, zehn Jahre, zwölf Jahre, zwanzig Jahre danach.

Wer bist du denn? So hatten sich laut Befund der Leipziger Forscher Ost und West spätestens sieben Jahre nach 1989 in eine beharrlich miese Stimmung hineinmanövriert. Sogar der »Abschied von der inneren Einheit« stand im Raum.[131] Die psychische Entfremdung zwischen Ost und West sei seit den Euphorie-Jahren Anfang der Neunziger nur größer geworden, hieß es.[132] Der Osten befinde sich laut westdeutscher Sozialwissenschaft in einer »nicht heilbaren posttraumatischen Situation«.[133] Nicht von ungefähr werde die DDR in den Erzählungen der Ostdeutschen immer schöner, die Gegenwart beständig trüber.[134]

In der Studie zehn Jahre nach dem Mauerfall nannten die Forscher die Ost-West-Problematik eine weithin »ungelöste Frage«.[135] Und lieferten Zahlen: 51 Prozent der Westdeutschen und 71 Prozent der Ostdeutschen gingen von einem *weiteren Auseinanderdriften* des Landes aus. Darüber hinaus ermittelte EMNID, »dass Ostdeutsche sich mehrheitlich zuerst als Ostdeutsche und dann erst als Deutsche sehen, während die Westdeutschen sich weit überwiegend primär als Deutsche« verstünden.[136] Im Ergebnis hielten die Forscher fest, dass sich die Ostdeutschen »passiver, pessimistischer, paranoider und pazifistischer« porträtierten.[137] Auf jeden Fall markant anders als die Westdeutschen, die »eine Steigerung ihrer Lebenszufriedenheit in den nächsten fünf Jahren voraussähen«.[138] Eine deutliche Differenz ergab sich auch bei der Verteidigung der eigenen Identität. Hier ergaben die Fragebögen, dass »die Ostdeutschen sich sehr stark alle positiven Eigenschaften zusprechen und den Westdeutschen alle schlechten. Indem der Westen diesen östlichen *Eigensinn* als nostalgisches Ressentiment und törichte Unbelehrbarkeit einstuft, läuft er Gefahr, die Kluft zu erweitern, die überwinden zu wollen, er vorgibt.«[139]

Erhebungen, Fragebögen, Tests, Längsschnittdaten, Studien, Forschungsprojekte. Was war der quantitativen Zahlenwuchterei zu entnehmen? Dass es in Sachen Einheit nicht so lief? Aber war das Leipziger Forschungsportfolio überhaupt das passende Format, um dem aufgelassenen Erbe einer Doppeldiktatur auf die Spur zu kommen, es auszuloten und Lösungen anzubieten? Das Ost-West-Ding verlangte nach stabiler Verortung, insbesondere durch die Wissenschaften. Die Eruptionen der politischen Einheit hatten das Land zusehends entzündlich gemacht. Die Deutschen waren chronisch unfroh miteinander. Wieso war das so? Über die Tatsache des manifesten Unbills herrschte befangene Ratlosigkeit. Wie dem begegnen?

Mauerbau 1961. Die endgültige Teilung des Landes. Was auch als ein innerpsychischer Vorgang interpretiert wurde, als eine Möglichkeit, die nicht abbaubaren Schulddynamiken in Ost und West ein Stück weit auszusteuern. Wie verhetzt diese Zeit war, denke ich. Wie viel Ideologie, wie viel Schwarz oder Weiß, wie viel Unbesprochenes, Unbesprechbares, das mit der Teilung nun über die Mauer geworfen wurde. Wer durch das *Haus der Geschichte* in Bonn läuft oder auch durch den Berliner *Tränenpalast*, kann noch einmal den bösartigen Ton inspizieren, die aufgeladene Sprache, die inständigen Feinderklärungen in Ost und West, die die Teilungszeit prägten. »Wenn der bolschewistische Weltbrand unsere Heimat bedroht, schließen wir uns zu unserer Verteidigung zusammen«, hieß es etwa in der »Deutschen Soldaten-Zeitung« aus München. Im Osten reimte sich der Nationalrat der Nationalen Front zusammen: »Die Arme reckt raubgierig das USA-Kapital, es wünscht den Weltkrieg ein drittes Mal.«

Und nach 1989? Was passierte mit dem jahrzehntelangen Spaltungsgift, den Sprachtrümmern, den Politruinen des Kalten Krieges? War das über Nacht weg wie die Mauer? Das Teilungsdenken, der Ideologiemüll. Vielleicht hätte man all das ab dem 9. November 1989 wie zwei Zeitfiguren durch die Umbrüche begleiten sollen. Was haben die beiden in der ersten Nacht nach dem Mauerfall gemacht? Mit wem sind sie durch die Straßen gezogen? Sind sie im Bett geblieben, weil ihnen die plötzliche Revolution ordentlich Angst machte? Und dann? Das Alte war Vergangenheit, aber seine Totalität nicht ad acta. Wie auch? Wo sollte der Gedankenplunder hin? Gab es Warteräume, extra eingerichtete Wachstationen, Verstecke dafür? Was machte der Systemkollaps im Einzelnen? Konnte man sich aus dem Alten irgendwann selbst entlassen? Reichte es, einfach wegzugehen? Wie langsam die Körper sind, denke ich, die Zellen, die Ganglien, die Doppelhelix der Gedanken. Meine Darmstadt-Zeit und die Träume, die Nacht für Nacht die alten DDR-Wörter ausspuckten. Wie Plastikteile, hart, gestanzt, hohlwangig. Die Augenblicke, in denen der Körper binnen Sekunden in eine andere Zeit wechseln konnte, durch die alte Körperkarte wanderte: in einer alten Straße unterwegs war, in einer alten Küche saß, die alten Sätze sagte. Der Anflug, die Heimsuchung. Die Angst, dass sich das Ich im freien Fall auflösen würde. Der Kindheitsstrudel, die Gefühle in den Wörtern, der Zustand der Unverbundenheit.

Aber wie hatte man sich das auch vorgestellt? Dass Millionen Deutsche nach vierzig geteilten Jahren aus dem Zeittunnel auftauchten und den vielen Anderen von der anderen Seite entzückt zuriefen: Was seid ihr denn Schönes? Nur gut, dass es keinen Plan gegeben hat, dass man direkt aufeinanderstieß, aufeinanderstoßen musste. Nur gut, dass man dabei sehen, erleben konnte, dass die Freude echt war. Der Mauerfall als ein glücklicher Verblendungsmoment. Keine Frage, die Initiative und das Drama lagen im Osten. Das Ursächliche, Existenzielle, die Notwendigkeit, sich mit jeder Faser neu aufzustellen. Aber in Gaggenau oder Castrop-Rauxel? Fiel da keine Mauer?

Arbeit am Konstrukt. Es war eine einzigartige Konstellation und Deutschland insofern ein psychohistorisches Großexperiment: bis 1945 die gemeinsamen Erfahrungen einer gesamten Bevölkerung, nach 1945 der Zustand der Teilung und schließlich mit 1989 die politische Einheit. Verschiedene Politsysteme, Zustände, Implosionen, historische Katastrophen, Zäsuren, Hoffnungstexte, verschiedene unerlöste Deutschland-Psychen, die mit der Revolution nun zu einem Gefüge werden sollten. Das waren die Deutschen ihrem historischen Glück schuldig, hieß es.

Und die intellektuelle Neubegründung der Berliner Republik? Welche Ideen, Positionen, Diskurse, Denkkollektive, Kämpfe, Debattenorte, Moden, welcher Habitus, welche Biographien? Was stieß da aufeinander? Stieß es überhaupt? In der großen Darstellung des Historikers Axel Schildt, »Medien-Intellektuelle in der Bundesrepublik«, fehlt der Ausblick nach 1989. Das Schlusskapitel »Die Intellektuellen auf dem Weg in die Berliner Republik« ist eine Leerstelle geblieben. Es konnte nicht mehr geschrieben werden, da der Autor verstarb. Von daher gibt es nur vage Konturen: Nachdem die Bonner Republik als »ein Land bleierner Zeiten ohne Ideen, zumindest bis zum magischen Jahr 1968« skizziert wurde, stand es in der Folge offenbar etwas besser um die »Bedeutung der Intellektuellen und ihrer Debatten für die gesellschaftliche und politische Entwicklung der Bundesrepublik«.[140] Das auch, da Medien und Intellektuelle – so changierend die Begriffe auch ausgelegt waren – in der Fernsehgesellschaft der langen sechziger Jahre entspannter zueinanderfanden. Für die späte Bundesrepublik markierte Axel Schildt den Begriff von der »intellektuellen Selbstanerkennung der Bundesrepublik«.[141] Andere entdeckten in ihr eine »Geschichtsnation«, die ihr »wichtigstes Legitimitätspotential« in der Vergangenheitsbewältigung des Nationalsozialismus gefunden hatte.[142] Intellektuelle Staatsgründung und internalisierte Aufarbeitung wurden zu Schlüsselbegriffen auf dem Weg zu etwas Neuem. Ein Weg über klaffende Hypotheken, über Abwehr, Widerstände, über hart ausgetragene Kontroversen. Es entstand das Bild von einem Gesellschaftstanker auf hoher See, der nicht aufhören konnte, ins Strudeln zu geraten.

Die westdeutsche Tätergesellschaft kämpfte – mal mehr, mal weniger – um einen belastbaren Kurs, bis sie sich qua öffentlicher Schuldannahme und durchdebattiertem Kontinuitätenbruch zu einer Politik der Erinnerung durchrang, die das Gedenken an die Opfer des Holocaust für unverbrüchlich erklärte. Das war viel weniger selbstverständlich, als es heute gewiss scheint. Das Gedächtniskonstrukt blieb kompliziert, instabil, unter heftiger Spannung und Dauerkritik. Der lange Streit aber war einer ums Fundament, um ein Geschichtsbild mit Kompass, um einen deutschen Erinnerungskonsens, der das Land gegen jegliche Konjunkturen aus dem gedächtnispolitischen Schlingerkurs stabil halten konnte. Aber wer erinnerte sich woran, warum, wozu, mit welchem Ziel? Welchen Wellen unterlag diese Arbeit am Konstrukt? Wann löste sich Geschichte ab vom Ereignis, von der Erfahrung, und wurde zum Bild, zur Imago? Und wie stand es um die Konkurrenzen der Erinnerung? Wer erzählte welche Geschichte?

Es ist noch immer das große Besteck, das da auf dem Tisch liegt, die große Runde, die zu gehen ist, der weiter währende große Schrecken. Manchmal, wenn ich vor meinem Bücherregal stehe und durch die Nachkriegsseiten blättere – von Uwe Johnson bis Paul Celan, von Hubert Fichte bis Rolf Dieter Brinkmann –, tauchen die Tumulte dieser Zeit wieder auf. Das Bitterernste, die deutsche Wand.

Das hängt tief in den Wörtern, denke ich. Als hätte diese Zeit eine Resistenz hinterlassen, die unabgegolten ist – einen Kampf, der noch immer auf etwas zu warten scheint. Aber stimmt das? Warum bin ich so rasch bereit, Walter Kempowski, Erich Loest, Ilse Aichinger als zeitlos, schwerwiegend, grundsätzlich, konsequenter zu erachten? Konsequenter als was? Das Heute?

Nach 1945 ging es um Neubegründung, wie es auch mit der 89er-Revolution um Neubegründung ging. Nur fühlte es sich beim zweiten Mal nicht danach an. Deutschland lag nicht in Trümmern, hatte nicht aufs neue sechs Millionen Juden auf dem Gewissen, war zurück in der Welt, hatte seine kulturelle Identität trotz aller Brüche wahren können. Aber wären mehr als ein halbes Jahrhundert Diktatur im Osten, eine geglückte Revolution und die politische Einheit nicht auch ein Momentum für eine Neuausrichtung des Landes gewesen? Sie fand nicht statt. Keine Zweitauflage der Frankfurter Schule, keine zweite Gruppe 47, kein neuerlicher Debattenfuror, keine Zuständigkeit westdeutscher Intellektueller für das Einspluseins-Deutschland. »Mit Adorno wurde es in Deutschland wieder möglich, intellektuell, moralisch und ästhetisch gegenwärtig zu sein und doch Kant, Hegel, Bach, Beethoven, Goethe und Hölderlin nicht zu hassen. Mit der Wiedervereinigung änderte sich nichts an dieser Lage, außer dass sich die zu bewältigende Vergangenheit – bei allen Unterschieden in der Dimension der Verbrechen – verdoppelt hat.«[143]

Elegantes Raushalten. Die doppelte Vergangenheit, die intellektuellen Formate. Woher das Maulige, die vehemente Abwehr westdeutscher Intellektueller, sich fundiert mit der zweiten Diktatur der Deutschen auseinanderzusetzen? Dabei gab es anfangs sogar noch Streit. Der ostdeutsche Schriftsteller Jürgen Fuchs hatte im Mai 1994 den westdeutschen Philosophen Jürgen Habermas bei einer Anhörung im Bundestag aufgefordert: »Ihr sollt in Augenhöhe mit uns sprechen. Wieso habt ihr koexistiert? War es eine Koexistenz mit einer Diktatur, die in eine Gleichgültigkeit hineinführte? Wie seid ihr damit klargekommen?«[144] Der Satz zielte auf den Solarplexus, auf den verstellten Blick vieler westdeutscher Linker auf die DDR-Diktatur. Habermas antwortete selbstkritisch und umstandslos. Er sprach vom Generationenkonflikt zwischen der Linken, die durch die Aufarbeitung des Nationalsozialismus sozialisiert worden war, konzedierte »spezifisch linke Einäugigkeiten«, eine Verwurzelung in den »innenpolitischen Feinderklärungen« der sechziger Jahre, sagte etwas von der Bundesrepublik als »pathologischem Interim«, einer »asymmetrischen Verteilung der Erblasten«, und bilanzierte, dass sich »heute zum ersten Mal ein antitotalitärer Konsens in Deutschland bilden« könne.[145]

Dafür sei es jedoch notwendig, die Gerechtigkeitsfrage und die Frage der Entwicklung demokratischen Bewusstseins auseinanderzuhalten. Habermas bezog sich mehrfach auf »das normative Dilemma«, in dem sich die doppelte Diktaturgeschichte des Landes befinde, und warnte vor einer »vorschnellen Einebnung dieser Differenzen«, die »nur zu rückwärtsgewandten Appellen an die falschen Kontinuitäten längst fragwürdig gewordener Traditionsbestände« verleite.[146] Jürgen Fuchs kannte das Spiel, den Dauervorwurf an ihn – als DDR-Staatsfeind Nr. 1 und ehemaligen Häftling –, das Politische unzulässig zu emotionalisieren. Er wusste um die rhetorischen Finessen, die Gedächtnisrabulistik und das dünne Eis in der Debatte. Er kannte die diversen Westbiotope und blieb nur schon deshalb dabei. Er habe »kennengelernt, wie sehr der Westen an den Verhältnissen im Osten beteiligt war«, sagte er Jürgen Habermas. Da könne es »diese Art von elegantem Heraushalten« nicht geben.[147]

Der 1994er Schlagabtausch war nicht einfach eine Differenz in der Sprache. Er betraf das Ost-West-Ding im Kern und hätte zum Initial für ein deutsch-deutsches Ringen werden können, dem es ernst gewesen wäre mit der politischen Einheit des Landes. Auch das fand nicht statt. Zu fremd waren sich die politischen und mentalen Lebenshäute in Ost wie West über 40 Jahre geworden, zu rasant stürzten die neuen Verhältnisse ineinander, zu viel musste in den politischen Lagern verteidigt werden. War es das? Waren das die wahren Gründe fürs *elegante Raushalten*? Was beinhaltete dieser gedächtnispolitische Krater? Die Tatsache, dass zwei Diktaturen schlicht eine zu viel war? Die Angst, das im Westen so hart Durchdebattierte noch einmal neu justieren zu müssen? Politischer Neid, der den Ostdeutschen nicht überlassen konnte, was diese erstritten hatten? Irgendwas mit historischer Konkurrenz? Wieso wusste man nicht? Wieso wollte man nicht wissen? War nicht klar, worauf das hinauslaufen würde? Und was war mit dem Osten selbst? Was war sein Vorschlag im Hinblick auf die gemeinsame Erinnerungserzählung nach 1989?

Die Konjunkturen der DDR-Aufarbeitung: In den neunziger Jahren waren das die beiden Enquetekommissionen zur Aufarbeitung der SED-Diktatur, die strafrechtlichen Prozesse zum DDR-Unrecht, die Untersuchungen über die sowjetischen Speziallager, die ersten großangelegten Studien wie Lutz Niethammers »Der ›gesäuberte‹ Antifaschismus. Die SED und die roten Kapos von Buchenwald« von 1995. Kärrnerarbeiten, die den Härteraum einer Diktatur vermaßen, die nötigen Quellen lieferten und damit den Diskurs eröffneten.

In den nuller Jahren dominierten die Flügelkämpfe zwischen denen, die auf die Extrempunkte des Systems zielten und entsprechend zu Kalten Kriegern erklärt wurden, und denen, die besonderen Wert auf die Alltagsgeschichte der Diktatur legten und deshalb die Grautöne gewürdigt wissen wollten. Innerhalb der Szene kannte man sich, nickte sich auf Veranstaltungen vereist zu, wusste aber, dass man irgendwie aneinander vorbeikommen würde. Es war die Zeit der Projekte. Eins größer als das andere. Es gab noch immer viel Diktaturland zu heben, zu klären, zu sortieren. Ich muss an den Schriftsteller Joachim Walther denken, Jahrgang 1943. Wieder die Kriegskinder. Wieder die Jungs, die Ende des Krieges zwischen Trümmern laufen lernten. Es sind die mit dem Loch im Herzen, das sich irgendwie ausbrennen sollte, wie, wo, wodurch, womit auch immer. Die tief in die DDR reinwuchsen, um deren Schizophrenie nie mehr entkommen zu können. 1968 war Joachim Walther Mitte zwanzig. Ich weiß nicht, warum ich ihn mir oft im

Pariser Revolutionsfrühling vorstellte. Mit Parka, Jeans, seine Pfeife rauchend, dabei auf der Suche nach dem Klang starker Worte, nach einem Esprit, der ihn heller aussehen ließ, leichter, lebendiger. Joachim Walther war nicht in Paris.

1968 wurde er Lektor im Ostberliner Verlag »Der Morgen«. Es war der Moment, als er die Literaturtüren noch weit geöffnet glaubte. Auch damit war nichts. Also fing er an zu schreiben. 1975 erschien seine Road-Novel »Ich bin nun mal kein Yogi«. Der Text wurde an den Theatern der DDR rauf- und runtergespielt. Er hatte das Freiheitsvirus, das den Autor über Nacht zum Kultstar machte. Ich war fünfzehn und sehr entschieden: Da war einer, den ich mögen konnte. Wenn ich später über Joachim Walther nachdachte, suchte ich mir Bilder zusammen: über seine Liebe mit Irmtraud Morgner, seine Zwangskündigung im Verlag, seine Stasiüberwachung über zwanzig Jahre, seine unseligen Dispute mit Christa Wolf oder Klaus Schlesinger, seine Flucht aufs Land 1985, seine Liebe für offene, große Feuer, große Wiesen, große Himmel, für das gebrochene Italien, für den in seinen Augen so maßgeblichen *zivilen Sinn*. Diese so hart verwarteten DDR-Jahre.

1989 waren die Kriegskinder Mitte 40. Wann, wenn nicht jetzt, lautete ihre Zeitansage. Joachim Walther fühlte sich zuständig. Es ging, wie er später schrieb, um »den offen und verdeckt geführten Kampf um die Erinnerung, gegen die Gefahr einer zweiten Verdrängung. Im Kern ging es um das engagierte und kritische Begleiten von notwendigen Transformationsprozessen: von überholten Strukturen, von gestocktem Bewusstsein, von zementierten Geschichtsbildern«.[148] Er hockte sich ins Archiv, über Jahre, in die damalige Gauck-Behörde, in den Ort der Kontamination, des kilometerdicken Stasidrecks. Er musste rauskriegen, wie das war, die verdeckte Allianz zwischen Literaten und Geheimdienst. Er wollte es aufschreiben, benennen, er wollte fair sein dabei. Er war es. Hunderte Akten, Hunderte zerquetschte Leben. 1996 erschienen 1054 Seiten Wissenschaftsprosa, der Band »Sicherungsbereich Literatur«. Für manche die Erleichterung, für viele die Feinderklärung. Und er? Wie erlebte er die Attacken, die Abwehr, die Ignoranz seiner Kollegen, mit denen er Jahrzehnte Diktatur überstanden hatte? Man sah ihn zu der Zeit viel in den Medien, er wurde zum Stasiexperten, im Feld der Literatur aber war er de facto erledigt. Er wurde draußen gehalten, er hatte die literarische Ruhe gestört, er sollte nicht mehr dazugehören. Er bemerkte es, sagte aber, dass es keine Alternative dazu gegeben habe. Irgendwann sprach er nicht mehr darüber.

Warum das hier steht? Weil es hierhergehört. Weil ich nichts anderes tun kann, als dass es an diese Stelle kommt. Wie wir über Jahre durchs Land zogen, um die unveröffentlichten Texte des Ostens zu heben. Wie wir zu spät waren damit. Wir hatten keine Ahnung davon, wie hochkarätig die Auseinandersetzungen im Detail gewesen waren, wie extrem die kleine DDR die Wörter behandelt hatte, wie viele Jahre Zuchthaus, wie viel abgewürgtes Leben, wie viel attackierter, zerstörter Intellekt des Ostens. Ich erinnere mich, dass Joachim Walther und ich lernten, vorsichtiger, stiller, sanfter miteinander umzugehen, dass wir in der Zeit nicht viel sprachen, dass wir unsere Arbeit machten: Texte sammeln, sortieren, herausgeben, das Archiv aufbauen.

2005 wurde Joachim Walther erstmals schwer krank. Ich denke an ihn und an Jürgen Fuchs, an die stillen Codes, die geheime Visitenkarte, die eine Diktatur hinterlegt. An die Sätze von Jürgen Habermas, an die Gerechtigkeitsfrage, an die vermeintlichen Asymmetrien der Erblasten, an die herbe Skepsis, das Ressentiment des Westens gegenüber der Gewaltmaschine DDR. 2008 kam die große »Deutsche Gesellschaftsgeschichte« des Historikers Hans-Ulrich Wehler heraus. In seiner Einleitung zum fünften Band wurde die Diktaturgeschichte der DDR knochentrocken gebodigt. Für ihn war sie nicht mal ein Forschungsgegenstand. Er wolle, schrieb Wehler, das Intermezzo der ostdeutschen Satrapie nicht durch eine »ausführliche Analyse« aufwerten. Das überlasse man der »florierenden DDR-Forschung«, die »das Gelände eines untergegangenen, von seiner eigenen Bevölkerung aufgelösten Staatswesens mit all seinen Irrwegen« genauer erkunden könne.[149] Das Erstaunlichste an den Wehler-Sätzen war das Unverblümte. Ein halbes Jahrhundert Diktatur im Osten, das noch unerforscht schon marginalisiert wurde. Eine Geschichte, die nicht gebraucht wurde. Sie war übrig. Sie passte nicht.

Die Wehler-Sätze zur Marginalie DDR aus dem Jahr 2008 wurden vielzitierte Sätze. Als hätten sie Weisungscharakter. Die Weichen schienen gestellt. Das stimmte, und es stimmte nicht.

Körperpioniere

Rückwärtige Dienste. 2005 wurde offiziell zum Katastrophenjahr erklärt: Extremwetter, Erdbeben, Flugzeugabstürze, Dammbrüche, weltweiter Terror wie in den U-Bahnen von London. Man nannte es Zeitenwende, ein Schlüsseljahr. Von da an gab es das ständig. Ein einziges Zeitenwende-Stakkato. 2005 kam aber auch Angela Merkel, als erste Frau an der Spitze Deutschlands. Gerhard Schröder hatte seinen Hut zu nehmen. Das tat er nicht, ohne vorgesorgt zu haben. Keine drei Wochen nach seinem Auszug aus dem Kanzleramt titelte die »BILD«-Zeitung am 10. Dezember 2005: »Russen holen sich Schröder«.[150] Die russische Presse legte die Tatsache, dass der Deutsche den Aufsichtsratsvorsitz über die so pünktlich, eine Woche zuvor in Zug, Schweiz, gegründete Aktionsgesellschaft *Nord Stream* übernehmen würde, weithin politischer aus: »West-Erweiterung des Putin-Systems«.[151]

Wie ist das mit den Zeitenwenden, den Schlüsselmomenten? Begriffe, die auf etwas Jähes, Schockartiges, Durchschüttelndes hinweisen. In ihnen, meint man, träte etwas zutage, das Alt und Neu strikt trennt. Ein Bruch wird markiert, der das Vergangene nicht mehr ins Jetzt rüberholt. Wie zwei Erdplatten, die sich abgetrennt haben und auf eine unabsehbar neue Schollen-Architektur zudriften. Aber läuft das überhaupt so? Mitte der achtziger Jahre hatte sich in den Geheimdiensten des Ostens das Wissen durchgesetzt, dass das eigene System nicht mehr zu halten war. Es war fertig. Wirtschaftlich, militärisch, moralisch. Um dennoch so viel Macht wie möglich zu retten, musste entschieden umgesteuert werden. Strategisch, im Stillen, camoufliert. Man kann sich an der Stelle auf den damals in Dresden hochaktiven sowjetischen Geheimdienstmann Wladimir Putin konzentrieren, auf das Agieren der *Ljutsch*-Gruppe in der Endphase der DDR, auf die Übernahme des neuen Russlands nach 1991 durch alte KGB-Geflechte, auf das gezielte Hineinwachsen dieses Geheimdienst-Trusts in den Westen ab 2005 und sieht da schon manches. Zugleich bekommt man aber auch eine Ahnung davon, dass es anders gelaufen sein dürfte, dass sich die Dinge beständiger zusammengesetzt haben, bruchloser. Dass es schwieriger ist mit dem Verhältnis zwischen äußerem Drehpunkt und innerem Zustand. Dass das schöne Zug in der Schweiz als späteres Oligarchenparadies bereits in den achtziger Jahren ein avancierter Umschlagplatz für die Geschäfte des DDR-Geheimdienstes gewesen ist. Dass in Putins Nähe schon früh Matthias Warnig, Jahrgang 1955, aus der Lausitz eine Rolle spielte. Ein Mann noch aus Putins Dresdner KGB-Urzelle, ab 1975 DDR-Auslandsspionage, zuständig für Wirtschaftsaufklärung, Major der Staatssicherheit, ab 1986 in Düsseldorf tätig. Eine schillernd abgründige Ost-West-Ost-Karriere.

Die rückläufigen Wege, die Parallelstrukturen, die alt-neuen Schauplätze. Ich schaue mir im Internet Fotos von Matthias Warnig an, und dabei taucht zwangsläufig Vater in mir auf. Warnig als Prinzip, als Methode. Er wäre Vaters Mann gewesen. Major Tschulik von der Hauptabteilung IV hätte die beiden sich in Düsseldorf treffen lassen. Ein typischer Auftrag für einen Instrukteur. Vater hätte sich in Ostberlin seinen Befehl abgeholt und wäre im Tränenpalast Friedrichstraße durch die Schleuse. Es hätte wieder *keinerlei Vorkommnisse* gegeben. Die Blicke, das Konterfei im Pass, der Stempel, die kalten Abfertigungsgeräusche, die Vater später notorisch in seinen Berichten abschilderte. Als gäbe es da was, etwas Asynchrones, etwas Gegenläufiges, etwas, das immer mal klick machte. Wie abseitige Tracks, die sich nach der Hauptspur sehnten. Jedenfalls wäre Vater in seinen Zug gestiegen. Der Geheimdienst hätte ihm sicherheitshalber einen Sitzplatz reserviert. Er hätte sich ein Pilsner geleistet und wäre etliche Stunden durchs große Land gefahren. Ost, West? Spielte für einen Grenzgänger wie ihn keine Rolle. Als Operationsgebiet war alles eins. Aus sentimentalen Gründen wäre Vater sicher extra über Köln gefahren. Die Stadt kannte er mittlerweile recht gut, den Dom, die Musikhochschule. Eine seiner acht Identitäten hatte sich dort eingerichtet, lebte nun länger schon da.

Dass Vater und Matthias Warnig sich in Düsseldorf begegnet sind, ist nicht wahrscheinlich. Dass Geschichte nach dem großen Plan läuft, auch nicht. Dafür ist sie zu kompliziert, hat sie zu viele lose Fäden, zu viele Anfänge, Enden, Unterbrüche, Zwischengeschosse. Und doch taucht mit einem Mal etwas auf. Ein Stück Realität, das unter der Oberfläche gelegen hatte, nicht sichtbar war. Etwas verschiebt sich, erliegt der gewohnten Schwerkraft, gerät in Unordnung, wird zerrissen, umorganisiert. Der Realitätsteppich knüpft sich neu. Aber was genau liegt da rum? Müsste man das nicht genauer fassen, die Stelle vergrößern, kenntlicher machen?

»Um zu trauern, benötigt man keine Konsonanten«, steht bei der Norwegerin Linn Ullmann.[152] Um zu trauern, lasse ich Vater in seinen Interzonenzügen durchs Land touren. Das ist kein Foto, es ist ein Film. Es ist 1974, 1976, 1980, 1982. Es vergeht viel Zeit, es vergeht meine Kindheit, es vergeht meine Jugend. Ich denke daran, wie Vater in seinen Zügen sitzt, gesessen hat. Dass er nie mehr aussteigen wird. Dass er auch nicht sprechen wird. Er wird nirgends ankommen. Die Landschaft, die vorbeizieht, ist unwahrscheinlich grün. Es kann sich nur um Deutschland handeln. Vater schaut durchs Fenster, tief hinein in sein Operationsgebiet. Er sitzt da so. Manchmal sehe ich ihn von außen, manchmal aus der Vogelperspektive, manchmal habe ich das Gefühl, neben ihm zu sitzen, manchmal ihm gegenüber. Egal wie, er ist entfernt von mir. Wie ein Schemen, etwas Irreales. Dabei ist er sehr real, er sitzt in seiner Filmkapsel, er fährt durch seine Verlassenheit. Vielleicht ist es auch meine.

»Die Vergangenheit hat Zeit.«[153] Ein Satz wie ein Gebäude mit etlichen Etagen. Man kann ihn nicht verrücken, nicht umschubsen, nicht an ihm rumdoktern. Ein Satz wie ein Monument. Aber auch wie eine Welle. Etwas, das unmerklich anfängt, sich aufbaut, immer größer wird. Ein Schallraum. Als kämen die vier Worte aus einem anderen Raum. Die vielen Warnig-Fotos im Internet. Die blauen Krawatten, der blauweiße Schalke-Schal, sein Körper, der mit jedem

Deal massiger wird, die Latenzzeit, die sich 2005 noch klandestin in den Zirkeln der Macht verstecken konnte. Später wird man sagen: Ach, so war das. Schröder, Putin, Medwedew, Schwesig, Platzeck, Gabriel.

Gazprom und die Aufsichtsratsposten, das Gas-Syndikat, die illustren Kontaktnetze, die Stasileute. In »Die Moskau-Connection« steht: »Dort wimmelte es in den Jahren nach dem Einstieg des Altkanzlers von ehemaligen Spitzengenossen und Stasi-Spionen.«[154] Der Geschäftsführer von Gazprom Germania war einst Stellvertreter des DDR-Ministers für Kohle und Energie, der Finanzchef einst MfS-Berufsoffizier, der Personalchef einst DDR-Geheimdienstler, der sogar seine Mutter preisgab.[155] Das Jahr 2005. Dubioses, Invasives, Pekuniäres, Kriminelles. Gazprom als Auffangtrust alt-neuer Tschekistengeflechte, einer alt-neuen Macht?

Kopflose Hühner. 2004 trat Facebook auf den Plan, 2005 Youtube, 2006 Twitter. Was war das? Etwas mit Schnelligkeit, Plattform, Verflüssigung, etwas mit hyperkomplex, ungetrübten Freiheiten, grenzenlos in einem Nirgendwo unterwegs sein. Etwas nach der Postmoderne, nach *Nine Eleven*, nach den Balkankriegen, nach dem Amoklauf in Erfurt 2002. Vielleicht weniger etwas Technisches als eine Art Metaerzählung, ein virtuelles Super-Woodstock, ein soziales Wohlfühlprogramm, das die Welt umarmen wollte. Ich habe Bilder dazu im Kopf. Kürzlich erst habe ich mir einen Vortrag über Online-Körper angehört. Es ging um den Körper ab dem Geburtsjahr 1983. Das Jahr, erklärte der Online-Spezialist, sei eine Demarkationslinie. Die Onliner hätten Körper einer anderen Welt, eines anderen Marktes. Komplett vernetzt, mit strafferen Synapsen, softig und vereist, sowohl Fantasy- als auch Amokkörper. Es seien Körperpioniere, wusste er.

In jedem Fall war zu der Zeit wieder mal etwas anders geworden, schmolz ein, wuchs an, pulverisierte, entzündete sich. In den Medien weiter Texte über den großen Crash, über *Nine Eleven.* Der Versuch, das mit der Realität doch noch hinzukriegen, es erzählt, geordnet, gebannt zu bekommen. Todeszone oder Mondlandschaft, Wirklichkeit oder Kino, Hyperrealität oder Inszenierung. Etwas schien am Kippen, schien gekippt zu sein. »Alle Dinge beschleunigen sich, sobald sie ihr Prinzip verloren haben«, schrieb der Medienphilosoph Jean Baudrillard 2004 über den Tower-Crash. »Man könnte in derselben Weise sagen, dass die Realität verschwunden ist, aber dass sie uns ihr Prinzip zurückgelassen hat … Diese Realität, die beschleunigt wie ein kopfloses Huhn, während ihr Prinzip weitermacht wie ein huhnloser Kopf.«[156]

Das neue Jahrtausend. Das es mit Enthauptungen hatte. Dazu fällt mir ein, dass ich in einem chinesischen Dorf mal einem Hühnerfest beiwohnte. Die Leute standen auf dem Hauptplatz und gestikulierten. In der Mitte Hühner, denen der Kopf abgetrennt wurde. Wie sie als Spirale durch den Staub kreiselten, wie die Menge begeistert zur Seite sprang, weil die Tiere binnen Sekunden wie blutige Geschosse durch die Gegend wirbelten. Irgendwo am Boden die Köpfe. Die Augen. Ich lese noch mal in den Büchern aus den nuller Jahren. Es ging unentwegt um das Realitätsproblem. Das umgebrachte Reale, das entkörperlichte Reale, das verschwundene Reale. Der zerbrochene Spiegel des Universellen und der Aufstand des Singulären. Diese Sachen. Als hätte man mit *Nine Eleven* die Haut der Welt gesprengt und müsste nun mit den übriggebliebenen Fetzen klarkommen. In einem fort war von neuen Kriegen die Rede, von Infektionsbildern, davon, dass sich etwas vermischte und gleichzeitig entmischte. Aber waren das die richtigen Kategorien?

Dazu das mit den Religionen. In Klaus Theweleits Buch »Der Knall« berichteten alte Muslime aus Mostar während der Balkankriege: »Wir hatten das alles längst vergessen ... morgens nach Mekka zu gucken ... das Beten ... die Religion als Alltagsverrichtung ... das war unwichtig geworden hier, wir waren Mostarer unter Mostarern. Wir mussten das jetzt, nach der Zwangsteilung, alles erst wieder lernen, gezwungenermaßen, unter dem Druck der Ereignisse. Jetzt hocken wir in einem moslemischen Ghetto und werden sozusagen überwacht, ob wir die religiösen Grundregeln einhalten ... die Gesänge ... die Rituale, alles müssen wir neu lernen und praktizieren ... das war längst gestorben.«[157] Die ad hoc erwachten Religionen im verblichenen Jugoslawien-Sozialismus. Das Theorem der erpressten Loyalität, die neuen Triggerpunkte. Klaus Theweleit nannte es »erpresste kulturelle Identität, Religion oder Ethnie« und »Forderung nach neuen Grenzen in neuen Nationalstaaten«.[158] Wie aktuell das alles ist, denke ich. Als hätte sich die Welt wie ein kopfloses Huhn zwanzig Jahre im Kreis gedreht, in einer Petrischale der Gewalt. Höchstens noch weiter aufgeladen, noch mehr vermischt, noch härter entmischt. Spiegelszenen. Im Kleinen, im Großen, im Inneren, im Äußeren. Ost-West.

Von Level zu Level. Und die Online-Körper, die Online-Seelen? Ich war endlich dort gelandet, wo ich leben wollte. In Berlin. Ab 2001 hatte ich eine Arbeit und zum ersten Mal einen Ort. Ich fuhr von Kreuzberg nach Schöneweide, vom Westen in den Osten, an die Berliner Schauspielhochschule, an die *Busch.* Zu den Neuen. Zu Nina, Sandra, Sebastian, Kathleen, Stephan, Robert. Wer auf der *Busch* war, den sah man wieder, egal, ob im »Tatort«, auf den Bühnen des Landes oder zu den großen Preisen. Nina, Sandra, Sebastian, Kathleen, Stephan, Robert nennt man heute Stars. Aus den Talkshows weiß man, wie sie den Müll trennen, dass sie vegan leben, für wen sie modeln und warum sie Vögel lieben. Damals durfte ich sie beim Suchen begleiten, ihnen beim Spielen, Schwitzen, Verzweifeln, Spinnen, Ächzen zuschauen. Als würde ich gleichzeitig nach vorn und nach hinten blicken, in ihre Vergangenheiten und in ihre Zukünfte. Es war nie wieder so, denke ich. So wund, verletzt, zart und eiskalt. So aufgebrochen. Alles unfertig und roh, voller Bruchstellen und Löcher. Eine Zeit im Übergang.

Aber wie kamen die Online-Körper aus den großen Maschinen ins Reale zurück? Erfurt, das Gutenberg-Gymnasium, der 26. April 2002, Robert Steinhäuser und sein Mordgang. Ich habe Inga vor Augen. Wie wir an diesem Tag in der Hochschule auf der Bühne saßen. Wie sie immer wieder auf den Flur lief, einmal, zweimal, dreimal. Wie sie zurückkam und mir ihr Nokia-Handy entgegenhielt. Ihre Schule, sagte sie, ihre Lehrer, ihre Mitschüler. Vor drei Jahren erst hatte sie am Gutenberg ihr Abitur gemacht. Irgendwann ploppte auf ihrem Handy der Name Robert Steinhäuser auf.

Mit ihm hatte sie im Sandkasten gesessen. Es war ihre Kindheit. Sie waren Nachbarn gewesen.

Amokkinder sind keine Dämonen. Sie kommen nicht von außerhalb. Sie sind Insider. Sie hocken mitten in der Gesellschaft, vor ihren schnellen Computern, in ihren Reihenhaus-Familien. Dort schießen sie nichts weg und auch nicht hinein. Keine Attacke auf die Eltern, kein Reden, nur Horten. Irgendwann ziehen sie los, um mit ihren Knarren in die Tabus der Gesellschaft zu zielen. Woher sie die kennen? Aus ihrer Not. Und das Töten? Amokkinder kommen aus der maximalen Resonanzlosigkeit, treten durch den Todesspiegel, um für einen einzigen Moment maximal resonant zu sein. Amok ist ein Echophänomen, ein Ranking, ein globales Handlungsmodell, in dem sich Wirkliches und Unwirkliches begegnen.

Ich sehe Inga, wie sie mir in einer Berliner Kneipe klarzumachen versuchte, dass ihre Generation auf so etwas gewartet hatte. Auf jemand wie Steinhäuser? Wir rauchten. Da ist etwas unaufgelöst geblieben, meinte sie. Die Schule, die Eltern, die Geschichte als Steinbruch, das Virtuelle, das Spielen. Von Level zu Level, von Plateau zu Plateau, von Option zu Option.

Später wird es heißen, dass Amokkinder beinah alle einen Bezug zum Theater haben. Als Texter, Spieler, Lichtmeister, Kulissenbauer. Sie suchen nach Rollen, Masken, ästhetischen Verstecken, nach erweiterten Passformen. Sie holen sich ihren Körper von außen, über fremde Rollen ihr Ich. Die innere Leere überspielen, die Ängste zähmen. Es war Dauer-Probenzeit und die Zeit der Spielkonsolen, der Ego-Shooter. Für Amokkinder eine Welt, die möglich machte, in der

Pseudowelt des Virtuellen zu bestehen, in einer Phantomgesellschaft der Gleichen etwas Eigenes zu haben, die realen Alten auf Abstand zu halten. Es war das Gegenland zur Angst in der Wirklichkeit. Warum nicht spielen?

Inga und das, was sich in sie eingekrallt hatte: die meuchlings Erschossenen, ihre Schule als Sperrgebiet, die Stadt im Ausnahmezustand. Ein halbes Jahr nach *Nine Eleven* war der Terror auch in Deutschland und plötzlich sehr nah. »Steinhäuser ist das eine«, sagte sie, »das andere der Umgang. Das verhinderte Trauern. Man kann das einkapseln, abspalten, überlaufen, aber auf Dauer ist das keine Lösung.« Damit meinte sie vor allem die schlampige Beweisführung nach dem Schwarzen Freitag von Erfurt. Noch heute besteht zu kaum einer zentralen Frage der Tat wirkliche Ermittlungssicherheit. Weder ist der Zeitkomplex vor dem Morden im Detail geklärt noch der Ablauf der Tötungsserie. Es gibt keine Klarheit über die tatsächliche Herkunft der Tatwaffe und die Anzahl der Projektile. Substanzielle Aussagen über einen eventuell zweiten Täter und die fehlende 18. Leiche wurden von den Ermittlungsbehörden für nichtig erklärt, obwohl 86 von 216 Befragten einen weiteren Tatbeteiligten gesehen hatten.[159]

Bei einer Katastrophe dieses Ausmaßes ist davon auszugehen, dass Fehler passieren. Der Amok in Erfurt war eine Extremsituation, ein Überfall, eine öffentliche Hinrichtung. Dennoch dominieren nach wie vor die Schattenzonen, die Zweifel, die Auslassungen, das Schweigen. Dennoch zerfallen die Berichte über den Tag in offizielle und inoffizielle Versionen, die um ein Mutmaßungsfeld kreisen, das unausgelotet, ungeklärt geblieben ist. So hatte acht Wochen nach dem Massaker ein hemdsärmelig aufgelegter »Vorläufiger Abschlussbericht« vorgelegen. Bereits knapp vier Wochen später wies das Innenministerium die Polizei an, die Ermittlungen zu prüfen. Darauf folgte ein Informationsdesaster dem nächsten. Zwei Jahre später setzte das Landeskabinett die sogenannte *Gutenberg-Kommission* ein, die alle öffentlich diskutierten Fragen klären sollte. Vor allem die Überlebenden und Angehörigen des Massakers waren durch Sprechverbote und Auskunftsverweigerungen etwa durch Obduzenten über die Maßen belastet worden. Sie hätten präzise Informationen gebraucht. Die gab es nicht. Noch immer fehlten die Schlussbilder zu den Morden. Erstrittene Details und nachgereichte Versionen verlangten den Betroffenen permanente Erinnerungsumbauten ab.

In der Hauptsache erfüllte der Abschlussbericht der *Gutenberg-Kommission* die Funktion, die Strafanzeigen der Angehörigen abzuweisen. Das geschah auch, und zwar in allen Punkten. In ihrem Widerspruch zur Einstellung durch die Erfurter Staatsanwaltschaft hieß es vonseiten der Angehörigen: »Die Einstellungsentscheidung durch Sie beruht nicht auf eigener Ermittlungstätigkeit. Zur Bearbeitung der Strafanzeigen wurden allein die Ermittlungsakten der Gasser-Kommission herangezogen. Nachvernehmungen wurden nicht durchgeführt«.[160]

Damit war der Fall hinter dem Fall ins Ungreifbare verschoben worden. Das Offizielle und das Inoffizielle. Als könne das ungeklärte Erfurt in der Erinnerung nicht mehr verlassen werden. Inga sagte: »Ich starre seit mehr als zwanzig Jahren auf ein Dickicht, durch das ich nicht durchkomme.« Das geht noch vielen aus der Amokgeneration so.

Vielleicht ist es ihre Grunderfahrung: dass der Pakt im Hinblick auf das Reale torpediert worden ist, dass selbst das vielfache Morden von einem, der mit ihnen aufgewachsen ist, es nicht wert war, von Grund auf geklärt zu werden, dass auch sie es damit nicht wert waren und das Fragen nicht aufhörte, die Ängste, das Misstrauen, dass sie keine Antworten erhielten und mit ihrer Generationskatastrophe allein blieben.

Die Online-Körper. Das Vulnerable und Brutale, Softige und Vereiste. Als wäre aus dem Tower-Crash und den großen Maschinen eine neue taktile Welt entstanden. Etwas, das das Gleiten über die Oberflächen der iPads und Smartphones vorwegnehmen würde. Die Amokgeneration, bei der die Maschinen in einer Weise eingedrungen waren, dass ihnen irgendwann klar war, es würde an den Bruchstellen rausmüssen, es schwelte. Die Verunsicherung, das Flackern, die Panik, die sie nicht mehr verlassen würde. »Die allzu große Nähe zwischen dem Ereignis und seiner Verbreitung in Echtzeit erzeugt eine Unentscheidbarkeit, eine Virtualität des Ereignisses, die es seiner historischen Dimension beraubt und der Erinnerung entzieht«, schreibt Jean Baudrillard über die mentale Diaspora der Netzwerke.[161]

Für die, die sich im Epizentrum des Ereignisses befanden, die ihm nah waren, gilt das nicht. Sie wissen, dass die Gesellschaft das Ereignis vergessen hat, dass es keine Fragen, keine Beunruhigung mehr gibt. Ihre Erinnerungen aber ticken genau. Auch bei Inga ist das so. Die eingekapselten, eingefrorenen Erinnerungen. Das Nichterzählte, Ungeklärte, Verleugnete. Auch später haben Inga und ich oft über Erfurt gesprochen. Eigentlich jedes Mal, wenn wir uns sahen. Sie erzählte von Ablagerungen, die sich gegen das offizielle Bild wehrten, von einem Inbetween, das ihre Erinnerungen gefangen hielt, von Skepsis und etwas Wundem, das wund blieb. Sie fuhr oft nach Erfurt und traf dort einen Gutenberg-Lehrer, der beim Morden in der Schule einen zweiten Täter gesehen hatte und der ihm nun in der Stadt regelmäßig begegnete. Eine Schülerin fand nach langer Therapie, die der amtlichen Erzählung folgte, zu ihren Ursprungsbildern am Tatort zurück, zu den zeitgleichen Schüssen in die Luft und in den Boden. Ihr Lieblingslehrer baute sich im Keller ein *Raumschiff Enterprise*, um nachts Kontakt mit seinen ermordeten Kollegen aufzunehmen.

Die Kapselbilder. Was erinnern, wenn sich das Ereignis im inoffiziellen Gedächtnis deutlich anders erzählt als im offiziellen? Wie gelingt Trauer, wenn das Unaufgelöste ad infinitum im Dickicht stecken bleibt, wenn bei öffentlichen Hinrichtungen keine plausible Realitätsprüfung stattfindet, wenn die gelöschte Zeit zur Endgültigkeit umerzählt wird? »Das Zeugnis des vom Trauma gezeichneten Opfers ist angewiesen auf das Echo der Resonanz und Rückversicherung in einer ethischen, d. h. Gruppeninteressen übersteigenden Erinnerung«, schreibt die Gedächtnisexpertin Aleida Assmann.[162] Was wird mit dem Schmerz, der Erinnerung, dem gemeinsamen Leben vor dem Töten? Was heißt das intentionale Überschreiben der realen Bilder für das Überleben, das Weiterleben, für den Einzelnen, für die Gesellschaft?

Fremdes Material

Schneefrösche. September 2007. Semesterbeginn an der Beida, der Eliteuniversität von Peking. Die Studierenden, die am großen Zeitungskiosk links vom Haupteingang vorbeiströmten, kannten ihr Ziel. Manch einer hielt dennoch kurz an, kaufte eine Schachtel Zigaretten oder ein Lifestyle-Magazin. »In diesen Heften lernt China das Leben«, erklärte die Punkerin Chun Sue, Jahrgang 1984, Autorin des auch in Deutschland erschienenen Aussteigerromans »China Girl«. Wir saßen zusammen in der Gu Xiang, einem Hutong, das Pekinger Künstler und Studierende für sich in Besitz genommen hatten. Es war bunt, alternativ, weltläufig. »Es gibt in diesem Land nur Chaos und Potenzial, kein richtig oder falsch, nur Gold und Rot, Geld und Macht«, sagte Jakob, ihr deutscher Freund, der schon seit fünf Jahren in China lebte.

Chun Sue blätterte in den Heften an Gucci, Versace, Ralph Lauren entlang und blieb am chinesischen Sehnsuchtsmann hängen – dem modernen Kung-Fu-Kämpfer, einer Art asiatischer James Dean, der alle Hindernisse überwindet, um sein unerlöstes Traumweibchen zu erobern. Viel Kitsch, viel

Chichi, viel Gewalt, viel Verhaltenskodex. Das in Endlosschleife auch im zensierten Staatsfernsehen, in den Kinos, auf den übergroßen Werbetafeln im Zentrum von Shanghai oder Peking, in beliebigen Versionen am Theater, in der Oper, in Büchern, im Tanz, im Sport. Ein Mythos, der fest zum Glücksfahrplan von über einer Milliarde Chinesen gehört.

Ich fragte Chun und Jakob nach Zhou Qing. Er ist Schriftsteller, wohnt am Rand von Peking und saß nach dem Tiananmen-Massaker 1989 für drei Jahre im Gefängnis. Nach der Haftzeit arbeitete er als Journalist und recherchierte zur korrupten chinesischen Lebensmittelindustrie. Er befragte Nahrungsmittelfabrikanten und Restaurantbetreiber, Fischzüchter, Bauern, Händler, Ärzte und Konsumenten für sein Reportage-Buch »What Kind of God«, das 2004 erschien. Seine zentrale Aussage: Mit Insektiziden werden Gurken haltbarer gemacht, Verhütungsmittel beschleunigen das Fischwachstum, Hormone werden zu Nahrungsmittelzusätzen, es wird viel mit Industriesalzen gearbeitet, Tiere werden mit Antibiotika, Wachstumshormonen und Gentherapien hochgezüchtet, die Babynahrung ist massiv verseucht und führt zu Missbildungen. Fazit: Ins Essen wird gerührt, was die Produktionskosten senkt. China vergiftet sich selbst.

Chun und Jakob wussten nichts über den Zustand ihres Essens, auch Zhou Qing kannten sie nicht oder wollten ihn nicht kennen. Politik, Opposition, Zensur, der innere Zustand des Landes – alles, was drohte, den ohnehin bedrängten Alltag noch komplizierter zu machen, wurde für nicht existent erklärt. Eine Gesellschaft wie unter Narkose und nach der Devise, sich möglichst fernzuhalten von dem, was der Macht im Land wichtig ist.

2007 ist schon eine Weile her. Hier liegt noch das Notizheft zu der Reise. 11. September. Flug von Amsterdam. Beim Warten: CNN sendet um 15 Uhr die Totenfeier von New York für die Nine-Eleven-Toten. Die Namen werden einzeln verlesen.

12. September. Anflug der Boeing auf Peking. Das Eintauchen in die Smoghaube der Stadt, als solle man erst mal unter Wasser. Auf dem Flughafen das Riesenbanner: One World, One Dream! Noch 331 Tage bis New Beijing Great Olympics! Die Stadt grau, die Parks, die Bäume, die Blätter wie erloschen. Der Himmel beginnt am Boden.

13. September. Die harmlos wirkende Tiananmen-Kulisse mit verspielter Öko-Miniatur des olympischen Dorfes als Illusionsmagnet für die bevorstehende Gigashow. Die Botschaft: China, der globale Superlativ, er ist zurück, endlich. Der Platz des Himmlischen Friedens, Herznerv des Landes: Polizeiwagen, Zivilbullen, Uniformen, eine Art Rollkommando, das jeden einsackt, der nach Verdacht aussieht.

14. September. In der Hotellobby vier Männer mit Sticker im Ohr und in Seidenstrümpfen. Ich laufe zum Fahrstuhl. Als ich ihn auf der vierten Etage verlasse, kommt ein Mann aus meinem Zimmer. Nanu? Und warum spreche ich ihn nicht an? Er geht an mir vorbei, steuert den Fahrstuhl an, verschwindet.

15. September. Die Pagode des Himmels. Ein architektonisches Juwel, mit großem Park, exotischen Gehölzern, jahrhunderteealt. Chun und Jakob hatten erzählt, dass die Pagode die Idee des Zentrums verkörpere, der vollkommenen Konzentration. Am Eingang des Parks etliche Cafés. Ich muss einen Kaffee haben. Tee reicht nicht. Um mich

herum vier Männer mit Sticker im Ohr. Andere als die von gestern und andere Seidenstrümpfe. Ich laufe Richtung Pagode. Der strenge Geruch der Bäume. Ich drehe mich um. Hinter mir die vier Männer. Bewege ich mich nach rechts, springen sie zwischen den Stämmen auch nach rechts. Wechsle ich die Richtung – rechts, links, links, rechts –, fängt der Wald hinter mir an zu schwanken, als würde er tanzen.

16. September. Ich fahre zur deutschen Botschaft. Die Zuständige für *political affairs* ist der Ansicht, es sei kein Problem, Zhou Qing zu treffen. Sie erzählt von ihrer China-Zeit. Nach einer halben Stunde schlägt sie vor, mit ihr auf die Straße zu treten. Direkt vor die Botschaft. Das wäre ein Zeichen, meint sie. Wir stehen draußen auf dem Bürgersteig, reden ein bisschen, ich rauche. Zum Abschied sagt sie: Das war's. Das sollte Ihnen helfen.

17. September. Ich bin mit Zhou Qing verabredet. Die achtspurige Autobahn zum Chaoyang District, in dem er wohnt, ist verstopft. Durch Blicke in den Rückspiegel macht der Taxifahrer auf zwei schwarze Limousinen aufmerksam. Das Taxi verlässt die Autobahn. An einer Tankstelle steht ein dritter schwarzer A8. Zhou Qing ruft an und sagt, dass ein schwarzes Auto vor seiner Wohnung stehe. Außerdem vier Polizisten. Aufpassen, meint er. Er melde sich gleich noch mal. Der zweite Anruf. Einer seiner Freunde werde vor der Schule im Ort warten und uns zu ihm geleiten. An der Schule steht ein kahlköpfiger Student. Sein Lehrer schicke ihn, flüstert er. Der dritte Anruf. Zhou Qing meint, er habe schon drei Jahre im Gefängnis gesessen. Vielleicht sehen wir uns heute besser nicht. Ein andermal.

18. September. In meinem Hotelzimmer klingelt das Telefon. Eine weibliche Stimme versucht, mir zu erklären, dass es ein Problem gebe. Ich solle in die Lobby kommen. Am Empfang heißt es, ich hätte irgendwas mit Technik kaputt gemacht. Ich will es sehen. Es dauert. Ein Mann kommt mit einer Leiter. Wir fahren in die vierte Etage. Vor meinem Zimmer dreht er eine kleine Halbkugel aus der Decke, die ich für die Lüftung gehalten hatte. Hinter den Plexiglashalterungen – es sind vierzehn auf jeder Etage – sind Minikameras versteckt. Am Empfang verlange ich, den Hotelmanager zu sprechen. Der Mann an der Rezeption sagt, der sei heute nicht da. Ich hätte die Sicherungsanlage des Hotels zerstört und müsse zahlen. Vier Männer mit Leitern kommen um die Ecke. Sie drehen und schrauben nun überall, am eifrigsten in meiner Nähe. Ich bestehe auf dem abwesenden Chef. Es wird telefoniert. Es dauert. No, sagt der Mann an der Rezeption, no manager. Er hält mir ein Papier hin, das ich zu unterschreiben habe. Ich unterschreibe nicht. Plötzlich steht ein smarter Anzugmann vor mir. Er sei Hongkong-Chinese, stellt er sich vor und Chef des Hauses. Man hätte hier noch viel zu lernen, entschuldigt er sich und schaut bestimmt in die Runde. Dann erklärt er: Es tut mir leid, aber ich kann nichts für Sie tun. Am besten, Sie zahlen gleich. – Aber wofür? Der Mann sagt, der Geheimdienst sei bei ihm gewesen und hätte ihm mitgeteilt, ich sei *special guest* in diesem Land. Verstehen Sie? – Nein. – Ob ich nicht die Polizei sehen würde. Zwei Uniformierte betreten just in dem Moment die Lobby. Ah ja. – Na, also, freut sich der Chef und verabschiedet sich lächelnd. Ich zahle, für das, was nicht geschehen ist, und checke aus. Erneut ein Taxi. Der

Fahrer kennt ein Hotel in Gu Xiang, in der Nähe der Universität. Meine Augen sind auf die Seitenspiegel fixiert. Wir nehmen Schlängelwege, schieben uns an Rikschas vorbei, halten in einem Hinterhof, stehen vorm Hotel »Zur Goldenen Hoffnung«.

19. September. Ich fahre zum Flughafen. Ich will zurück. Wenn es stimmt, dass ich *special guest* bin in diesem Land, macht mein Aufenthalt keinen Sinn. Ich sehe mich am Schalter stehen. Ich zeige mein Visum. Ausgestellt vom 11. September bis 11. Oktober. Die Frau am Schalter prüft ihren Computer, schaut auf meinen Pass, schaut auf mich, schließt den Schalter, taucht nach hinten weg. Es dauert. Sie kommt zurück, schüttelt den Kopf, hält mir meinen Pass hin. No, keine Ausreise. Rückflug am 11. Oktober.

20. September. Ich buche einen Flug nach Shanghai. 1200 Kilometer, zwei Stunden. Vielleicht ist die Stadt anders. Anders als was? Die Zeit in der Luft, über der Fremde. Was fliegt da mit? Es müsste andere Wörter geben, nichtgesagte, nichtgeschriebene, unverbrauchte. Die den Zwischenraum zwischen gestern und jetzt aufnehmen, die sagen, dass das Vergangene schwerer wiegt, eine härtere Substanz hat. Ich weiß nicht, ob das stimmt. Ich will kein China-Buch schreiben, sondern über Rückrufe nachdenken, über das, was in den Knochen hängt, unter der Haut liegt oder wo auch immer. Über das Schwelende, Phantomartige, über das, was nicht weggeht, gar nicht daran denkt, sondern bereit ist, sich auszubreiten, auszuweiden, sich selbst anzufackeln.

36 Strategeme. In meinem Notizheft allerhand chinesische Zeichen, die ich nicht mehr verstehe, Telefonnummern, Namen von deutschen Journalisten, die Nummer der deutschen Botschaft, die Adresse von Zhou Qing. Knappe Notizen aus den Interviews: Konfusion der Werte, enthemmte Gesellschaft, mehrfach gebrochenes Kaleidoskop, Betrug als Leitlinie, Arbeit an der Angst, System ohne Gnade, auf dem Markt Schneefrösche und gebratene Skorpione. Die Reise war als Recherche gedacht: Zwangsdoping im olympischen China. Ich wollte wissen, was los ist. Stattdessen wurde sie zur Schleuse. Als ob sich die beiden Richtungen von Zeit, als ob sich Vergangenheit und Zukunft in diesem fernen Land zu einem Rendezvous eingefunden hätten. Als ob sich das Vergangene ins Heute herüberholen wolle. Die kryptischen Zeichen, das fremde Material.

Shanghai war anders. Es lag am Meer. Es hatte in der Abendsonne vor sich hin schimmernde Wolkenkratzer, hatte Luxusmarken und Erlebnismeilen, hatte 23 Millionen Menschen, hatte Tencent, Alibaba, Huawei, die 2007 schon sehr präsent waren. Auch wenn sich die Multis noch in der Keimphase befanden. Wie soeben erst geschlüpft, noch in der Streckung, noch nicht wie später unter Xi Jinping reguliert, zurechtgestutzt und bestraft wegen »unordentlicher Anhäufung privaten Kapitals«.[163] Die Stadt machte den Eindruck, als solle man ihrem Geld vor allem beim Wachsen zuhören. Wie es knisterte. Kurze Zeit später existierte auf schier magische Weise wieder ein neues chinesisches Label: Mode, Softwarefirmen, Musik, Banken, Topberater, heimische Montessorischulen.

In Shanghai habe ich aufgehört, Notizen zu machen. Ich war mit anderem beschäftigt. Nachts hämmerte es an der Hoteltür. Um zwei, um drei, um fünf. Ich öffnete nicht, ich wechselte das Hotel. Es half nichts. Am Tag begleiteten mich Männer mit Sticker im Ohr zum Oriental Pearl Tower, warteten neben mir auf die Shanghai-Metro. Sie wollten gesehen werden. Was für ein Aufwand, dachte ich. Was bedeutet *special guest* in diesem Land? Dass ich einen Oppositionellen treffen wollte? Dass ich im Frühjahr mit der Fackel durch Berlin gelaufen war, an der Hand ein Mädchen, dessen Vater in China im Gefängnis saß? Es gibt Bilder davon. Aber wurde das in neuntausend Kilometer Entfernung registriert?

Ich setzte mich in einen Zug nach Hangzhou, um von dort aus nach Zhuge Bagua, in ein Octagon-Dorf, zu gelangen. Der Expressbus dahin. Es regnete. Am Dorfeingang ein Holzbalken, der den Ort am Abend abriegelte. Ich lief durch die Gassen. Die Bagua-Prinzipien und die 36 Strategeme, mit denen jedes chinesische Kind aufwächst. Ich las erst hinterher darüber. Strategem 4: Ausgeruht den erschöpften Feind erwarten. Strategem 7: Etwas aus dem Nichts erzeugen. Strategem 14: Für die Rückkehr der Seele einen Leichnam ausleihen. Das alte China und seine Archaik, seine Klaviatur der Täuschung. Verschleiern, vorspiegeln, ausmünzen. Denken und planen im schwarzen Feld. Das Taktikzentrum von Bagua: optimieren der Kampfsituation.

Es wurde Nachmittag, es hatte aufgehört zu regnen. Das Dorf kam am großen Teich zusammen. Gleich würde es das Hühnerspektakel geben. Aber das wusste ich noch nicht, ich wusste einiges nicht. Das Achteck-Dorf und die Nachfahren des großen Weisen aus der chinesischen Antike, die Dynastie Hunderter Zhuge-Familien, die in diesem Ort zusammenlebten. Auf die geköpften Hühner folgte ihre Bagua-Show am Dorfteich unter freiem Himmel. Acht schwarze und weiße Krieger: Die Kontrolle und das Bewahren der Initiative sind von alles entscheidender Bedeutung. Du bestimmst den Ablauf des Kampfes.

Der Ablauf der Kämpfe. Ich war merkwürdig erschöpft. Vielleicht sollte ich für eine Nacht hierbleiben, dachte ich, vielleicht finde ich hier was. Eine sanft nickende Frau brachte mich in einen weitläufigen Innenhof mit acht strahlenförmigen Gängen. Auf jedem Gang acht Zimmer. Die acht Trigramme, das magische Quadrat, die Sternvielecke, Raumgitter, Flächennetze. Das Gefühl, dass hier niemand durchrutschen, durchkommen könne, dass alles mit allem verbunden war.

Ich war eingeschlafen. Es war dunkel geworden. Ich hatte Hunger und wollte raus. Das ginge nun nicht mehr, hieß es durch die Tür, es sei zu spät geworden, der Tag in Zhuge Bagua sei zu Ende, es sei Zeit zum Schlafen. Ich versuchte, mir über die Situation klarzuwerden. Wo war ich? Als würde ich durch die Halterungen der Welt krachen. Was war das? Der Einschluss im Einschluss im Einschluss. Wie weit war es bis zu Hause? Zu Hause? Es war Nacht geworden. Ich hörte Schritte, hörte Stimmen hinter der Tür, hörte, wie jemand etwas zur Seite schob. Es klang nach einer Luke. Das Licht einer Taschenlampe und wie es auf meiner Decke unruhig nach oben fuhr, meinen Körper absuchte, auf meinem Gesicht hängen blieb. Ich atmete nicht, ich sagte kein Wort, ich hielt die Augen geschlossen, bis sich das Licht hinter der

Luke zurückgezogen hatte, die Stimmen, die Schritte, das Innere der Diktatur, diese widerwärtige Nähe. Bis es wiederkam. Die Schritte, die Stimme, das Krächzen der Luke, die Lampe. Als ich am Morgen das Zimmer verlassen wollte, war es offen.

Männer mit Seidenstrümpfen, geköpfte Hühner. Ich weiß, wie lang die Zeit bis zum Rückflug wurde und was sich in der Zwischenzeit noch ereignete. Ich weiß auch, wie ich am Morgen des 11. Oktober mit dem Taxi durch Peking zum Flughafen gefahren bin, an der Sicherheitskontrolle alles auspacken musste, alles durchsucht wurde, die Stick-Männer noch einmal in den Hintergrund abtauchten, mit meinem Handy, meinem Pass, meinen Notizen, wie noch mal eine Stunde verging, ich denke, mehr noch. Wie ich es aufgegeben hatte, den Flug zu erreichen, es irgendwann nur noch zehn Minuten bis zum Abflug waren. Wie der Pass endlich kam und alles andere auch. Das Gehetze durch das Terminal 2, das Gate, die Tür der Boeing, die plopp machte, das Flugzeug, das abhob. War was? Was war denn?

Sog ins Nichts. Die globale Finanzkrise 2008, die Eurokrise 2010 und Xi Jinping 2012 als neuer Mann in Peking, der die Welt stabilisieren sollte. Er hatte anderes vor: sie zu unterwandern, geopolitisch neu aufzustellen, sie sich zu Diensten zu machen, sie auf lautlose Weise zu erobern.[164] Strategem 6: Im Osten lärmen, im Westen angreifen. Strategem 12: Mit leichter Hand das Schaf wegführen. Strategem 35: Die Ketten-Strategie. Heißt einfach kombinieren, eine eigene Strategielogistik etablieren. Xi Jinping, den man auch als Prinzipal der Ketten-Strategie bezeichnen könnte, als einen Bagua-Meister im schwarzen Feld. Ein Mann, der auf leise Art begonnen hatte: sich im Land erst einmal die Kontrolle über die Wirtschaft zurückholen, alternative Machtzentren ausschalten, innen wie außen die Mao-Idee des *Kampfes* erneuern, bereits früh Russland und China als »Partner ohne Grenzen« aufstellen, autoritäre Normen in die Welt exportieren, ganz auf Nationalismus setzen.[165]

Wie die Politikwissenschaftlerin Janka Oertel betont, speist sich Xis Ketten-Modell aus einem Doppelkreislauf: Einerseits will China unabhängiger von der Welt werden, die Welt soll aber andererseits abhängiger von China werden.[166] Ein Strangulierungsmodell, das vorhat, die Macht der Kommunisten auf Dauer zu stellen. »Der erste Kreislauf«, schreibt Janka Oertel, »ist die heimische Wirtschaft. Sie soll durch möglichst autarke Produktionsbedingungen, rein nationale Lieferketten, starke heimische Unternehmen und hohen inländischen Konsum gestärkt werden.«[167] Wachstum made in China, Wachstum made for China. Der zweite Kreislauf umfasst den Exportsektor, um »Kapital und Know-how anzuziehen und ausländische Märkte zu erobern«.[168] Auch hier wird durch »parallele Entkopplungs- und Neukopplungsstrategien« bedacht gesteuert.[169] Entkopplung dort, wo nicht kontrolliert werden kann, insbesondere in den USA und bei deren Verbündeten. Intensive Verkopplung wiederum im Fall von Russland, Iran, Saudi-Arabien, aber auch bei den unmittelbaren Nachbarn Indonesien, Vietnam, Kambodscha, Laos und Myanmar.[170] Das ist Ketten-Strategie Teil 1.

Die zeitgenössischen Taktiker Chinas können und wollen

mehr. Sternvielecke, Raumgitter, Flächennetze. In bemerkenswerter Stetigkeit starten sie Megaprojekte, um die globale Weltwirtschaft in ihre Logistik einzupassen: die Initiative *Neue Seidenstraße*, die Initiative *16 plus 1*, die Initiative *Drei Meere*. Gezielte Investitionen, die expansive chinesische Interessen an neuralgischen Knotenpunkten, an kritischer Infrastruktur, zum Trojanischen Pferd machen. So besitzt das chinesische Staatsunternehmen China Ocean Shipping Company mittlerweile die Hälfte der größten 15 Häfen sowie 65 Prozent der größten Hafenterminals weltweit. Das Schicksal von Piräus, Zeebrugge und Antwerpen, Valencia und Bilbao, aber auch der Hochgeschwindigkeitsbahn zwischen Belgrad und Budapest, der Güterzugstraße von Piräus über Belgrad nach Budapest, des hochverschuldeten Montenegros hängt am China-Geld.

Der China-Club in Berlin, das Staubsauger-Syndrom, die vielbeschworenen deutschen Wirtschaftsinteressen. Was hat sich Deutschland nach 1989 in der Causa China erzählt? Welche Bilder? Wie viel Realität? Vor allem welche? »Im Jahr 1975 besuchte Helmut Schmidt als erster deutscher Regierungschef die Volksrepublik. Er war auch der erste deutsche Politiker, der nach China reiste, nachdem in den Beziehungen zwischen den beiden Ländern infolge des Tiananmen-Massakers Eiszeit angebrochen war. Schmidt ging so weit, die blutige Niederschlagung der Demokratiebewegung mit der Behauptung zu rechtfertigen, das chinesische Militär sei provoziert worden«, wie die beiden China-Experten Clive Hamilton und Mareike Ohlberg festhalten.[171] Nach Helmut Schmidt war es dann Gerhard Schröder, der sich in Peking ein spezielles Renommee erarbeitete. Das gelang insbesondere durch ein in der SPD bevorzugtes Beziehungsmodell, das Sympathien für nominelle Autokratien mit blühenden Geschäften zu verbinden weiß.

Im Herbst 2001 erklärte Gerhard Schröder vor einem China-Besuch gegenüber deutschen Medien, »er habe es satt, die chinesische Seite mit Listen politischer Gefangener zu belästigen«.[172] Nach seiner Kanzlerschaft wurde er zum Berater des chinesischen Außenministeriums und war oft in China, um der KPCh dabei zu helfen, »Beziehungen zu europäischen Unternehmen zu knüpfen«.[173] Die Schweizer Mediengruppe Ringier brachte er mit Li Changchun in Kontakt, der bis 2012 Propagandachef im Pekinger Politbüro gewesen war.[174] Nach dem Tod von Helmut Schmidt wurde Schröder der offizielle Schirmherr des Hamburg Summit *China meets Europe* und »nutzte die Konferenz, um sich nachdrücklich für die Seidenstraße-Initiative auszusprechen«.[175]

Die Liste deutscher Politiker, die sich auf China-Mission begeben haben, ist lang. Von Rudolf Scharping, der mit seinen 200 China-Reisen für Peking zum »alten Freund« geworden ist und sich ebenfalls gehörig für die Initiative »Neue Seidenstraße« engagierte, bis zum FDP-Mann Philipp Rösler, der nach seinem Ausstieg aus der Politik zum Chef der Hainan Cihang Charity Foundation in New York avancierte, unterhalten vom skandalträchtigen, 2021 insolvent gegangenen Konglomerat HNA. Ein zusätzliches deutsches Profil ist mit der 2019 initiierten China-Brücke gestartet worden, für die sich insbesondere der CSU-Politiker und ehemalige Innenminister Hans-Peter Friedrich stark gemacht hat. »Hinter der Initiative stecke die Idee, dass es sich gerade die Exportnation Deutschland als größter EU-Staat nicht leisten könne, zur kommenden Supermacht nicht ein enges persönliches Netzwerk aufzubauen.«[176] Laut Website wird für den Executive Dialog der Dialogplattform den »Mitgliedern sowie persönlich geladenen Gästen ein regelmäßiges Veranstaltungsformat im China Club Berlin« angeboten.[177]

Während der Kanzlerschaft von Angela Merkel fanden zwölf China-Reisen statt, bei denen die Menschenrechtslage gegenüber Peking dezidiert angesprochen wurde. Gleichzeitig erstaunte die Entschlossenheit der Regierungschefin, »den Rat von Sicherheitsexperten auszuschlagen und die Kritiker in ihrer eigenen Partei zu ignorieren, um dem chinesischen Ausrüster Huawei eine umfassendere Beteiligung am deutschen 5G-Netz zu erlauben«.[178]

Strategem 14: Für die Rückkehr der Seele einen Leichnam ausleihen. Die China-Formel scheint weitgehend schematisch und nicht so kompliziert: Wer den Machtanspruch der KPCh bedient, darf bei ihr auf Goodwill hoffen. Wer es nicht tut – innerhalb wie außerhalb des Landes –, wird abgestraft, mit gezielten Kampagnen überzogen, isoliert, bekämpft, erledigt. Eine Formel, die kettenstrategisch ganz auf das Langzeitprojekt 2049 – dem 100. Jahrestag der Volksrepublik – ausgerichtet ist, das das Land bis dahin zum imperialen Superplayer gemacht haben will. »China hat sich zum Meister der dunklen Kunst der wirtschaftlichen Hypnose gemausert.«[179] Es geht dabei hart und mit Kalkül vor. Xis oft indirekte Ketten-Strategie wird von Chinas Politik, aber auch ihren globalen Nutznießern weiter heruntergespielt. Ein Grund, warum Deutschland für die anstehenden Auseinandersetzungen mit dem neuen Superreich nicht gut aufgestellt ist. Es kann sich bislang nicht auf eine zeitgerechte China-Strategie einigen und hat zudem die Zeit verwartet.

Für Zhou Qing war die Situation in Peking unerträglich geworden. Über eine Einladung als Stipendiat der Böll-Stiftung konnte er Anfang 2008 nach Deutschland ausreisen. Wir trafen uns Wochen später in Berlin und holten das Gespräch nach. »Ich war vor Jahren eine Weile in Moskau«, sagte er gleich zu Beginn, »weil ich wissen wollte, wie das neue Russland funktioniert. Als ich wegfuhr, dachte ich: Wie schrecklich, wenn uns dasselbe passiert. Die Ursache für den Zustand ist, dass es keine demokratische Kraft gab, die das alte System gestürzt hat. Sonst wäre Putin so nicht möglich gewesen. Meine Hoffnung bei uns sind die Rechtsanwälte, die Umweltkämpfer, die Untergrundkirche und Falun Gong.« – »Aber die sind in einer sehr schwierigen Situation.« – »Nicht schwieriger als sonst auch. China ist eine Diktatur. Es sind vor allem die Diktaturen, die die Welt gefährden. Man sieht es jetzt nicht, aber die Partei wartet. Das Schwierige ist ihre Strategie.«[180]

Mundsteine

Renaturalien. Die »Hamlet«-Proben von Heiner Müller am Deutschen Theater begannen am 29. August 1989. Die Premiere des Stücks fand erst sieben Monate später am 24. März 1990 statt. Der Grund: eine neue Welt. Was so lange aus den Fugen geraten war, hatte sich trotz Chaoswochen zurück ins Lot gebracht. Das Ausnahmestück über den Ausnahmezustand der Welt traf auf die Ausnahmerealität der Welt. Auf die Frage, wie man in diesem Augenblick oder auch wie man genau diesen Augenblick spielen solle, hatte Heiner Müller für seine Spielcrew eine denkbar knappe Anweisung: »Sagt es einfach!« Auch bei dem, was soeben außerhalb der Bühne stattfand, hielt er sich kurz: »Der Schritt, der jetzt getan wird, mehrheitlich, ist der Schritt von einer Knechtschaft in die nächste.«[181]

Dramatikersätze sind Dramatikersätze. Noch dazu wurde im Herbst 1989 allerlei gesagt, was vom Trichter der Geschichte geräuschlos verschluckt wurde. Die Müller-Epistel von der unentrinnbaren Knechtschaft aber blieb. Bei Lichte besehen kam sie aus ihrer Dauer-Renaissance nicht mehr heraus. Lag das an der bösen Programmatik, die Revolution und Knechtschaft kurzerhand verschweißte und den großen Weltmoment mal eben so ausknockte, um ihn in ein manifestes Nein-Korsett zu zwängen? Aber hatten die Ostdeutschen nicht eine Diktatur loswerden, zur Welt gehören, endlich ihr Ding machen wollen? Also was? War es ein typischer Müller, *der effektvolle Stich*, ein Satz für die Bühne, mal eben so rausgekegelt, in einem Moment, in dem die Rasanz der Verhältnisse nicht so recht zu überblicken war, oder entsprach er dem Zeitgefühl? War er Vorsatz, Zynismus, Laune, Ideologie? War der Theatermann tatsächlich der Urheber? Und warum blieb der Satz dauerhaft anwesend? Woher der immense Zuspruch?

In jedem Fall war Heiner Müller früh dran mit der Geburt einer neuen Knechtschaft. Wobei man ja später oft nicht mehr so genau sagen kann, wie es sich zugetragen hat. Wer, wann, unter welchen Umständen zu seinen Erfindungen gekommen ist. Oft heißt es, es lag was in der Luft und war dann eben da. Noch vor dreihundert Jahren ging man davon aus, dass Erfindungen in Fundgruben rumlagen, und staunte darüber, wie viele Nebenadern die tief gelegten Denkbehältnisse aufzuweisen hatten. Dabei entstand das Bild einer Zeit, die aus der Tiefe herausquoll und sogar aus den Seitengelassen heraus jede Menge Patentfutter liefern konnte. Von überallher spross es. Entdeckergruben wie Hefeteige.

Geht es ums zeitgenössische Erfinden, hat es den Anschein, die Zubringer seien etwas verstopft. Als wäre aus der Fundgrube über die Zeit eine Sickergrube geworden, als wären das Explosive, die Tiefensubstrate irgendwie verlustig gegangen. Die Erfindung hat keine Stätte mehr, ist eher Oberfläche denn Raum. Etwas, das wie Pollen eine Zeitlang durch die Luft flirrt, um sich später selbst zum Ereignis zu machen. Aber vielleicht ist das ungerecht und entspricht nicht den Tatsachen. Es gibt ja auch heute ganz klassische Erfindungen. Allein, was man derzeit mittels Künstlicher Intelligenz über die alten Zeiten erfährt, kommt einem Wunder gleich. Eben erst habe ich etwas über die verkohlten Schriftrollen von Pompeji gelesen. Es hieß, mit dem Vesuvausbruch sei auch das Denken vom Lavastrom überrollt und somit ausgelöscht worden. Die Schriften, die Gedanken sähen aus wie verbrannte Äste. Man könne aber mit der neuen Technik die verkohlten Wörter entziffern. Die Schrift kehre zurück, eine Art Renaturalisierung der Geschichte. Beispielsweise hat ein Philosoph auf einer der Pompeji-Kohlen die Frage gestellt, ob man sich prinzipiell mehr über Dinge freue, die schwer erreichbar seien, oder über die, die man ohne jede Strapaze, in dem Sinne gratis, zugesprochen bekomme.

Somit kann ich bei Müllers Knechtschaft bleiben. Die unverhoffte Rückkehr der Wörter führt auch zum Kern. Denn wie ist es? Freuen sich Unbeteiligte an einer geglückten Revolution genauso wie diejenigen, die sie hart erkämpft haben? Wer ist es, der die Revolution letzten Endes macht und sie danach auch beanspruchen darf? Wer gehört dazu, wer darf dazugehören, wer darf von sich behaupten, dass er Akteur und damit Sieger der Geschichte ist, und wer hat draußen zu bleiben und warum? Fragen, die recht harmlos klingen, es aber nicht sind. An ihnen scheiden sich vorzugsweise heute die Geister. Vielleicht, weil jeder in seinem Leben mal ein bisschen Revolution gemacht haben will. Auf alle Fälle sind es Überlegungen, die unmittelbar ins Epizentrum des Geschehens führen, in die heiß umkämpfte Zone, ins Deutungsfeld der Geschichte.

Ob auch eine KI behilflich sein könnte, den repräsentativen Müller-Satz auszulesen? Vielleicht würde mit ihrer Hilfe klar, ob es sich um ein Original oder eine Kollektivarbeit gehandelt hat. Immerhin waren es Literaten, Politiker, Wissenschaftler und Psychologen, die fast zeitgleich darangingen, das neue Knechtschaftsverdikt zum öffentlichen Mundstein zu machen. Zu etwas Rundlichem, Bequemem, Handhabbarem, das weitergereicht und an dem rumgelutscht werden konnte. Ein Sprechspiel, Wörterspiel, Codespiel. Das Geheimnis seines Erfolgs war das Sinnfällige, Umstandslose. Es brauchte Sätze wie Schlager, um den mimetischen Sog anzufachen. Es brauchte einen gewissen symbolischen Mehrwert der Knechtschaftsimago. Es brauchte ein Objekt, das wie ein *Perpetuum mobile* affizieren konnte und vernehmbar Aufruhr produzierte. »Der Aufruhr kann gewaltsame, anomalische, irrationale Aspekte ethnischer, religiöser und linguistischer Art annehmen, sich aber auch in individuellen Eigentümlichkeiten und Neurosen niederschlagen«, wusste schon Jean Baudrillard.[182]

Gestürzter Pudding. Bereits 1990, noch mitten in den Revolutionswochen, hatte Hans-Joachim Maaz, von 1980 bis 2008 Chefarzt der Klinik für Psychotherapie und Psychosomatik im Diakoniewerk Halle an der Saale, das Buch »Gefühlsstau. Psychogramm einer Gesellschaft« vorgelegt. Ein programmatischer Diagnosetext über die ostdeutsche Gesellschaft nach mehr als fünfzig Jahren Diktatur, der auf

Kategorien setzte, die bis 1989, aber auch lange danach beharrlich weggeblendet wurden. »Das entscheidende Wirkungsprinzip des ›real existierenden Sozialismus‹ war die Gewalt: Es gab die direkte offene Gewalt durch Mord, Folter, Schießbefehl, Inhaftierung und Ausbürgerung, und es gab die indirekte Gewalt durch Indoktrination und durch ein System von Nötigungen, Einschüchterungen und Angst.«[183]

Viel Abwehrgeschehen, verpanzerte Gefühle, eine komplexe Traumalandschaft Ost. Das Maaz-Buch wurde allein durch den Zeitpunkt seines Erscheinens zum Dokument. Seine Wucht, sein Befund, seine Unverstelltheit resultierten aus dem unmittelbaren Erfahrungsraum des Ostens. Ein Text als unhintergehbarer Zeuge. Da war nichts dazuerfunden, nichts umgeschrieben, keine Klischees, stattdessen eine wund-offene Analyse. Dass der Autor die Dimension zwischen repressiver DDR und blockierter Gesellschaftspsyche zu einem so frühen Zeitpunkt freigelegt hat, bleibt sein Verdienst.

Gerade mal ein Jahr nach seiner Diktaturanalyse reichte der ostdeutsche Seelenexperte 1991 das Buch »Das gestürzte Volk. Die verunglückte Einheit« nach. Diesmal lagen die Ostdeutschen als ein »aus seiner Form gestürzter Pudding« auf der Couch.[184] Verlust-Syndrome, Ängste, verbitterte Desillusionierungen. Doch nicht nur das. Übergangslos beschreibt Hans-Joachim Maaz die deutsche Einheit nun als einen »Akt der Unterwerfung und Kolonialisierung«.[185] Die westliche Dominanz schlage dem »östlichen Unterwerfungs-Michel den Löffel aus der Hand. Der clevere und betuchte Erfolgsverpflichtete lässt den abwartend-zögerlichen Anpassungsgewohnten nur noch die Schlusslichter sehen.«[186]

Weiter: »Die Hilfe, die wir vom Westen erfahren, soll uns aus der Grauzone in die Glitzerwelt schleudern, aus der Notgemeinschaft des Mangels in die Terrorwelt der Fülle und Vielfalt, aus der *Depression* in die *Manie*. Wir werden von einem Betrug an unserem Leben in den nächsten gestürzt … Viele fühlen sich wie nach einem verlorenen Krieg, von einer Siegermacht besetzt, die in einem umfassenden Diktat das Volk unter einen neuen schmerzlichen Gehorsam zwingen möchte.«[187]

Unterwerfung, Kolonisierung, Betrug, verlorener Krieg, Siegermacht, neuer Gehorsam. Hans-Joachim Maaz, Jahrgang 1943, hatte sich seinen Wörterhof gebaut. Der erzählte von Bitterkeit, Zorn, Enttäuschung, enormer Abwehr. Da gab es keinen Schutzwall, keine Schildwachen, das Buch war kein austariertes Textland. Das macht auch das Buch »Das gestürzte Volk« zu einem Zeitdokument. Dass man einem Analytiker dabei zuschauen kann, wie er sich ungeschützt in sein eigenes Ressentiment hineinarbeitet. Wie er es aufbaut, ausformuliert, sich in seiner Abwehr verheddert, es sich entladen lässt. Das frühe Stadium des Wörter-Neins, das aufeinanderprallende Ost-West-Ding, das Rumkauen auf dem Groll, die Geburt des Ostens.

Die politische Geburt Ostdeutschlands als Eigenkonstrukt, etwas zwischen Bundesrepublik und DDR, eine erhoffte Differenz. Der Politikwissenschaftler Dieter Segert hält dazu fest, dass bereits kurz nach der Revolution ein »spezifisches Wir-Bewusstsein als Ostdeutsche« entstanden sei.[188] Das ging wohl so: Kurz nach dem Mauerfall hatte der Regierende Bürgermeister von Berlin Walter Momper die Deutschen »zum glücklichsten Volk der Welt« gemacht.[189] Vielleicht war es einigen zu viel an Glück, oder etliche hatten gar keins, oder das Momper-Glück löste sich in den Millionen der anderen Glücke nicht vollständig auf. Jedenfalls hielt es nicht lange vor. Es brauchte ein Dazwischen, eine Instanz, man könnte es vielleicht Identität nennen.

Die zweite Müller-Knechtschaft, die zweite Maaz-Unterwerfung, die offenen Vermögensfragen, der Treuhand-Komplex. Vielleicht muss ich noch einmal zurück, in die puren Zeiten der frühen Neunziger, in die Verunsicherung, Überforderung, das Vakuum. Zurück zu den halbseidenen Autoverkäufern, der Armada von Versicherungsvertretern, den Hütchenspiel-Ganoven auf den Marktplätzen im Osten. Aber ist das nicht erzählt? Es ist vieles schon erzählt. Und die psychischen Erbgänge, der Systemwechsel der Seelen? Der Mauerbau, die Spaltung, die über die Zeit gegensätzliche Gedächtnisse, Erzählungen, Konstruktionen kollektiver Identitäten in Ost und West entstehen ließ.

Aufgelassenes. Mit dem Fall der Mauer 1989 detonierte die zunächst stabilisierende, am Ende erinnerungspolitisch hochriskante Lastenspaltung. Mag sein, es fiel im Trubel der Ereignisse erst mal gar nicht auf. Gesellschaftsstrategen wie Heiner Müller oder Hans-Joachim Maaz dürfte jedoch rasch klar gewesen sein, dass der eigentliche Erbediskurs nicht über die Treuhand abgewickelt wurde. Für eine erinnerungspolitische Neubegründung des vereinten Deutschlands würden über kurz oder lang auch die politischen Selbstbilder, Bewusstseinshäute und Politmythen von Ost und West auf dem Tisch liegen.

Für die DDR, die sich zeit ihres Bestehens als genuine Nachfolgerin des antifaschistischen Widerstands und der Opfer von Hitler inszeniert hatte, wurde der Einheitsmoment zur brachialen Realitätsschau. Ihr gedächtnispolitischer Mythosbau sackte willenlos in sich zusammen. Hatte man sich vierzig Jahre lang als das bessere Deutschland verstanden, als das gute Land, blieb von der Polithybris nichts übrig. Nicht nur, dass man die zähen Wiedergutmachungsforderungen Israels für seine Holocaust-Opfer bis zum Schluss ausgeschlagen und auch jede ideelle Schuldanerkenntnis strikt von sich gewiesen hatte. Nicht nur, dass man in Wissenschaft und Bildung, im öffentlichen Raum die Verfolgung und Ermordung von sechs Millionen Juden weitgehend ausgeblendet und damit die Negatividentität durch Auschwitz abgewehrt hatte. Mit der beendeten Spaltung des Landes wurde unübersehbar, was für ein brachiales Gesellschaftsloch die von Beginn an versteinerte DDR-Geschichtspolitik in Ostdeutschland gerissen hatte. Die Schweigeverdikte, die verdorbene Gedenkkultur, das Opfer-Land, das tatsächliche Opfer hartherzig weglöschte. In welchem Verhältnis der Einzelne auch immer zum System gestanden hatte – ob im Widerstand, als Mitläufer oder auch Träger des Regimes –, die DDR war die reale Bezugsgröße gewesen, die Formung, ob man wollte oder nicht. Ein vierzig Jahre währendes Einschlusskollektiv, das in seinem Selbstbild auf Grundannahmen beruhte, die sich mit 1989 als obsolet erwiesen. Zu DDR-Zeiten eine Geiselhaft, offenbarte sich nun ein dechiffriertes Debakel, ein Staatstrauma, ohne Geländer, ohne Halt.

Mit der Einheit dominierte öffentlich zunächst das glückliche Einheitsgesicht. Es sollte gut ausgehen, endlich, mit den Deutschen. Man traf nun auf Franzosen, Kanadier, Australier, die auch so eine gelungene, zeitgenössische Revolution haben und mit den Deutschen ihr Wunderglück feiern wollten. Und im Inneren? Von heute aus fällt auf, wie bitterernst und ausweidend man nach 1989 alles Materielle im öffentlichen Raum verhandelte. Keine Talkshow ohne obligatorischen Solistreit, ohne die Erbe-Frage, ohne das Ding mit den Gehältern, den Renten. Klar, es sollte vorangehen im Osten. Es war genug gelitten und abgespart. Aber war Geld tatsächlich das Dringlichste, was sich die Deutschen über ihr historisches Glück zu sagen wussten? Welches Gespräch wäre nötig gewesen? »Die aus DDR-Sicht ›bösen West-Deutschen‹ fühlten sich zwar eher schuldig, gleichzeitig aber auch als ›gute Deutsche‹, weil sie im politischen Diskurs die Last des NS auf sich nahmen«, schreibt die Psychoanalytikerin Elke Horn.[190] Ein gespaltenes, kontaminiertes Land, in dem da wie dort zweifach gute Deutsche ihre Nationale der versicherten Gefühle lebten? Und mit der Einheit? Prallten beide im schwer verminten Gelände einer gemeinsamen und geteilten Geschichte mit einem Mal aufeinander. Was bedeutete das? Wie sollte das ausgehen?

Die kollektiven Identitäten, das Spaltungsgefüge, der Clash der Einheit. Die Mundsteine. Vielleicht sind sie am ehesten das nicht Durchzumurmelnde, das, was stecken bleibt und irgendwann im hohen Bogen ausgespuckt werden muss. Das Harte, die Bitterkeit, der Groll. Das, was abgespalten wird, weil es ansonsten unerträglich würde. Die zweite Müller-Knechtschaft, die zweite Maaz-Unterwerfung. Die ostdeutsche Opferidentität und das, was durch die umgeworfene Mauer kurzerhand zerschellte, in ein rüdes Nein gegenüber dem Ende der Spaltung, gegenüber der neuen Einheit umgemünzt wurde, weil das auf die andere Seite Geworfene zu einem zurückschnellte, nirgends mehr außerhäusig zu deponieren war. Wut grenzt ab. Wäre der Müller-Maaz-Sound unter diesem Blickwinkel jedenfalls erklärbar? Lag es nicht auf der Hand, dass das historische Erbe des Ostens auf wuchtigere Weise quer liegen würde? Dass man es nicht so weglabern, mal eben so abheften konnte? Das Deutschland-Glück war solitär. Aber ein über lange Zeit stabil gemachtes politisches Teilungskonstrukt wurde 1990 wieder ein Ganzes, und nun wusste man nicht.

Gedächtnistheater. Ich bin noch nicht nah genug dran, denke ich. Die Szene ist nicht vollständig. Etwas hält sich bedeckt, wartet, will abhauen, sich verstecken. Etwas soll nicht gesehen werden. Als gäbe es einen erblindeten Teil der Geschichte, etwas Taubes. Etwas, an das ich nicht rankomme. Das Unwiderrufliche, die Formung, die Kernemotionen, die verschwiegenen Konflikte. Das Spaltungsmaterial. Wie Kieselsteine am Meer, die irgendwann selbst zum Meer werden. Die Knechtschaft, die Unterwerfung, die Demütigung, die Ostdeutschen als Bürger zweiter Klasse. All diese Wörter und die Wörter als Steine und die Steine als Abwehr. »Das Ressentiment hat eine extrem starke Fähigkeit zur Selbsterhaltung«, erklärt die französische Philosophin Cynthia Fleury in ihrem Buch »Hier liegt Bitterkeit begraben«.[191]

Die Arbeit am Ressentiment, die es in Westdeutschland auch gegeben hatte. Wie die Psychoanalytikerin Elke Horn festhielt, kam es in der westdeutschen Gesellschaft nach 1945 »vermutlich in allen gesellschaftlichen Bereichen« zu manifesten Spaltungsprozessen und damit zu »Wahrnehmungsverzerrungen und der Verschiebung des unterschwellig Zerstörerischen in die sozialen Beziehungen«.[192] Auch Norbert Elias konstatierte in seinen »Studien über die Deutschen« für die siebziger Jahre »eine große Feindseligkeit der Gruppen untereinander, deren Hintergrund vermutlich die hohe Spaltungs- und Projektionstätigkeit« gewesen ist.[193] Dieselbe Ansicht vertrat der Psychiater Jörg Frommer und stellte die These auf, dass die »Erbarmungslosigkeit der berufspolitischen Fehden« in der Bundesrepublik »mit dem Scheitern von Vergangenheitsbewältigung durch Spaltung« zu tun habe.[194]

Es ging also nicht nett zu im Westen. Aber wofür ist das relevant? Für die Frage, ob und wie es einer Gesellschaft gelingen könnte, aus ihren destruktiven Langzeitverwerfungen herauszufinden. Wie da Luft rankriegen? Elke Horn erörtert das Vorhaben als eine felsige Anstrengung über viele, sich vorsichtig austarierende Minischritte, als eine große Mühe. »Aus heutiger Sicht führte die einseitige Fremd- und Selbstwahrnehmung der Bundesrepublik als Täterkollektiv dazu, dass das Leid von Deutschen öffentlich kaum wahrgenommen und anerkannt werden konnte. Die Thematisierung eigener Leiderfahrung fiel unter den Generalverdacht, Täterschaft leugnen und einer Täter-Opfer-Umkehr das Wort reden zu wollen.«[195] Bomben, Kriegskinder, Vertreibung, Verluste in den Familien, Kriegsschäden. Man kann diese aufbrechenden Gedächtnisdiskurse und den Versuch, sich zu einer kollektiven Politik der Erinnerung durchzuringen, auch als eine Arbeit am Gesellschaftsgewissen lesen. Als etwas, das nach langer Verleugnung, nach endlosem Schwarz / Weiß tragfähig, aushaltbar, besprechbar werden sollte gegen das Fortdauernde, Drückende, Quälende des inneren Schuldmassivs.

Eine ethische Wende, bei der eine Gesellschaft nach vielen Umwegen bereit war, in den Spiegel zu schauen. Ein Blickwechsel, der im Politischen, im Selbstverständnis der Gesellschaft, aber auch im Privaten zum Kipppunkt wurde und fortan der Kompass war für die nötige Orientierung. Es blieb ein Spagat, etwas unentwegt Fragiles, unter permanenter Kritik und Spannung, immer unklar, ob das komplizierte Gebilde den Binnendruck auch aushalten würde. Von außen gab es viel Wertschätzung für diesen Weg, galten die Deutschen »als moralischer Leuchtturm für die Welt«, aus dem Inneren hagelte es unablässig Kritik.[196] Die einen nannten das Ergebnis *Moralstolz* auf die Aufarbeitung, die anderen *Gedächtnistheater*, die dritten sprachen von einer *Gewalt des Vergessens* gegenüber den Opfern. Wäre etwas anderes möglich gewesen? Auf alle Fälle. Wäre es realistisch gewesen? Eher nicht. »Historische Schätzungen zeigen, dass der Anteil derer, die potenziellen Opfern des Nationalsozialismus tatsächlich geholfen haben, bei ungefähr 0,3 Prozent liegt, was etwa 200 000 Menschen bei einer Bevölkerung von rund 70 Millionen entspricht.«[197]

Kernschatten. Und die gemeinsame Erinnerungserzählung von Ost und West nach 1989? Die Selbsterhaltung, die angefangen hatte, sich selbst zu erhalten. Das Prinzip des Ressentiments, das sich wiederkäute, keimte, sich weitergab, mit der Zeit zunehmend Raum beanspruchte. Das Unwiderrufliche in der Zeit. Die Ost-Gesellschaft der Guten, die mit 1989 ihren Staat verloren hatte. Um damit klarzukommen, brauchte es einen Ersatz, ein Skript, einen Fetisch. Ich will dieser Spur folgen, den Abwehrformaten, nachdem die Opferidentität zusammengebrochen war, den Abwehrformaten, die im gesellschaftlichen Vakuum versuchten, politisch und biographisch Kontinuitäten herzustellen, um über das Zeitloch zu kommen, um an irgendwas anknüpfen zu können. Woran? Was war möglich?

1999 erschien das Buch »Die Ostdeutschen. Kunde von einem verlorenen Land« des Soziologen Wolfgang Engler, das ganz auf die Chiffre des *ostdeutschen Arbeiterlichen* setzte. Er, der Gebeutelte, Verlorene, Dauerentrechtete, der trotz aller Widrigkeiten Rückgrat zeigte, ordentlich anpackte, alles verlor, um am Ende seinen Ort im ostdeutschen Kollektiv zu finden. In Englers Folgebuch »Die Ostdeutschen als Avantgarde« wird dieses Klischee engagiert ausgebaut. Zunächst die Ortsbestimmung: »Der Ostdeutsche kommt zu sich selber in der Zurückweisung der Westler als Mensch 2. Klasse.«[198] Eine Seite später heißt es in einem knappen Rekurs in die Vergangenheit: »Das Leben in der DDR war unkompliziert und direkt.«[199] Was zu dem Ergebnis führte, dass der Ostdeutsche »sozialen Lebenssinn hat, sozialer, emotionaler, ruhiger, mehr für die Familie, offener«

ist.[200] Englers Strategiebuch ist ein Manifest, das das Propagandabild der DDR mittels kalkulierter Codes in die neuen Zeiten transformierte und der PDS eine griffige Werbeeloge lieferte. Für den Soziologen ist sie die einzige Partei, die in der Lage ist, »das ostdeutsche Idiom« zu sprechen, und bei der es ein »blindes Verstehen und Verstandenwerden zwischen Wähler und Partei« gebe.[201] Schließlich musste das Avantgarde-Buch in Bezug auf den Westen auch noch grundsätzlich werden: »Das westliche Gesellschaftssystem hat über das östliche gesiegt, gewiss. Aber es zahlt dafür einen hohen ideellen Preis: Indem es sich über seine angestammten Grenzen hinaus ausdehnt, wird es zum Offenbarungseid gezwungen.«[202]

In den Augen von Wolfgang Engler wurden die Ostdeutschen demnach expansiv vom Westen übernommen. Immerhin gab es einen Ausweg, einen Sehnsuchtsort, der vorsichtig in den Text implantiert wurde: Moskau. Englers Bücher stießen ein Jahrzehnt nach dem Mauerfall auf enormes Interesse und wurden breit rezipiert, wohl auch deshalb, weil sie einen für den Osten ausgelegten ritualisierten Denkraum aufriefen. Dazu wirkten sie schulebildend, insbesondere für Identitätskonzepte zur Transformation. Die Geburt der Ostdeutschen als eine Erfindung der Medien dürfte ohne Englers direktives Thesenbesteck kaum denkbar gewesen sein.

Die Engler-Rezeption als ein Transmitter, als wissenschaftliches Textgehäuse für die neue Legende vom Ostdeutschen. Womöglich konnte sie auch deshalb so wirkmächtig werden, da die Westdeutschen zu der Zeit in ihre eigenen Projekte vertieft waren. Der innere Druck, die Stellvertretergeschäfte, die unbewussten Reinszenierungen, die in die Folgegenerationen verschobenen Schuld- und Schamgefühle, die Kriegskinder-Diskurse, all das. Wie ein Gletschermassiv, das durch die Wucht seines Eises durch die gesellschaftliche Antarktis driftete und allein durch sein Gewicht irgendwo ankommen musste. 1993 Spielbergs Film »Schindlers Liste«, ab 1995 die Ausstellung »Vernichtungskrieg. Verbrechen der Wehrmacht 1941–1944«, bei der von 34 Ausstellungsorten mit Potsdam, Erfurt und Dresden lediglich drei in Ostdeutschland lagen. Hatte es dort so viel weniger Wehrmacht gegeben? Befand man sich im Osten mit diesem Stoff auf noch riskanterem Terrain? 1998 die Walser-Rede in Frankfurt, 2005 das Holocaust-Denkmal in Berlin, 2006 das späte Grass-Geständnis. Gedächtnispolitische Ereignisse, denen ein Debattenfuror folgte, der das umsorgte Gesellschaftsgewissen notorisch in einen heftigen Affektmodus versetzte.

Vielleicht ist es am Ende die Geschichte von historischen Kernschatten, von zu hastigen Gewichtungen, von Ängsten. In jedem Fall stand man mit 1989 auch im Osten unter beträchtlichem Erinnerungsdruck. Die zweite Diktatur sollte zeitnah ausgehoben, nichts verwartet, verschoben, verschleiert werden. Man wollte es besser machen als nach dem Hitler-Desaster. 1991 trat das Stasiunterlagengesetz in Kraft, noch im selben Jahr wurde die Union der Opferverbände kommunistischer Gewaltherrschaft (UOKG) gegründet, zu der heute 30 Vereine mit mehr als drei Millionen Opfern gehören, 1992/93 kamen die Landesbeauftragten zur SED-Aufarbeitung dazu, ab 1998 gab es die Stiftung Aufarbeitung. Ein vielfältiges Gedächtnisfeld entstand. Offene Archive,

Gesetze, Kommissionen, Evaluierungen, Gedenkstätten, Museen. Doch all das konnte nicht über die Tatsache hinwegtäuschen, dass die Kanäle zum Mehrheitsbewusstsein der Ostdeutschen in Sachen doppelte Diktaturgeschichte anhaltend blockiert waren.

Wie viel an Diktaturgeschichte zwischen 1933 und 1989 in Ostdeutschland substanziell ungeklärt geblieben ist, denke ich. Die Zeit ab 1933, zwischen 1945 und DDR-Staatsgründung, die frühen Terrorjahre, aber auch die Institutionen-, Militär-, Wissenschaftsgeschichte, die Geheimdienstgeschichte im Zusammenhang mit Osteuropa, die Kollusionsgeschichte zwischen Ost und West. In Deutschland sind aktuell viele Lehrstühle für Zeitgeschichte eingerichtet. Keiner forscht explizit zur DDR.

Invasion von innen

Tidenstrom. Ich erinnere mich, dass ich an den Abenden gern in der Küche saß, in den Berliner Himmel schaute und übers Gleisdreieck, das noch kein Park war, sondern wildes Gelände. Dass ich die Zeit mochte, die Stadt und das, was war. Die Archive, die Wörter, die Bücher, die Zeit mit den Jungen, die auf die Bühne wollten, das Neue. Ich erinnere mich, dass es 2009 war, vielleicht 2010. Dass ich über die hohen Bäume blickte und dabei an Gnade dachte, an etwas wie Ausatmen, an Freundlichkeit. Ich erinnere mich, dass es in der Küche eine Wand mit Fotos gab. Ich war etliche Male Tante geworden. Die Kinderbilder. Aber auch das einzige Foto von meiner toten Schwester. Vom Studium, von Freunden, alten Lieben, Reisen und dem Mann, mit dem ich lebe. Von Lesungen mit Adolf Endler, von einem Podium mit Carl Laszlo, mit Imre Kertész. Ich erinnere mich, dass ich dachte, was ich oft vor der Wand dachte: Wie einfach es sein könnte. Wie sich das Vergangene und das Jetzt finden, aushalten, nebeneinander bestehen, sich beistehen könnten.

Ich erinnere mich, dass ich eine Zigarette rauchte und Shirley Horn hörte. Dass die Kakadus und Gorillas, die in ihrer Musik rumsprangen, daraufhin direkt in den Bäumen vor meinem Fenster hockten und unerhörte Laute ausstießen. Dass ich an New York dachte, an den Central Park, und daran, dass das nun schon zwanzig Jahre her war. Ich erinnere mich, dass es diesen einen Abend gab. Es gibt sie ja, diese Abende – die Wolkenkonglomerate, das dichte Grün der Bäume, die fernen Geräusche der Stadt –, über die man später sagt, dass es schon da war. Das Gefühl, dass etwas vorbei ist, dass etwas anderes kommen wird. Aber was ahnt eigentlich in uns vor?

Es war ein Juniabend. Daran erinnere ich mich. Ein Abend als Lichtbild. In ihm ein Punktum, von dem aus sich die Zeit entschlossen hatte rückwärtszulaufen. Jedenfalls kommt es mir von heute aus gesehen so vor. Wie in der Geschichte von dem Mann, der einen breiten Fluss durchqueren wollte, es in der Mitte mit der Angst bekam, umdrehte und zurückschwamm. Sind wir zurückgeschwommen? Ist die Strömung zu stark gewesen? Erst mal war gar nichts. Erst mal war die Zeit nichts anderes als die Zeit, das Licht das Licht, die Kakadus die Kakadus. Aber das Tatkräftige des Ressentiments. Seine Energie, sein Geschäft. Wie ein Tidenstrom. Als würde es auf einen Punkt zutreiben. Machte es ja auch.

Das mit der Vorahnung. Es hatte mit den Lesungen in Dresden, Jena, Wolkenstein, Neubrandenburg, Cottbus zu tun. 2010 kam »Seelenriss«, 2012 der »Amok-Komplex«. Ich saß vor einem entzündlichen, ratlosen Publikum. Viel Schweigen. Irgendwann wie aus dem Nichts die Frage, was ich denn machen würde, wenn es demnächst wieder mal anders käme. Ob ich nicht sehen würde, was los ist. – Wie anders? Noch mal Diktatur? Erneutes Schweigen. Die Legende vom Ostdeutschen, die der PDS, später der Linken, viel Aufmerksamkeit, Wählergunst, Hochstimmung eingebracht hatte, war nach zehn Jahren merklich am Bröckeln. Englers Avantgarde-Phantasma hatte das Binnenkollektiv Ost vielleicht noch über die ärgsten Identitätslöcher des Anfangs lotsen können. Aber es war nur ein Verschieben in der Zeit gewesen. Und dann?

Das Konstrukt, das sich in diesem Zeitschiebe-Modus aufgebaut hatte, war in jeglicher Hinsicht kompliziert. Es blockierte die Auseinandersetzung mit der doppelten Diktaturgeschichte des Ostens, führte zu unbewussten transgenerationellen Weitergaben in den Familien und schuf die Bedingungen zur Transposition. »Dies bedeutet, dass die Generationen trotz unterschiedlicher historischer Erfahrungsräume psychisch in einer imaginären gemeinsamen Vergangenheit leben.«[203] Die gemeinsame imaginäre Vergangenheit, der Verlust an Orientierung.

Es dürfte die ansonsten so strategische Linke verblüfft haben, wie umstandslos eine universelle Abwehrchiffre wie die Legende vom Ostdeutschen gekapert werden konnte. Aber 2013 war die AfD da, 2014 Pegida und damit eine neue politische Realität, auch wenn die Neue Rechte nicht über Nacht die Bühne betrat. Ende der achtziger, Anfang der neunziger Jahre etwa hatten die Republikaner bereits um die zehn Prozent in etlichen Landtags- und Europawahlen erreicht. Im Osten war rasch von »neofaschistischen Aktionsraumen« die Rede.[204] Berlin, Leipzig, Wurzen, Potsdam, Halle, Eberswalde, Dresden, Frankfurt / Oder, Hoyerswerda, Rostock-Lichtenhagen, Magdeburg – es war das organisierte Topographie-Netz der extremen Rechten nach 1989 in Ostdeutschland.[205] 1998 konnte die »Deutsche Volksunion (DVU) mit 12,6 Prozent der Stimmen und 16 Sitzen in den Landtag Sachsen-Anhalts einziehen«.[206] Das war die Zeit der Glatzköpfe und Bomberjacken gewesen. Nun aber übernahmen Professoren, Anwälte, Unternehmensberater, Journalisten das Feld. Das rechte Lager bekam ein anderes Outfit, einen smarteren Touch. Mit Seidentüchlein im Tweed-Sakko konnte die AfD immerhin so viele Wähler an sich binden, dass sie bei der Bundestagswahl 2017 bereits auf 12,6 Prozent kam.

Die unverhohlene Ressentiment-Politik der Linken, die bruchlos durch die unverhohlene Ressentiment-Politik der Rechten erweitert wurde. Der Politfetisch blieb derselbe: die Legende vom Ostdeutschen. Ihn konnte man für seine Interessen einsetzen, aufladen, gebrauchen, missbrauchen. Der Osten als aktive Kampfzone, als eine ununterbrochene Operation. Ihre Vorgeschichte? Historische Tiefenlagerungen, weggeschwiegenes Unrecht, durchherrschtes Leben, irreparable Beschädigungen. Die Sekretärin in der LPG, Jahrgang 1933, die als Mädchen aus dem Fenster schaute und sah, wie vor ihren Augen ein Mann erschossen wurde. Wir haben nichts anderes gelernt, als uns anzupassen, erklärte sie später. Der Schriftsteller, Jahrgang 1926, der am Abend von der Polizei abgeholt wurde und für sieben Jahre im Gelben Elend in Bautzen verschwand. Der Maschinist, Jahrgang 1949, den die Russen zehn Tage lang verhörten, weil sie davon ausgingen, er sei Agent für den Westen gewesen. Er war es nicht. Die Lehrerin, Jahrgang 1956, die ihren Schüler nicht schützte, als die Stasi in die Schule kam und ihn verpflichtete. Der Punker, Jahrgang 1975, der vermeintlich die falschen Lieder draufhatte und darauf nicht mehr singen durfte.

Man braucht keine Experten für Zeitgeschichte, um sich klarzumachen, dass zum unerzählten Schmerz Angst gehört. Wie sprechen, denken, fühlen, wie leben, wenn das Erfahrene fortwährend weggesprochen und die Möglichkeit dafür über passgenaue Kontrollsysteme entzogen wird? Wie den notwendigen Blick im Nachhinein auf das richten, was verweigert, verletzt, verhindert wurde, wohl wissend, dass das, was geschehen ist, nicht revidierbar und der öffentliche Raum riskant dafür ist? Der Osten als das Land der preisgegebenen, ausgesetzten, uneinholbaren Erfahrung. Die Rede ist von mehr als 50 Jahren Diktatur, von ihrer Physis, ihrem Stauraum, von ihrer gelöschten, abgewiesenen, unwirklichen Zeit. Und die Jahre nach 1989? Die Ostdeutschen hatten sich aus einem andauernden Bevormundungsstatus selbst entlassen, um im nächsten zu landen. Dabei kam die Invasion, wie die Erinnerungsstrategen glauben machen wollen, nicht von außen, aus dem Westen. Sie kam von innen. Die Jahre nach der Revolution und die Hoffnung, dass es vorbei sei, dass es den Aufbruch, das Neue, das Glück gebe. Gab es ja auch. Aber eben auch das Gift nach dem Umbruch, die strategischen Umbauten, die politisch motivierte Gedächtnisumschreibung, das eminente Nein gegenüber der Einheit und dem Westen, die verleugnete DDR, das Weiterwirken ihres Stils, ihrer Logik, ihrer Gewalt, die Retraumatisierung des Binnenkollektivs, sein Aufenthalt im alten Bann.

Die *gemeinsame imaginäre Vergangenheit der Angst*, ihre

Zeitlosigkeit. Die Angst, die vor 1989 schon mal da gewesen war. Sie hatte gearbeitet, zugerichtet, das innere Refugium besetzt. Eine Angst, die die Einflugschneise für die Neuinvasion von innen wurde. Die die Chiffren, Legenden, Trigger kannte, um wieder andocken zu können. Über internalisierte Erpressbarkeit, über Scham, aufgrund von Unterlassung, Abgleiten, Schweigen, Schuldgefühlen. Vielleicht gibt es das: die unmögliche Trauer. Weil es zu lange gedauert hat, weil es zu schmerzhaft war, weil zu viel Geschichte hindurchgelaufen ist, weil man sich in das Unzulängliche eingelebt hat, etwas auf Distanz bringen wollte, vergessen wollte, weil eine andere Zeit kam, weil die Jüngeren kamen.

Einstellungsmix. Der Flüchtlingssommer 2015, der neue Zustand des Landes, die Zäsur, die rechte Revolte. Geschrieben ist das, aber es geht an der Stelle nicht ohne. Mit diesem Sommer begann unsere gegenwärtige Gegenwart. Mit dem, was das Land partout nicht anschauen, nicht haben, nicht wahrhaben wollte, wogegen es sich heftig wehrte. Das, was behandelt wurde wie ein Anfall, Unfall, Überfall. Als eine politische Fata Morgana. Sie war da, sie blieb da. Die AfD und ihre Systembruch-Politik. Ihr Eskalationsmann Björn Höcke, Jahrgang 1972, der am 30. Juli 2014 auf einer AfD-Bundespressekonferenz sagte: »Die politische Korrektheit liegt wie der Mehltau auf unserem Land, und ich bin angetreten, um sie abzuräumen.« Am 15. November 2015 wusste er in Erfurt: »Wir müssen unsere Männlichkeit wiederentdecken. Denn nur, wenn wir unsere Männlichkeit wiederentdecken, werden wir mannhaft. Und nur, wenn wir mannhaft werden, werden wir wehrhaft, und wir müssen wehrhaft werden, liebe Freunde!«

Männlich wehrhaft werden, um endlich abzuräumen. Die sich als neu verstehenden Systembrüchler produzierten Texte dieser Couleur wie Mettbrötchen. Eine einzige Textmaschine, die das Land in einen chronischen Alarmzustand versetzte. Bruchtexte gegen das sogenannte Establishment, die Europäische Union, die parlamentarische Demokratie, gegen Ausländer, Migranten, den Islam, gegen Frauen. Für eine *patriotische Gegenkultur*, einen starken Anführer, für Tradition und das Ideal einer Zukunft, die in der ruhmbeladenen deutschen Vergangenheit liegen solle.

Was die AfD angeht, gibt es eine Alterzählung, die mit der Gründungsepisode um den Ökonomen Bernd Lucke als »fundamentalliberale Opposition gegen Merkel und den Euro« einsetzte.[207] Bereits zwei Jahre später waren die wirtschaftsliberalen Anfangsfiguren von radikaleren Stimmen zur Seite geschoben, und die Partei ging auf den Kurs, der zu ihrem Markenzeichen wurde: alarmistisch, verbal entgrenzt, unbeirrt Gegennarrative setzend, zunehmend rechtsradikal. Dabei baute sich die Kernklientel der AfD anfangs vor allem aus der Kriegsenkel-Generation des Ostens auf, der Generation Mauer, den Babyboomern, meiner Generation. Die Erinnerung an die hitzigen Gespräche des Sommers 2015, als die Legende der Linken vom Ostdeutschen die Straßenseite wechselte und zur Legende der Rechten wurde. Als würde man einen Sommer lang auf einem rutschigen Abhang stehen und sich Sätze zuwerfen, die der andere nicht verstehen konnte, nicht wollte. Was bedeutete das?

2015 war nun die Generation der Kriegsenkel um die 50.

Zeit, eine erste Bilanz zu ziehen, sich zu fragen, was man aus 25 Jahren Freiheit gemacht hatte. Das Resümee dürfte unterschiedlich ausgefallen sein. Die einen hatten ihren Weg gefunden, die anderen es nicht vermocht, ihre inneren Mauern abzutragen. Sie hatten sich als zu hoch erwiesen. Absehbar, dass das kaum noch revidierbar sein würde, dass man sich das mit der neuen Gesellschaft leichter vorgestellt hatte. Die Legende der Linken wurde noch abgewunken, die Legende der Rechten verfing. Die Welt, so das Ergebnis der langen Sommergespräche, war außer Kontrolle geraten. Abstiegsängste, Überfremdungsängste, Verlustängste. Das neue Angstamalgam wurde vom alten befallen und schließlich erobert. Auf einmal wurde das aufgerufen, was man abgeschüttelt glaubte. Auf einmal gab es den Ostdeutschen mit den alten Werten wieder: Arbeit, Heimat, Autorität, Gemeinschaft, Disziplin, Häuschen, Familie. Oder ging es um mehr?

Zur AfD-Erfolgsgeschichte gehört auch der ausgeraubte öffentliche Raum zum Ende der DDR. Eine zurechtgestutzte Bürgerlichkeit, eine entkernte Kirche, eine ausgenommene Gesellschaft, eine weithin geflohene oder ins Aus gesetzte Intelligenz. Ein planes Feld, das neu überplant werden konnte, nicht nur symbolisch gesehen. Für den *nationalen Abwehrkampf* wurde in den Strategiewerkstätten der Neuen Rechten intensiv nach einem geeigneten Aktionsfeld gesucht, das ihnen die erhoffte *Resonanzraumerweiterung* ermöglichen sollte.[208] Das war nicht so ohne. Wo war die Gesellschaft am porösesten, wo gab es genug Mobilisierungspotenzial, wo hatte hinreichend Extremes stattgefunden, dass es maximale Echokammern und ausreichend Tumult garantierte? Im Westen wäre ein solcher Versuch, so formulierten es die rechten Spindoktoren, nicht umsetzbar gewesen. Und im Osten?

Es wurde Dresden. Eine gleichsam mythische Stadt, die in ihrer eigenen imaginären Vergangenheit lebte, die kein Außen brauchte, eine ausgewiesene rechte Szene hatte, zu DDR-Zeiten das Tal der Ahnungslosen war, den *anglo-amerikanischen Angriff* überstanden hatte und nicht zuletzt die barocke Bühne für die erhofften Bilder in die Welt bieten konnte. Der Schauplatz für die *Konservative Revolution* war perfekt. Dresden, der Kindheitsort. Die Stadt mit dem Unaufgelösten, Unverstandenen. Wo die Schwester auf dem Waldfriedhof liegt. Wo ich mit der Mutter stand und sie mich in ihr Schweigen einführte. Wohin ich manchmal zurückkomme, um nachzuschauen, was geworden ist. Ob die Mutter noch immer am Ende ihrer Geraden steht, ob wir nicht doch vielleicht reden könnten? Ich würde sie so gern fragen. Wie sie das sieht, mit den Zeiten, ihrem Leben, ihren Kindern, ihren Sehnsüchten. Häuser, Straßen kann man sanieren. Aber das Denken und Fühlen?

Barbarossa. Die Rasanz, mit der die Neue Rechte seit Oktober 2014 – durch die Initiation von Pegida als »Patriotische Europäer gegen die Islamisierung des Abendlandes« – nach und nach ihre Front aufstellte. AfD, Pegida, Identitäre Bewegung, der III. Weg, Die Rechte, Die Freiheit, Die Heimat, Reichsbürger, Wiking-Jugend, Heimattreue Deutsche Jugend, Querdenker. Die Denkfabriken, Burschenschaften, Thinktanks, Blogs, Zeitschriften, rechten Frühjahrskongresse und Sommerakademien. »Eine beliebte Strategie der Neuen Rechten ist es, an historische Orte und Ereignisse anzuknüpfen und diese für sich zu vereinnahmen. Die Geschichte von Kaiser Barbarossa – der laut der Sage im Kyffhäuser-Berg schläft und irgendwann wiederkehrt, um alles Unrecht zu beseitigen – dient dem rechten AfD-Flügel als Gründungsmythos«, halten die Journalisten Christian Fuchs und Paul Middelhoff in »Das Netzwerk der Neuen Rechten« fest.[209]

Das Schläfer-Motiv, die Wiederkehr, die Überlagerung von Vergangenheit und Gegenwart, das imaginäre Ideal. Dazu die rechte Influencer-Kultur, die Fake-News-Politik in den sozialen Netzwerken, die Shitstorms der rechten Undercover-Internetbrigaden. Die Wahlkampfkampagnen und das dubiose AfD-Finanzgebaren. Die Worte, die Sätze, die öffentliche Textmaschine. So monoton, affektsicher, so erschöpfend. Die »Kunst, immer Recht zu haben«, der »Mythos des Komplotts«, das Ding mit der *Lügenpresse*.[210] Traditionskult, Konsenskult, Nationalismuskult, Rebellenkult, Elitekult, Kult des Handelns. Und vor allem viel Nein, viel schlechte Laune, immerzu Kampf. Wenn ich die Augen schloss, sah ich Alice Weidel reden. Ich sah nur ihren Mund, der Jahr für Jahr härter wurde.

Das Jahr 2017, der Einzug der AfD in den Bundestag, der Beginn der Neuerzählung. Die nächste kalkulierte Diskursverschiebung, ein rauerer Ton. Die Partei wollte Volkspartei werden, mit patriotischer Power und großzügigen staatlichen Mitteln: 2017 7,5 Millionen Euro, 2021 bereits 11 Millionen, dazu die steigenden Diäten.[211] Damit konnte man schon was in Szene setzen. »Über Nacht wird Berlin zum

Zentrum der Bewegung. Hier sitzt nun das große Geld, hier lassen sich politische Projekte von bundesweiter Bedeutung anschieben, hier schauen die Medien hin.«[212] Berlin als Zentrum, der Osten als Experimentierfeld. Aber waren links oder rechts auf einmal egal? Das historische Gletschermassiv der Doppeldiktatur, das unter dem Osten lag, war das eine. Und das andere? Das Gesellschaftsgewissen Ost, das in dieser Zeit in vier Himmelsrichtungen zerstob. Da war zum einen die Transformationsgeschichte Ostdeutschlands, an deren Skript insbesondere die Jüngeren arbeiteten. Da war das reorganisierte Altkadermilieu, das meinte, sich lange genug zurückgenommen zu haben, und nun mit ihrem DDR-Revisionismus auf offenen Attackenmodus umstellte. Da war die vielgliedrige Aufarbeitungslandschaft, die aufarbeitete und aufarbeitete, aber zunehmend in die Defensive geriet. Und da war die AfD, die zwar heillose Aufregung generierte, für ihre *Konservative Revolution* aber noch immer höhere Wählerzahlen brauchte. Wer würde in diesem aufgebrochenen Politfeld die Oberhand gewinnen?

Geschichte als Flickenteppich, als Regionalismus, kleinteilig, ohne haltbares Referenzsystem, ohne Fundament. Ein changierender Schredderkosmos, in dem alles Mögliche unterzubringen war. Die Konfliktlinien verschoben sich, die Koordinaten drehten, die Fliehkräfte nahmen zu, neue Akteure betraten die Bühne. Und auch weltweit gerieten die Demokratien zunehmend unter Druck. Krisen, Kriege, Massenmigration, Populismus, Autokratien. Der Osten war dabei, sich in diesem Erosionsfeld neu aufzustellen. Womit? Wohin? Mit wem?

Die Literatursoziologin Carolin Amlinger und der Soziologe Oliver Nachtwey haben in ihrem Buch »Gekränkte Freiheit« Aspekte des libertären Autoritarismus untersucht, die sie als »Symptom einer individualistischen Freiheitsidee« verstehen, »in der gesellschaftliche Abhängigkeiten abgewehrt werden. Freiheit ist in dieser kein geteilter gesellschaftlicher Zustand, sondern ein persönlicher Besitzstand. Der libertär-autoritäre Protest richtet sich gegen die spätmoderne Gesellschaft, rebelliert aber im Namen ihrer zentralen Werte: Selbstbestimmung und Souveränität.«[213] Die beiden entwickelten ihren Begriff des libertären Autoritarismus aus Theodor W. Adornos *autoritärem Charakter*, der das Syndrom als eine Melange aus starren, konventionellen Werten, Unterwerfung unter eine idealisierte Autorität, binärem Machtdenken, Überlegenheitsphantasien oder allgemeiner Feindseligkeit verstand.[214]

Laut Amlinger und Nachtwey haben es libertär Autoritäre nicht mehr so mit dem Führerkult. Sie kennen nur eine Instanz: sich selbst. Auch der Zustand der Unterwerfung ist ihnen fremd. Ihr Faible gehört der Rebellion, dem Subversiven, Extremen, Exzessiven, der Philosophie des investiven Individualismus. Sie wollen Märtyrer sein, einzigartig, in jedem Fall kein Mainstream. Sich nichts mehr sagen lassen, nicht mehr zuhören müssen, nur noch selber reden, das eigene Dinge machen: Wenn es für mich stimmt, dann ist es auch okay. Man würde diese Haltung zur Welt eher nicht mit der Kollektiverfahrung der Ostdeutschen in Verbindung bringen. Aber der Osten brauchte Osmosen, kommunizierende Röhren, andere Zuflüsse, Konzepte von außen. Er suchte nach seinem Erweckungsmoment. Um zu protestieren, zu demonstrieren, um seine Kränkungszonen auszuweiten, bislang ungeahnte Individualisierungsexzesse auszuleben, den Diktaturgroove abzuwerfen und sich nicht zuletzt damit ins Jetzt zu katapultieren. Ein Kollektiv aus Solitären? Ein langes Ausatmen nach mehr als 50 Jahren Diktatur?

Die Neuausrichtung der AfD und ihre rigorose Kommunikationsstrategie. »Faktisch hat die AfD eine neuartige Form der Propaganda in der deutschen Politik etabliert«, schreibt Johannes Hillje, Politik- und Kommunikationsberater, 2017 in den »Blättern für deutsche und internationale Politik«. Etablierte Medien sollen delegitimiert und parteinahe Medienkanäle aufgebaut werden. Es gehe darum, eine kollektive Identität bzw. Parallelgesellschaft zu kreieren und den öffentlichen Diskurs gezielt zu polarisieren. Vier Punkte, die die Partei via eigenem Netzwerk in den sozialen Medien pusht. Provokation, Desinformation, kurze, pointierte Clips. Ausschneiden, zuschneiden, wegschneiden. Die Kunst der unmittelbaren Kommunikation in den AfD-Kanälen hat die Medienkultur verändert. Laut ZDF erreicht ein Post der AfD-Bundestagsfraktion bei TikTok durchschnittlich 430 000 User. Die FDP hat 53 000, die SPD 22 000.[215]

Das Schnelle, Rabiate, Direkte soll vor allem eine junge Wählerklientel anziehen. Die Partei kennt die Zahlen: Laut der Studie »Demokratievertrauen in Krisenzeiten« der Friedrich-Ebert-Stiftung von Ende April 2023 hatte sich die Differenz zwischen Ost und West in Sachen Demokratie-Bejahung erneut vergrößert und liegt für Ostdeutschland nun bei 34 Prozent, für Westdeutschland bei 52 Prozent. Ein markanter Demokratieschwund Ost, den auch andere Forschungen bestätigen. So kam die Leipziger Autoritarismus-

Studie von 2022 mit dem Befund, dass im Hinblick auf rechtsextreme Positionen »die Unterschiede zwischen Ost und West durchgängig signifikant sind«. Im Hinblick auf den Osten ist von einem manifesten »autoritären Syndrom« die Rede. Beunruhigend vor allem die Werte in der Alterskohorte 14 bis 30 Jahre, also bei jungen Menschen ohne Diktaturerfahrung. Hier bejahen 15,7 Prozent im Osten eine rechte Diktatur, im Westen 2,2 Prozent.

Auch die Junge Alternative für Deutschland (JA), vom Bundesamt für Verfassungsschutz als »gesichert rechtsextrem« eingestuft, weiß solche Befunde gezielt für ihre Identitätspolitik einzusetzen. Ein Videoclip der JA vom März 2024: »Die ostdeutsche Jugend ist rechts. Diese Generation ist stolz auf ihr Land, auf das, was ihre Vorfahren geschaffen haben. Du fährst als Ostdeutscher nicht auf dem Lastenfahrrad zum nächsten Ökomarkt, um dir Sojakaffee zu holen. Du fährst Simson, bist stolz auf dein Land und lässt dir von linken Lehrern nicht sagen, was du denken und tun sollst, und das ist auch gut so. Ein starkes Land braucht eine starke Jugend. Sei also nicht schwach, sondern sei stolz auf deine Heimat.«

Zeitspeicher

Mit Schnee, wie hier. Mal etwas Platz schaffen, anhalten, zwei, drei leere Seiten. Nichts. Weiß. Dann die Leere umblättern, dann sagen: Entschuldigung, aber ich würde gern noch mal anfangen. Dann sagen, dass es vielleicht gut wäre, ein bisschen zu warten. Dass es zu schnell gehe. Dass ich Angst habe, es zu vermasseln. Ich muss in letzter Zeit öfter an den Anfang denken, ich meine, an die Mutter. An ihre Stille, ihre Hand, an die russischen Wörter, die in mich einzogen, weil sie deren Weichheit mochte. »Meine Mutter war nicht wirklich. Sie war ein früher Traum, eine Hoffnung. Sie war ein Ort. Mit Schnee, wie hier, und kalt.«[216] Es ist der Anfang des Romans »Die Unermesslichkeit« von David Vann. Er ist in Alaska aufgewachsen und hat allerhand gute Bücher geschrieben. Bücher, die nachwirken. Die zu Kopfbildern werden. Die Tiere, der Schnee, die Archaik, der niemand entkommt. Warum es in Texten oft Tiere sind, wenn es um Anfänge geht. Als würden sie sich zwischen die Wörter stellen, um ihre Augen sagen zu lassen: Der Anfang ist das Unübersetzbare, das Uneinholbare. Das, bei dem sich die Entfernung nie verändern wird. Der Widder, der Hirsch, der Wolf. Sie stehen da wie Fremde. Was beschäftigt sie? Angst, Sorge, ihre Überlegenheit? Die Überlegenheit der Kindheit? Die Blicke der Tiere sind ernst, suchend, sanft, zumeist irr.

Jedenfalls bin ich dann doch nach Dresden gefahren. Es war noch winterlich, die Landschaft hinter Berlin zugepackt, der Himmel dick. Dresden, die Stadt des Anfangs. Der Ort, die Spitze, der Weiße Hirsch. Als Kind war ich davon ausgegangen, dass in meiner Nähe ein weißer Hirsch lebte, dass er mich holen käme und ich mit ihm auf einer Lichtung stünde, um den anderen Tieren freundlich zuzunicken. Als Kind saß ich nachmittags neben der Mutter. Sie war von der Arbeit gekommen. Sie war sehr erschöpft. Sie musste schlafen. Ich mochte es, neben ihr zu sitzen und ihr beim Schlafen zuzuschauen. Sie konnte so nebenher schlafen, so unmerklich, wie ohne Atem. Als sei sie dermaßen ausgelaugt, dass sie sich im Schlafen eine Zeitlang auflösen musste. »Mit Schnee, wie hier, und kalt.« Der Kindheitsschnee, die großen Kachelöfen, die Aschekästen, der Kohlekeller. Als hätten wir in Alaska gelebt. Als hätten wir endlos Eisschollen durch die Gegend geschoben.

Die schlafende Mutter. Der Kindheitsberg. Der Ort. Indem er da war, entzog er sich. Die Wanduhr tickte, die Möbel knisterten, das Licht wanderte über den Teppich, der Raum dunkelte sich nach und nach ein. Es war mein Sechzigerjahregefühl. Ich hockte neben der schlafenden Frau und sah der Stille dabei zu, wie sie nach innen kroch. War das meine Mutter? Ist es das ganze Bild? Ist es nicht. Aber es ist das, was wir beide haben. Ich war nicht unglücklich damit. Niemand sonst wollte stundenlang sitzen und einen schlafenden Berg betrachten. Ich hatte den Ort für mich allein. Mutter und ich waren ungestört. Wie abgeschirmt von allem. Wir haben nicht angefangen miteinander. Vielleicht ist es das, warum es nicht aufhören kann.

Es geht nicht um Wehmut, es geht um den Ablauf. Und darum, dass es keine Lösung für uns gibt. Nicht sofort, nicht schnell. Wie auch? Es geht darum, dass es dennoch nicht sinnlos ist dranzubleiben. Dass man mitunter nicht weiß. Vielleicht ist es das. Daran festzuhalten, dass sich noch etwas öffnen kann. Jedenfalls war ich auf der Autobahn. Ich fragte mich, ob ich mich freue, in Mutters Gesicht zu schauen, ihre Stimme zu hören. Ob sie wohl überrascht wäre? Ob auch sie sich freuen würde? Sechs Jahre Pause. Das gehörte zum Ablauf, das war unser Metrum. Ich würde gern noch mal von vorn anfangen, versuchen, ihren Blick einzunehmen, auf sie zu warten, dann so still zu werden, wie sie ein Leben lang war.

Alaska-Profile. Der Schlafatem des alten Jahrhunderts. Als ob er das Gegengewicht zu den extremen, äußeren Zeiten gewesen wäre. Im Schlaf sind mehr Abwehrzellen und Antikörper im Blut vorhanden, lese ich. Es gibt Schlafprofile, eine Schlafarchitektur. Wozu brauchte Mutter so viele Abwehrzellen? Was musste sie stillstellen, eindämmen, beschwichtigen, wegdauern, wo man eh ein Drittel seines Lebens verschläft? Aber vielleicht hat sie gar nicht geschlafen, vielleicht hat sie nur so getan. Vielleicht sind wir ihr zu viel gewesen. Vielleicht konnte sie sich die Welt im gedimmten Zustand eher vorstellen und sie sich damit auf Abstand halten. Kam sie so besser zurecht? Wollte sie erschöpft sein, um sich abzuwenden, um für uns unerreichbar zu sein?

Ihr Körper als Hoheitsgebiet. Unnahbar, vertraut. Wie ein Land ohne Boden. Das Kriegsmädchen: der tödlich verunglückte Bruder, die erschlagenen Juden von Riga, die bombardierte Flucht über die Ostsee, der Angriff auf Dresden im Februar 1945. Sie war zehn, als das hinter ihr lag. Was lag wann hinter ihr? Der Schlaf, der auch dazu da ist, das Gedächtnis zu konsolidieren. Die Transformationen des Krieges, sein eisiger Kern, das Modell Deutsche Mutter. Ich will das politisch lesen. Nicht, weil alle Mütter gleich sind, sondern weil Mädchen, junge Frauen nach 1945 in Ost wie West damit zu tun bekamen. Aber wie verlängerte sich der Komplex der vereisten Mutter über die DDR-Zeit hinaus, wo es ja nicht um 12 Jahre Hitler, sondern um einen Zeitblock von 56 Jahren Diktatur ging? Welche Hypotheken, welche geschlechtlichen Modelle, welche gesellschaftlichen Projektionen, welche Internalisierungen, welche gedächtnispolitische Relevanz?

Die Generation der ostdeutschen Kriegsmädchen und ihre historische Pattsituation: dieses Zuviel an Geschichte. Zunächst war das was mit Hoffnung. Bei Mutter nicht zuerst auf das System, das da nach 1945 im Osten im Anmarsch war, als vielmehr privat. 1953 wurde geheiratet. Da war sie 18. Sie hatte es mit den Buchstaben, den Wörtern, den Schriften. Sie wollte sich ihre eigene Ordnung setzen. Stattdessen fing sie an, Russisch zu studieren. Wegen der Weichheit der Sprache, wegen ihrer Kindheit in Riga, die sie die schönste Zeit ihres Lebens nannte? Ich kann es nicht sagen. Mutter und ihre fünf Kinder. 1957, 1959, 1960, 1967, 1970. Zahlen, sich aufreihend, als wollten sie sich aneinander festhalten, als gehörten sie zusammen. Wie ein Pentagon. Zitadellen, Festungen, Ringe. Was besonders stabil sein muss, was verteidigt werden soll, wird zum Fünfeck. Hilft das? Als hätte Mutter besonderen Schutz gebraucht und sich ihre eigene Bastion gebaut. Die Kriegskinder des Ostens, die mehrheitlich mit der DDR Karriere gemacht haben. Die im Hinblick auf die eigenen Eltern eher ahnten denn wussten. Die in der Abwehr ihrer blinden Flecken maßgeblichen Anteil daran hatten, dass »Täteranteile zwischen den Generationen tradiert« wurden.[217] »Es sind primär körpersprachliche Botschaften mit hohem affektiven Gehalt, die den Kindern signalisieren, wo sie Tabus berühren und die Identität ihrer Eltern bedrohen.«[218]

Der Mutterschlaf als körpersprachliche Botschaft mit hohem affektiven Gehalt. Es gab auch anderes. Atemnot, Schweißausbrüche, Zittern, Delirierendes, heftigste Ausbrüche. Etwa, wenn ich mal nach dem Riga-Großvater fragen wollte. »Nicht selten haben die Nachkommen von TäterInnen das Gefühl, mit ihnen stimme etwas nicht, sei seien nicht ganz in Ordnung. Sie fühlen sich fremd und andersartig … Täternachkommen beschreiben dies als Gefühle von Orientierungslosigkeit – wie ›durch den Nebel gehen‹, betäubt sein, sich isoliert und zugleich bedroht fühlen.«[219] War das die Mutterstille? Der Versuch, durch den Nebel zu kommen, die Isolation, die Bedrohung aushaltbarer zu machen und mit der Angst klarzukommen, die Familiengeschichte könnte offenkundig werden? Was war ihr möglich? Die Täterszenen nicht zu reinszenieren, sondern durch Schlaf einzufrieren, damit die Loyalität gegenüber den Eltern aufrechterhalten bleiben konnte. Das Pawlow'sche Schlafland DDR, das die innere Nazi-Identität nicht bedrohte, stattdessen in die Krypta legte.

Erbegeschäfte. »Die Erben einer tatenlos erworbenen Schuld von unfassbarem, Sinn zerstörendem Ausmaß«, so die Sozialpsychologin Angela Moré.[220] Sie schreibt auch von Täterintrojekten, als »Splitter von Täterhaftigkeit im eigenen Selbst«, von Diktaturweitergaben, von »psychischen Verwicklungen mit den Eltern«.[221] Ich war kurz vor Dresden, gleich würde Radebeul kommen. Der Ort, wo Mutter im schönen Steinbachhaus unterrichtet hatte. Ab und an durfte ich sie da abholen. Der Weg vom Weißen Hirsch bis Radebeul, der einer Reise glich. Die rappelvollen Busse und Bahnen, das stammelnde Fahrgefühl, das Geräusch der Klapptüren. Das Abgekämpfte, Kleinbeigegebene, Eingemeierte. Die Frauen und ihre wunden Gesichter. Das Geschwollene, Geronnene, Eingerissene, das Kaleidoskop der Farben. Ihre sächsischen Körper, an denen allerhand Einkaufsbeutel und Kinder hingen. Wann das war? 1971, 1972, 1973. Später in Jena, beim Studium, gab es auch solche Busse und auch diese Gesichter. Bilder, die sich wie Beutel ans Leben hängten.

Und das Erbe, die *unklaren inneren Bilder*, das fremdartige Gefühlserleben, das unbewusste Agieren, die transgenerationellen Verschiebungen? »In den psychoanalytischen Ausbildungen und Behandlungen setzte eine selbstreflexive Auseinandersetzung mit diesen Fragen erst in den späten 80er Jahren ein«, betont Angela Moré mit Blick auf den

Westen.[222] Dabei seien in den Analysen der Therapeuten Fragen nach Krieg und Nationalsozialismus »so gut wie nie Thema gewesen«.[223] Darüber hinaus hätten Täter und Täterinnen im Gegensatz zu vielen Überlebenden der Shoah keine Therapien aufgesucht, »obgleich auch bei ihnen schwere Belastungen durch Kriegstraumatisierungen, Flucht, Vertreibung, Gefangenschaft und Vergewaltigungen bestanden. Aber auch die ideellen Verluste blieben unbetrauert.«[224] Wie lang der Weg gewesen ist, noch immer ist, denke ich, selbst da, wo er möglich schien, wo es keine Diktatur mehr gegeben hat. Wofür ist das relevant? Die Forschung, die öffentlichen Debatten, die Veränderungen im Binnenklima der Westgesellschaft waren das eine. Das Implantierte, die Introjekte, die »systematische ideologische Entwertung von Gefühlen« das andere.[225] Wie viel war der Westen trotz erkämpften Gesellschaftsgewissens, trotz stabileren Fundaments dem Osten tatsächlich voraus?

Ich hatte die Autobahn verlassen, fuhr durch die große Mulde, bog links Richtung Elbe ab. Die Kindheitsbuckel, die noch kahlen Linden, die Fliederbüsche, die vertrauten Straßenbiegungen, das Silhouettenlicht, das nur Dresden aufzubieten weiß. Es war sofort alles da, die alten Bilder. Als seien sie in mich eingelassene Wärmekapseln, verplombte Strahlungen, Lichtungen. Ob auch das innere Auge metaphorisch funktioniert? Ich sah mich in Radebeul vor dem Steinbachhaus stehen und auf Mutter warten. Ich sah mich winken. Ich sah sie durch die Tür kommen, von weitem lächeln und zu mir über die Straße huschen. Mit Dutt und in ihrem selbst geschneiderten hellen Kostüm. Die schönste Mutter, die ich haben konnte. Wie sie nach meiner Hand griff, mich hinter sich herzog, damit wir den nächsten Bus noch erreichten. Er würde in zwei Minuten da sein. Warum die alten Bilder nichts dazulernen, sich nicht einfach zurückziehen, sich nicht für unwirklich erklären. Als hätten sie Sonderrechte.

Aber die Abfolge: das DDR-Schlafdelirium, das antifaschistische Entlastungsprogramm, die siebziger Jahre, als die Diktatur mit einem Mal bunt wurde. Was würde Mutter dazu sagen? Hat sie das auch so erlebt? Es gibt Fotos, von Ostseeurlauben, aus dem Garten. Ihre Traurigkeit, ihre Schnittmuster. Heute würde man Mutter vermutlich problemlos psychohistorisch ausdeuten. Aber damals? Wer hätte einem Täterkind im Osten etwas über sein Erbe gesagt, sagen können? »Bei den ererbten Gefühlen handelt es sich um intuitiv Aufgespürtes, um die verlorene Identität und / oder verlorene Integrität der Eltern, die wiederherzustellen sich die Nachkommen zur unbewussten Lebensaufgabe machen. Dies ist verbunden mit dem Versuch, ein Gefühl von Sinnhaftigkeit für die Eltern und sich selbst herzustellen und existenzielle oder traumatische Lücken zu schließen. Oder aber es findet eine Verleugnung der Beschädigtheit dieser Bezugsobjekte, eine Fortsetzung der Abwehr statt – und damit eine Verschiebung der inneren Konflikte« in die nächsten Generationen.[226]

Manchmal kann ich das – durch meine alten Gefühle laufen. Dann weiß ich wieder, dass wir da oben auf dem Weißen Hirsch entfernt von der Welt lebten, ich gern tote Eidechsen aß und durch eine Zeit lief, die unentwegt Signale aussendete, die aber zeitgleich wortlos nach innen dröhnten. Aber war Mutter nicht sogar erleichtert, dass der Opferstaat sie durchschlafen ließ? War das Anästhesieprogramm, die ausgeräumte Öffentlichkeit, die instrumentelle Gedächtnis-Show nicht die Bedingung dafür, dass die zweite Diktatur so lange Bestand hatte? Was hätten die Kriegskinder, die Aufbaugeneration, was hätte die Basis der DDR-Gesellschaft denn gemacht, was entschieden, gelebt, wenn sie aktiv gewusst hätten und zu DDR-Zeiten nicht derart belogen worden wären?

Das historische Erbe und die inneren Versiegelungen der Einschlussgesellschaft. Die auf Dauer gestellte Betäubung, das Gefühl der Unabänderlichkeit, das unbewusste Agieren. Ich will so lange warten, bis sich davon was zeigen muss, von der Verdichtung, den nach innen gehenden Referenzräumen, dem speziellen System der Camouflage, den inneren Kriegen. Die tatenlos erworbene Schuld der Hitler-Kinder, die zerrend im emotionalen Binnenregime des Ostens nach einem Weg, nach einem Ausweg suchte. Nach außen wurde der Osten kommoder, mit Föhnfrisuren und Schlaghosen. Im Inneren lief das historische Erbegeschäft. Es war das, was der Einzelne mit sich rumschleppte und ihn im Neuen empfänglich machte.

Es geht um die Abfolge und um den Aufenthalt im Material. Vater und Mutter Mitte der siebziger Jahre. Seine Stasinummer und beider Einwilligung zu einer konspirativen Beziehungsform. Ein Entlastungsmanöver? Ideologie, Überzeugung? Die Bereitschaft, dem inneren Druck der Verleugnung endlich reale Konturen zu geben? Selbsthass? War das der Moment, bei dem sich die zweite Diktatur die verlorene Identität und Integrität der belasteten Kriegskinder zunutze machte? Wo etwas ineinandergriff? Die historische Schlaufe der Doppeldiktatur, die sich nicht mehr lösen würde, nicht konnte und die Kriegskinder in Ost und West von da an tatsächlich trennte. Es waren politische Zündsätze fürs Jetzt. Aus der *tatenlos erworbenen Schuld* war eine tätige geworden.

Innere Idioten. Die Elbhänge jetzt, das Waldschlösschen, die weißen, soeben erst erbauten Villen im Bauhausstil, bei denen sich in den meterlangen Fenstern der Fluss schlängelte, die ganze neue Pracht. Links Putins Terrain, rechts das alte Stasigelände, gleich dahinter Vaters Gebiet, der ehemalige Pionierpalast. Alles fußläufig, nah beieinander. Wie viel Zeit muss vergehen, bis man aufhört, an solche Dreiecke zu denken? Gerade erst hatte ich einen Text über posttotalitäre Psychen in den Händen. In ihm hieß es, dass solche Psychen die ganze Zeit über versuchten, »Kafkas *Schloss* in einen demokratischen Raum« einzubringen.[227] Das Bild beschäftigt mich. Ein labyrinthischer Spuk, synonym für das Totalitäre, der sich auf den Weg ins Freie machte? Wenn ich nur anfange, mir vorzustellen, wie das mit 1989 war. Vater und Mutter. Die unklaren Bilder, die unklar geblieben waren. Die schuldlose Schuld, die bei ihnen zur Schuld geworden ist. Der Stasi-Experte Helmut Müller-Enbergs verwies darauf, dass der DDR-Geheimdienst in seiner vierzigjährigen Geschichte »etwa 600 000 Menschen als IM erfasst« und im selben Zeitraum dazu »250 000 hauptamtliche Mitarbeiter« beschäftigt hat.[228] 850 000 Menschen, um sie herum Familien, Freunde, Arbeitskollegen, die über lange Zeit zusammen in einer kontaminierten Zone lebten. Als würde man einen Kiesel ins Wasser fallen lassen und dabei zuschauen, wie er Kreis um Kreis zieht.

Als die Mauer fiel, waren die Kriegskinder um die 50 und im besten Alter. Vielfach wurden sie ausgetauscht, verloren ihre Arbeit, waren ohne Orientierung. Ein Zeitbruch, der sie an ihre Eltern erinnert haben dürfte, an die Jahre nach dem Kriegsende. Für diesen Bruch hatten sie keine Erzählung, kein haltbares Generationsskript. Es existiert noch immer nicht. Im Herbst 1989 war das nach innen betäubte DDR-Kollektiv, in dem Hitlers Kinder mit ihrem doppelten Schulddruck überwintert hatten, über Nacht weg. Schluss, aus, Ende. Nicht jede Familie stand vor derselben Belastung, aber unter der Diktatur hatten alle gelebt, und deren Schuldfrage und Erfahrungswucht bestimmten als Kernschatten die Zeit danach.

Kafkas Schloss: wieder mal Schnee, wieder mal Nebel, Macht und Ohnmacht, Nähe, Unwiderrufliches und Verlust. Der Spuk, der sich nun auch als destruktive Dynamik ins Offene bewegte. Vermischte Zeiten. »Bei Kafka wird das Unglück von unserem inneren Idioten nie enttäuscht«, heißt es im Roman »Der Fetzen« von Philippe Lançon.[229] Der tschechische Psychoanalytiker Michael Sebek, der die psychischen Wahrheiten osteuropäischer Diktaturen erforscht und daraus ein Konzept des totalitären Objekts entwickelt hat. In ihm fand er eine hochkomplexe Organisation des falschen Selbst, das im Kern auf Gewalt, Narzissmus und Unterwerfung beruht. Eine Selbstbespiegelungspsyche, der es vor allem um die Depersonalisierung anderer geht. »Das totalitäre Objekt hat nur eine geringe oder gar keine Toleranz für die Eigenheiten anderer Objekte und fordert Einheit und Gleichheit. Diejenigen, die sich unterscheiden, sind manifeste oder verborgene Feinde. Es respektiert keine individuellen Grenzen und behandelt andere als Besitz.«[230] Für Michael Sebek liegt es auf der Hand, dass totalitäre Objekte in allen Gesellschaften vorkommen, allerdings »tragen totalitäre Regime zu einer Verfestigung dieser Strukturen und zu ihrer massenhaften Verbreitung bei«.[231] Das liege vor allem an der archaischen Organisation der Macht, die durch »Geheimnis und Magie, die Abwesenheit des Dialogs, die Unvorhersehbarkeit von Belohnung und Strafe, unklare juristische Regeln und die Existenz von Wahrheit als Dogma« bestimmt seien. Sebeks These: In Osteuropa habe die äußere Macht innere Strukturen geformt, die »eine destruktive Wirkung für die Selbststruktur entfalten«.[232]

Das war, was der Osten nach 1989 mitschleppte und auch zu seinem Erbe gehört. Sich aus Angst unterwerfen, aus Bequemlichkeit. Schuldig werden durch bloße Anwesenheit. Mürbe sein am Nein, an der Stille, an den Tabus, an der Schattenuhr des Regimes. Fragen, die auf dem Tisch lagen. Immer wieder. Der erste Besuch bei den Eltern nach meiner Flucht in den Westen. Frühjahr 1992. Mutter, die mich in der Tür begrüßte und mich erleichtert anschaute: Jetzt bist du ja endlich wieder da. Wie kam sie darauf? Was meinte sie damit? Zurück und damit erneut anwesend in der Abwesenheit? Zurück im Nebel, im Ungeklärten, Weggedrückten? Dachte sie, ich würde noch einmal mitmachen im Familienkarussell? Ging sie davon aus, ich würde ihr wieder beim Schweigen zuhören, ein nächstes halbes Jahrhundert lang? Der Osten nun mit doppelter Wucht – dem unbearbeiteten Nationalsozialismus und der DDR-Diktatur. Wir saßen am

Familientisch. Vater hatte sich einen Traktor gekauft, Mutter machte die Fahrprüfung, das Haus wurde saniert. Kein Stein sollte auf dem anderen bleiben. Neues Dach, neue Fenster, neue Wände, neuer Keller, neue Bilder, neue Bücher. Vater setzte in der neuen Zeit auf Faksimiles und ließ sich teuren Unfug aufschwatzen.

Wie wir an dem Abend am Küchentisch saßen. Was Vater gelebt hatte, woran Mutter beteiligt war. Kein Wort fiel darüber. Auch nicht darüber, was zu Hause passierte, wenn Vater von seinen Lehrgängen zurückkehrte. Aber Mutters wegwischende Hand, die Pausen, das Hüsteln, ihre in den Apfelbaum fliehenden Augen. Manchmal habe ich die Phantasie, dass sie gern geredet hätten. Dass Vater mit dem Satz begonnen hätte: Weißt du, Tochter, es war so. Dass Mutter ihn daraufhin angeschaut hätte, dann mich angeschaut hätte und gesagt hätte: Weißt du, Tochter, es war 1972, es kamen Männer, wir wussten nicht, wir haben es nicht überschaut, wir dachten --. Manchmal habe ich die Phantasie, dass wir Kinder für die beiden gar nicht existiert haben. Wir waren nicht da. Uns gab es nicht. Mutter war in ihrem Schlafberg unterwegs. Vaters zweite Identität kaufte in Köln grad Möbel für seine Wohnung dort, die dritte Identität fuhr Ski in den Alpen. Vater war ein ausgezeichneter Skifahrer. Deutscher Jugendmeister im Langlauf. Er mochte Schnee.

Ich weiß nichts, denke ich. Nicht mal heute, nach all den Akten, Büchern, Gedanken, Wörtern. Etwas in mir wusste alles, von innen heraus. Aus dem Nebel, der Verstörung, der Unordnung, der Gewalt. Meine Kindheit, die wie das Totalitäre eine Formung, eine Struktur, ein Inneres als Pendant zum Äußeren hatte.

Staubwolken. Dresden, Weißer Hirsch. Ich war angekommen. Lahmann'sche Höhe: hypotonische Quellen alkalisch-salinischen Charakters. Die Sprudel können auch angewärmt getrunken werden. Links das ehemalige Lazarett der Sowjets. Die Fenster waren zu DDR-Zeiten dick mit russischen Zeitungen zugespachtelt. Das Gelände ist heute ein Penthouse-Park. Hell, edel, Luxus pur. Ich hatte Lust, mich in die Zeit zurückfallen zu lassen: zurück zu den russischen Soldaten am Eingang des besetzten Sanatoriums, dem alten Ballsaal, den verspielten Türmen, den Spiegeln und Drehtüren, zurück zu Bäcker George mit seinen Kuchenecken, zur Fischfrau auf der *Sonnenleite*, die am Abend die schmal gewordenen Roheisblöcke auf die Straße zerrte. Der Weiße Hirsch heute: aufwendig saniert, erstrahlte Jugendstilvillen, statt Bäcker und Fischladen nun Naturkosmetik und italienische Feinkost.

Ich wollte zum Waldfriedhof, wo ich mit Mutter eine Kindheit lang am Grab der Schwester gestanden hatte. Warum? Was wollte ich sehen? Was sollte sich zeigen, wohin sich etwas öffnen? Noch einmal einen Moment lang am Anfang stehen. Vielleicht war es das. Bei meiner Schwester, die ich nie kennengelernt habe. Die in mir das Bild für das Ungelebte geworden ist. Das Synonym dafür, was hätte werden können. Ihr Grab war unbetreut. Keine Blumen, nichts. Am Rand ein kleiner Stein: Wir vermissen dich. Mit der Schwester lagen nun fünf Familienmenschen an ihrem Ort. Über das Gräberfeld des Friedhofs wuchs Efeu wie grüner Schnee. Als könne er die Zeiten einebnen, sie ewig unter sich schlafen lassen. Vom Friedhof bis zur Mutter waren es zu Fuß keine fünf Minuten. Ich stand vor ihrem Haus. Zwölf Mietparteien. Ich suchte ihre Klingel, ihren Namen. Meine Augen wanderten die Schilder ab. Noch einmal. Mutter war nicht da. Es gab sie nicht. Sie war weg.

Wo war sie? Die schlafende Mutter, die schweigende Mutter, die verschwundene Mutter. Ich fand nicht, dass das ein Rätsel war, im Gegenteil. In der Logik ihres Lebens, in der Logik der doppelt belasteten Familien im Osten, war ihr Verschwinden nur konsequent. Mutters Lebensgerade im Flur der Geschichte. Eine Flucht nach hinten. Oder wohin? Sich aus dem Staub machen. Den Staub, die Last, die Schuld, die innere Not hinter sich lassen. Aber auf welche Art ist sie verschwunden? Ist sie geflohen, unter Zeitdruck aufgebrochen? Hat sie ihre Wohnung aufgelöst, ihr Leben gekündigt, es nicht mehr ausgehalten? War es die alte Angst, eine neue? Die alte Unruhe, ein neues Versteck? Hat sie sich aus dem Muster geschnitten? Will sie sich in ihm verbergen? Will sie sich noch immer loswerden? Sie wird bald neunzig. Als sei sie ein Bild, das sich in seine Schatten hinein entzieht. Unsere unbesprochene, unerlöste Geschichte. Die kleine wie die große. Die zerrt, stört, nicht passt, für die es keinen Ort und keinen Ausweg zu geben scheint. Als wäre sie soeben dabei wegzudriften. Klingt, als solle ich sie suchen. Will ich das?

Etwas in Kaltsteppen

Übergangstiere. »Bei der Zusammenschau, der Deutung kommen wir nicht voran. Wir wursteln immer noch in der Frühphase der Zeitgeschichtsschreibung. Einfache Grundlagen bleiben ungefestigt«, steht 2009, zwanzig Jahre nach dem Mauerfall, im Tagebuch des Schriftstellers Erich Loest.[233] 2012 hält er fest: »Ich begegnete den alten Konflikten in unerwartet zäher Form.«[234] Sein letzter öffentlicher Satz im Juli 2013 lautet: »Meine alten Gegner haben gesiegt, ich werde kapitulieren müssen.«[235]

2009. Das Jahr, in dem ich Erich Loest erstmals begegnete. Die Grünen hatten im Preußischen Landtag aufs Podium geladen. Mit ihm, mit Christoph Hein, mit dem ehemaligen Chef des Aufbau Verlags, Elmar Faber, und mir. Thema: *Leseland DDR*. Auf Seite 69 in Loests Notaten ist zu lesen: Faber verharmlost, Geipel entgegnet, »Hein hat keine rechte Lust, nuschelt«.[236] Erich Loest selbst bringt seine »jüngste Erkenntnis vor, dass keine Marxismus-Leninismus-Belletristik mehr existiere. Faber erklärt, er habe keine Ahnung, was das sein solle. Aus dem Publikum kontert Werner Schulz, grüner MdB: Hätte Faber zu DDR-Zeiten diese Meinung vertreten, wäre er am nächsten Tag Hofkehrer gewesen«.[237]

Meine Erinnerung an diesen milden Februartag: Wie ich in einem Nebenflur des Landtags auf Erich Loest und Werner Schulz traf. Wie sie sich aus dem Stand heraus ihre Themen zuwarfen: Leipzig, die Erfolge der Altkader in der Stadt, Loests Knast-Zeit, der Prozess gegen den eigenen Verlegersohn, aber auch die Zahnmalaisen, die Sache mit dem Herzen, das dauerverhinderte Uni-Bild, mit dem Erich Loest den Opfern der DDR-Diktatur in Leipzig einen Ort geben wollte. Da standen zwei, die sich kannten, mochten, die sich nötig hatten. Dieselbe Taktung, dasselbe Lebensmaß.

Tundra. Das Versteppte, der Permafrost, keine Bäume, keine Höhe, stattdessen Moose, Gräser, Flechten. Eine verfaserte Landschaft. Acht bis elf Monate Schnee. Eingefrorene Mammuts im Boden. Mitternachtssonne. Schneehühner, Rentiere, Polarfüchse. Es war das Bild in meinem Kopf, als ich neben den beiden Männern in diesem dämmrigen Flur stand. Die Deutsch-Tundra: etwas Zerrendes, Unwirtliches, Kleingehaltenes, etwas mit Widerstand, erzwungener Anpassung und heftigem Kontra. Ein Zustand, durch den man erst mal durchmusste. Erich Loest, Jahrgang 1926. Werner Schulz, Jahrgang 1950. Eine politische Vater-Sohn-Geschichte. Das Licht im Landtagsflur, der baumelnde Loest-Leinenbeutel, aus dem in einem fort Texte auftauchten, der Sprachwitz zwischen den beiden, die springenden Wörterbälle, die hellen Augen von Werner Schulz.

Schneeleoparden, Mammuts. Bei Wikipedia steht: »Vor allem die während der letzten Kaltzeit lebenden Vertreter der Mammuts waren an den Lebensraum der Kaltsteppe gebunden. Es sind Übergangstiere zwischen Miozän und Pliozän.« Vielleicht sind wir auch Übergangstiere, denke ich. Etwas in Kaltsteppen. Zwischen innerer Nomade und Frühphase der Zeitgeschichtsschreibung. Vielleicht sind wir ganz am Anfang. Der Kampf, rauszukommen, irgendwie Boden unter die Füße zu kriegen, Vertrauen zu lernen, glücklich zu werden. Wenn ich an die beiden Tundra-Männer im Preußischen Landtag denke, dann zuerst an das.

Die Loest-Geschichte: ein Fähnleinführer beim Deutschen Jungvolk, ein »Naziherz«, wie er sich nannte, »ein Tapferkeitssüchtiger« von »heldischer Idiotie«, dessen Truppe Anfang Mai 1945 in einem Wald an der böhmischen Grenze zerrieben wurde. Fähnlein 6/214 und sein Befehl für *hundertzwanzig Pimpfe*, von denen vierzig in dieser ersten Maiwoche kurz vor Kriegsende nicht mehr da waren, weg, wie vom Erdboden verschluckt. »Wusste denn keiner, was mit den vierzig Werwölfen geworden war, die nicht durchgebrochen waren? Waren sie niedergemacht worden?«, fragt das Text-Ich viele Jahre später in Loests »Der Zorn des Schafes«.[238] Das Quälende, das sich als Motivkette durch sein Werk zog: »Kerbe im Kolben«, »keine Kerbe im Kolben«, »keine Kerben im Kolben«, »ohne Kerbe im Kolben«, dann »doch Kerben im Kolben«.[239]

Als Hitlerjunge war die Kerbe eine Sache des Stolzes, nach Kriegsende wurde sie eine der Schuld. Die Kerben, die von der Geschichte verschluckten Männer, die komplizierte Schuldfrage. Wie viel Verantwortung hatte ein Neunzehnjähriger in so einer Kriegssituation? Es war das Loest-Thema, sein Urstoff, den er mitschleppte, nicht loswerden konnte, auch weil er zu DDR-Zeiten – ähnlich wie bei Inge Müller oder Franz Fühmann – nicht zu Papier gebracht werden durfte. Das sei keine Heldengeschichte, auch kein Schlafmaterial, so das Verdikt der Realsozialisten von der Kultur. Später besorgte sich Erich Loest all die Bücher, sah die Filme, die im Westen über die Hitlerjugend herauskamen. Ein Stoff, der sich als medialer Longseller eignete. Er selbst fand darin nicht, was ihn so schmerzte.

Nach dem Kriegsende wie bei vielen Jungen im Osten seine zweite Politemphase, das unbedingte Ja zum *besseren Land.* Darauf die harte Ernüchterung: »Ich wurde einmal im Leseland DDR ins Zuchthaus gesteckt, weil ich für die Veröffentlichung der Werke von Kafka, Proust und Joyce eingetreten war.«[240] 14. November 1957: Loests Verhaftung, am Ende sieben Jahre Knast in Halle und Bautzen II. Als Fähnleinführer, so wollte er es für sich halten, hatte er Befehle erteilt, nun hatten die Befehle ihn. »Zuchthaus, der tiefste Sturz«, notierte er.[241] Dann: »Ein Jahr bestand aus 365 Tagen, zwölf Briefen, vier Besuchen und zwei bis drei Magengeschwüren.«[242]

Loests Erfahrung als Werwölfler und seine DDR-Zuchthausjahre. Zwei Existenzkerne, zwei Todeszonen, die sich in der ostdeutschen Doppeldiktatur übereinanderlegten, verzahnten. Zwei Glühkerne eines Lebens, die in der Gesellschaft öffentlich nicht vorkamen. Was Hitler anging, wollte Erich Loest sagen dürfen, dass er sich geirrt hatte. Das passte nicht zum DDR-Zuschnitt. Was das Zuchthaus anging, sprach Erich Loest von *gemordeter Zeit* und *sieben papierlosen Jahren.*[243] Die Schäferhunde, Diensthunde, Kettenhunde, die nach der Haftzeit durch seine Texte hechelten. »Mein Stoff liegt in meiner alten, kalten Heimat«, schrieb er, nachdem er 1981 den Osten verlassen musste. Und nach 1989?

Operation am Herzen. Das Tundra-Bild, das Gewordene in der Zeit, die beiden Männer im preußischen Landtagsflur, das Eingekerbte, das Februarlicht. Ich zögere, warte auf die Wörter, bis es die richtigen sind. Es sind nie die richtigen. Bis sie das Februarlicht haben, bis die beiden Männer in dem Flur ihren Ort im Text gefunden haben. Bis sie da stehen, so ganz für sich. Bis die Stimmen, Töne, Sätze abgezogen sind und nur noch der Szenekegel vorhanden ist. Später lese ich noch mal in den Loest-Tagebüchern: seine Knastträume, das Generationswissen, die Jahre nach 1989, die neue Einsamkeit, die Operation am Herzen. »Die nie mehr aufzuhellenden Räume«, das Gefühl, »im Abseits zu stecken«, die Sehnsucht, »auszubrechen, fortzufliegen«.[244]

»Ich will Aufsehen, Krach. Im Knast hatte das *Bambule* geheißen.«[245] Loests Credo. Gegenhalten, sich in den Konflikt stürzen, sich aussetzen, richtigstellen, angreifen. Er wollte Einspruch, Widerruf, Protest. Er wollte gehört werden. Er hatte das laute Wegschweigen nach 1945 hinnehmen müssen. Das, so seine Maxime, würde ihm nach 1989 nicht noch mal passieren. Es war sein Momentum, ein Glück, ein Kraftakt. Noch einmal kämpfen, um endlich frei atmen zu können? Seine Tagebücher erzählen davon. Auch davon, wie Erich Loest das politische Klima im Osten sezierte, dessen Veränderungen wahrnahm. »Nun hat sich das alte Stalinistenpack an der Uni doch durchgesetzt.«[246] Loests Diktion im Jahr 2013 angesichts der unwürdigen Boxereien im Hinblick auf das geplante Opferbild.

Als Erich Loest am 12. September 2013 starb, ging ein Mentor der doppelten Aufarbeitung im Osten, eine Orientierung. Erfahrung versus Legende? War für ihn keine Frage. Geschichte im Optativ interessierte ihn nicht. Erfahrung aufdecken, sie ernst nehmen, als Autorität verstehen, eine Sprache, einen Ausdruck für sie finden, aus ihr »einen Gegenstand machen«, sie als einen Ort der Kommunikation lesen und das mit anderen teilen.[247] Angst als Erkenntnismodus. »Die Angst ist nicht weniger als die Intelligenz ein Mittel des Erkennens«, schreibt der französische Philosoph Georges Bataille.[248] Loests doppelte Jahrhundertangst, eine gesamtdeutsche Erfahrung, die ihn von den öffentlichen Stimmen der Kriegsgeneration im Westen wie Günter Grass, Niklas Luhmann oder Dieter Henrich, alle Jahrgang 1927, markant unterschied. Eine Erfahrung, die ihn gemacht, auf die er öffentlich bestanden, die ihn doppelt marginalisiert und aufgebraucht hatte. In seinen Tagebüchern heißt es zum 20. Mauerfall-Jubiläum: »Ich wurde zu keiner einzigen Lesung oder Diskussion in meiner Stadt gebeten.«[249]

2013, 2014. Im Nachblick sehen die beiden Zahlen aus wie ein Rückprallmoment. Bereits im Sommer 1989 hatte der Politikwissenschaftler Francis Fukuyama in der Zeitschrift »The National Interest« vom *Ende der Geschichte* geschrieben und damit die 89er Revolution und die Implosion der Sowjetunion vorweggenommen. Ein Begriff, der zum globalen Feuilletonschlager reüssierte und den Diskursgeist der kommenden Jahre bestimmte. Liberalismus, Demokratie, Marktwirtschaft, so Fukuyamas These, hätten sich weltweit und endgültig durchgesetzt. Damit sei die große Freiheit eingeläutet und die bipolare Welt beendet worden. 2013, 2014 war das Bipolare zurück. Das mediale Tagesgeschäft rotierte um die Begriffe Polarisierung, Spaltung, Fraktur. Eine Wiederkehr der Geschichte, eine neue Sichtbarkeit des Alten, die vergangene Zukunft? Es war unklar.

Auf alle Fälle konnte man zu der Zeit einiges über die große Eisschmelze lesen. Aus Permafrostböden wurden Sümpfe, es kam zu Abrutschen, extremen Kraterspalten und Felsrinnen, Altlasten wurden freigelegt. Eine neue Landschaft entstand, die die eingefrorene Geschichte ans Tageslicht holte. Mammuts, eine Million Jahre alt, bekamen so ihren unverhofften Auftritt. Es ist wie bei den KI-Schriften von Pompeji, denke ich. Abgesintertes, Ausdelegiertes, Unzugängliches, Übergangenes, Verlorengeglaubtes schiebt sich nach oben. Als expandiere das Vergangene ins Jetzt. Aber welche Mammuts?

Die Bundestagswahl im September 2013, nach der sich CDU/CSU und SPD in einer großen Merkel-Koalition wiederfanden. Am 9. November 2013 veranstaltete Donald Trump in der *Crocus City Hall* in Moskau, in der im März 2024 mindestens 144 Menschen durch einen Anschlag ums Leben kommen werden, seinen Miss-Universe-Wettbewerb, bei dem er inständig auf Putin hoffte, der nicht erschien, aber ein Geschenk schickte. Nur Tage später kamen auf dem Maidan in Kiew junge Leute zusammen, um gegen die Nichtunterzeichnung des Assoziierungsabkommens zwischen der Europäischen Union und der Ukraine zu protestieren. Für den Anti-Europa-Deal hatte Putin dem moskautreuen Präsidenten Viktor Janukowitsch »15 Milliarden Dollar sowie Erdgaslieferungen mit einem Rabatt von 25 Prozent versprochen«.[250] Daraufhin war er eingeknickt.

Die Energie auf dem Maidan, die aufgebrochene Geschichte, die Proteste, Zelte, Kerzen, Barrikaden, die Kälte, die Heckenschützen, die Schüsse, die Toten, die verbrennende Realität. »Gekämpft wurde um Werte, die aus der Perspektive eines demokratieverwöhnten Europäers selbstverständlich sind: dass man gegen eine skrupellose Staatsmacht nicht wehrlos ist. Dass Richter nicht gekauft sind und Polizisten Bürger nicht berauben. Als sich aber der Staat radikalisierte, radikalisierten sich auch die Proteste«, schreibt die Journalistin Alice Bota.[251]

Vielleicht ist es das, denke ich. Vielleicht ist das das Mammut, das Massiv. Die Angst, das Unwiderrufliche, das späte Trauma, die Abwehrformate. Der mit 1989 abgesenkte Nachhall. Das, was unter dem liegt, was wir Osteuropa nennen und nun 25 Jahre nach der Öffnung nach oben drängt. Das Unverstandene, Derealisierte, das unermüdlich vor sich Hinarbeitende, als wäre keine Kraft mehr da für die Erstarrung. Das, was so gern vergessen worden wäre, aber den Unterschied macht, im Osten, auch zwischen Ost und West. Das große Triggersystem. Vielleicht ist es das nicht, denke ich. Vielleicht erfasst das Mammut-Bild die Dimension nicht. Nicht das Unüberschaubare, Chaotische, Hochriskante, Destruktive, die vielen losen Fäden, das Unverbundene im Danach, das Detonierte. Vielleicht ist das Mammut nicht das Bild, das es gerade braucht. Vielleicht ist es nicht unheimlich genug.

Fadengerades. Als Erich Loest starb, als die Proteste auf dem Maidan begannen, saß Werner Schulz als Grüner im Europaparlament in Brüssel. Seine Verbindungen zur russischen und ukrainischen Opposition waren konkret, intensiv und reichten bis in die DDR zurück. Bereits vor 1989 hatte er Kontakt zu *Memorial*, der mittlerweile von Putin ins Ausland getriebenen russischen Menschenrechtsorganisation, und war mit Anna Politkowskaja, Boris Nemzow und später auch mit Alexej Nawalny befreundet. Über Jahre fuhr er nach Moskau, um am Solowezki-Stein vor der Lubjanka an der Gedenkaktion »Rückgabe der Namen« teilzunehmen und dort Namen deutscher Opfer des stalinistischen Terrors zu verlesen. Bevor Putin 2001 im Deutschen Bundestag stehende Ovationen einsammelte, schrieb er ihm besagten offenen Brief und forderte ihn auf, wegen des Tschetschenienkrieges Stellung zu nehmen.

Woher kam das bei ihm? Das Fadengerade, Unbestechliche, Vibrierende, das Verweigern des *deutschen Russland-Komplexes*, das ihn auf der Politbühne oft so einsam zurückließ?[252] Werner Schulz und seine Erfahrungsagenda: Für mich war in der DDR-Opposition die ungelöste nationale Frage stets ein Thema, sagte er im Gespräch. Allein dieser Satz. Für einen DDR-Oppositionellen ungewöhnlich, bei Werner Schulz biographisch zu lesen: der Elfjährige, der im September 1961 zusammen mit seinem Vater ins baden-württembergische Hemsbach, zu Großmutter, Onkel, Tante fuhr. Im Fernsehen die Schwarz-Weiß-Bilder vom Eichmann-Prozess. Der Junge sah einen Mann im Glaskasten und hörte, wie am Küchentisch die Fetzen flogen. Irgendwann sagte der Vater: »Seid doch mal ehrlich. Wir sind ja den Irren gefolgt.«

Auf der Rückfahrt zurück in den Osten saßen Vater und Sohn in einem komplett leeren Interzonenzug, ohne ein einziges Mal kontrolliert zu werden. Wenn doch mal jemand durch den Zug lief, kam es dem Jungen so vor, als würden sie wie Außerirdische betrachtet. »Wir fuhren schlicht in die falsche Richtung.« 1965 der Fluchtversuch der Schwester zusammen mit ihrem Mann. Verhaftung, U-Haft, Hausdurchsuchungen bei den Eltern, Stasiverhöre. Der Schwager wurde zu acht Jahren Zuchthaus verurteilt, die Schwester in der Untersuchungshaft in Cottbus auf Anweisung des Geheimdienstes fehloperiert. »Der Vater hat gelitten wie ein Hund.«

Der Tod des Vaters und der Prager Frühling 1968. Für Werner Schulz das Senkblei für ein dissidentisches Leben unter dem Dach der Kirche, ab 1982 im Pankower Friedenskreis. Es wurde sein Politfundus, sein Modell, mit einem Aktionssinn, der ihn unmittelbar ins Visier der Staatssicherheit rückte. Dann das Jahr 1989 und seine, wie er sie nannte, *glückliche, protestantische Revolution*. Die Fernsehbilder zeigten einen sehr hageren Mann Ende 30 am Rednerpult. Mit meliertem Bart, angestrengt, sprühend, feinnervig. Werner Schulz beim Neuen Forum, am Zentralen Runden Tisch der DDR, als Mitglied der ersten frei gewählten Volkskammer, ab 1990 Mitglied des Deutschen Bundestages, Sprecher und später auch Parlamentarischer Geschäftsführer von Bündnis 90 / Grüne. Politik als Hyperbewegung und Werner Schulz im Zentrum, mit Verve, mit seiner sonoren Betriebstemperatur und Sätzen, die nur er draufhatte. Man muss am Ort sein, sagte er und fuhr los, nach Moskau, Kiew, Sankt Petersburg, Tiflis. »Jetzt ist jetzt«, war sein Mantra.

Neuzeichnung. Der Maidan, die Annexion der Krim, der inszenierte Bürgerkrieg im Donbass, der Überfall auf die Ukraine am 24. Februar 2022. »Die Dramaturgie der Ereignisse seit dem Umbruch in Kiew glich einer Fernsehserie, die nach allen Regeln des Genres produziert wurde. Auf diese Weise wurde sichergestellt, dass das russische Publikum wie gebannt auf die sich überstürzenden Ereignisse blickte und keine kritischen Fragen stellte«, erörtert der Schweizer Slawist Ulrich Schmid.[253] In den russischen Medien lief Putins Feldzug als Episodenstück. Als Serie aus Politdrama, Science-Fiction mit *grünen Männchen*, Revolutionsbluff, Provinzposse, Melodrama, Bürgerkriegsdrama, Horrorfilm und Doku-Fiction, die einen postsozialistischen Kollektivismus geschickt mit neoimperialem Denken kurzzuschließen wusste.[254]

In »Catching the Big Fish« schreibt der amerikanische Filmregisseur David Lynch über psychogene Amnesie, die »einen Zustand beschreibt, in dem der Verstand sich selbst überlistet, um einem Schrecken zu entkommen«.[255] Sein Film »Lost Highway« handelt davon. »Und auch davon, dass nichts für immer verborgen bleiben kann.«[256] Der Schrecken, die psychogene Amnesie, das Loch im Verstand. Aber auch die Masterplots der Putin-Polittechnologen, das strategische Verfertigen von Wahrheit, die langfristige Fabel-Konstruktion, der patriotische Diskurs. Am 15. Januar 2015 veröffentlichte die russische *Militärhistorische Gesellschaft* auf ihrer Website einen »Aufruf zur patriotischen Erziehung der Jugend«: »Wir dürfen die Jugend nicht ›verschlafen‹ … Wir brauchen Filme, Bücher, Ausstellungen, Videogames, wir brauchen ein patriotisches Internet, ein patriotisches Radio und Fernsehen. Gegen uns – und das heißt: gegen die Wahrheit – hat ein neuer Blitzkrieg begonnen. Wir müssen den Kurs des Präsidenten unterstützen und einen ideologischen Gegenangriff starten an der ganzen Front – in diesem Krieg um die Seelen.«[257]

Der Vielfronten-Krieg. Vielleicht, dass es mehr Zeit braucht, denke ich. Felsrinnen, Altlasten, der Krieg um die Seelen. Dass es sich zeigen muss. Vielleicht, dass nichts für immer verborgen bleiben kann. Aber was heißt hybrider Krieg? Das Traumagesetz der Diktatur. Die Unerinnerbarkeit, der ungehobene Schmerz. Die Unwirklichkeit des Traumas, die zur Wirklichkeit umgebaut wird, werden kann. Die strategische Arbeit an der Unwirklichkeit, die dort am wirkungsvollsten ist, wo das Extrem bereits stattgefunden hat und wieder aufrufbar ist. Die Angst, die Apathie, das Chaos, das Ausgeliefertsein, der innere Kollaps. Es hockt im Raum und in der Zeit. Es hockt in den Zellen der Menschen, die ihm ausgesetzt waren, die es kennen, die um jeden Preis versuchen werden, ihm zu entkommen. Es ist Putins Kriegswaffe. Geschichtsräume diffundieren, Gesellschaften implodieren.

Der Blogger Dmytro Potechin erzählt in einem Interview nach Monaten der Geiselhaft in den Kellern von Donezk: »Das Bewusstsein der Menschen in der Volksrepublik Donezk ist ein völlig mythisches, sie verhalten sich, handeln und sprechen wie die Helden aus russischen Serien über den Geheimdienst FSB und den Zweiten Weltkrieg. Das ist so nah an der Künstlichkeit des Fernsehens, dass es völlig absurd wirkt. Der Unterschied liegt allein darin, dass es real ist. Es lässt sich überhaupt nicht ausmachen, ob talentierte Regisseure so drehen oder ob die Leute versuchen, das Verhalten ihrer Fernsehstars möglichst echt nachzuahmen. Eine völlig infantile, kindische Wahrnehmung der Fernsehbilder, wo der Zuschauer keine Distanz hat und keinen Unterschied zwischen dem Bild und seinem Leben macht.«[258]

Der Permafrost, der Topos der Kampffelder, das Stigma der Geschichte, das mythische Bewusstsein, das Erzählloch, das europäische Mammut. Als hätte es sich nach oben geschoben und Richtung Osten gelegt. Der Historiker Karl Schlögel, der angesichts der Ukraine-Invasion vom Ende der eingeschliffenen Erinnerungskultur schreibt: »Unweigerlich legen sich über die uns wohlvertrauten, um nicht zu sagen: ikonisch gewordenen Bilder von Gräueln und Zerstörung neue Bilder, über das uns aus der Geschichte bekannte bildnerische und rhetorische Vokabular eines der Gegenwart. Die Topographie des *Jahrhunderts der Extreme* wird neu gezeichnet, über der Schicht des Terrors aus dem 20. Jahrhundert setzt sich eine neue Schicht ab. Die Geschichte der genozidalen Ideologien und Praktiken wird fortgeschrieben, auf der Höhe der Gegenwart, archaisch und postmodern raffiniert zugleich.«[259] Der Schmerzkern des Neuen Europa: das Trauma-Russland nach hundert Jahren Diktatur, Putins imperiale Verheerung und die ukrainische Idee vom souveränen Opfer. »Es bedarf hier nicht der Erfindung oder einer neuen Schule der Erinnerungskultur über die längst etablierte hinaus«, führt Karl Schlögel aus, »sondern eher eine Vergegenwärtigung auf dem Hintergrund der jetzigen Geschehnisse. In der vom Krieg überzogenen Ukraine leben noch Menschen, Neunzigjährige, die sich jede Nacht in den Keller schleppen und sich an den Einmarsch der Deutschen 1941 erinnern.«[260]

Roter Oktober. Der Doppeltopos der Kampffelder, Putins Schlag auf den europäischen Solarplexus und die russisch-deutsche Nebelmaschine. Noch einmal die Kriegskind-Generation und ihr Kriegskind-Syndrom: das Unbearbeitete, nicht zu Bearbeitende. Noch einmal die Cheflobbyisten, Gerhard Schröder, Jahrgang 1944, oder etwa Oskar Lafontaine, Jahrgang 1943. Noch einmal das Schröder-Netzwerk in Hannover, die Öl- und Gasgeschäfte, das weite Operationsfeld von Matthias Warnig, noch einmal Nordstream 2, die Phalanx Ost, insbesondere in Schwerin, Dresden und Potsdam, noch einmal die Russland notorisch verpflichtete Linke, vehementer nun die AfD. Noch einmal Putins hybrider Krieg und sein Versuch, die Welt zu seiner Tarnorganisation zu machen.

Noch einmal seine verschärften Attacken auf den Westen, spätestens seit der Krim-Annexion. Bereits 2004 war mit dem Aufbau einer russischen Cyber-Armee begonnen worden. »Westliche Nachrichtendienste gehen von bis zu 10 000 Cyber-Rekruten aus, die ihr Gehalt von russischen Diensten beziehen. Das Besondere an der russischen Cyber-Streitmacht ist die Verbindung von Geheimdiensten und Kriminalität.«[261] Russische Cyber-Attacken auf Deutschland firmieren bei deutschen Verfassungsschützern unter dem Begriff *Roter Oktober*. Konkret geht es um die intensiver werdenden Angriffswellen auf die Bundesverwaltung, den Deutschen Bundestag, das Auswärtige Amt, die deutschen Botschaften in Osteuropa und damit um die generelle Manipulation kritischer Infrastruktur. Manipuliert werden soll auch das Evidenzgerüst der Gesellschaft. Spionage, Sabotage, Propaganda. Inszenierte Skandale, Desinformationskampagnen, russische Troll-Armeen, eigens gegründete Forschungsinstitute und Denkfabriken, gezielte Medienstrategien, vor allem auf TikTok, Twitter, Facebook, sind Alltag und destabilisieren das politische Klima in Deutschland spürbar.

Eruptives. 2014. Werner Schulz und sein Abschied aus Brüssel. Er ging mit hellsichtigem Aplomp: Europa müsse Putin und seiner *Macht-Clique* endlich Einhalt gebieten und die Ängste der Osteuropäer ernst nehmen, erklärte er im Parlament. Der Revolutionsmann siedelte ins brandenburgische Kuhz über und sanierte ein altes Pfarrhaus. Die dreihundert Jahre alte Eiche hinterm Haus, der See, die Freunde. Es war ein sehr anderes Leben. Was blieb, war der deutsche Russland-Komplex. Seine langen Mails, seine Texte: Reden, Schreiben an Redaktionen, offene Briefe, die Trauerrede auf Erich Loest, eine über zwanzig Seiten lange Preisbegründung für die russische Punkband Pussy Riot, Kommentare zur irrlichternden Russland-Politik der Linken, der AfD, der SPD, auch seiner Partei.

Zwei Tage vor Putins Ukraine-Invasion schrieb er an den Grünen-Bundesvorstand samt Regierungsmitgliedern und betonte das Selbstverteidigungsrecht der Ukraine. Er verwies auf das Völkerrecht, das Budapester Memorandum und warb inständig um Waffenlieferungen.

Der 9. November 2022 im Schloss Bellevue und die eruptiven Kontexte der deutschen Gedächtnislandschaft. Werner Schulz hatte am Abend zuvor noch eine Mail geschickt, dass er morgen dort sein würde. Josef Schuster, Präsident des Zentralrats der Juden, sprach im Saal darüber, dass die »Erinnerung an den Holocaust zur Disposition« stehe. Das Wort Schlussstrich stand im Raum. Die Kameras hielten in die Flure des Präsidentenhauses. Licht flutete. Es war, als ob man Schritte hören würde und das Gewicht der Zeit tickte. Der 9. November: der Abgrund und die Gnade. »Wir sind verändert worden«, hatte Werner Schulz drei Jahre zuvor an diesem Ort gesagt, »wir sind befreit worden, uns mit unserer Geschichte zu befassen«. Ein typischer Schulz-Satz, der immer irgendwo einen kleinen Motor hatte.

Später an diesem Tag berichteten die Medien, dass der Arzt Josef Schuster noch vergeblich versucht hatte, Werner Schulz zu reanimieren.

Glücksscham

Tauchgänge. »Lassen Sie uns zum Ausgangspunkt zurückkehren, dorthin, von wo sie geflohen sind.« – »Man kann niemals zum Ausgangspunkt zurückkehren. Er ist nicht mehr da.«[262] Die 89er Freiheit, die Erlösung, das Flirren, die Erwartung, die Freude, endlich zur Welt zu gehören. Der Anfang in Darmstadt, die Reise nach New York. Der Ausgangspunkt des Textes. Das euphorische Ja, das in 35 Jahren zum demonstrativen Nein umgebaut wurde, werden sollte. Diese Sehnsucht nach Mauern, Grenzen, Wut, die zähe Sehnsucht nach Konflikt. Sehnsucht als urdeutsches Wort, als Prinzip einer Leerstelle. Kant und der *leere Wunsch*, Heiner Müller und die *Flucht in eine blinde Praxis.*[263] Blind war die Praxis nicht. Es gab den Spuk, den Geist, das Gespenst, das Erbe. Das würde als Textfabrik von nun an ins Traumland auswandern, gab der Dramatiker vor. Dort sollte auch das landen, was er den *primitiven Racheimpuls* nannte.[264]

Es blieb nicht da. Die letzten 35 Jahre sind auch eine Erzählung davon, wie das Traumgeschäft, Traumageschäft des Alten strategisch auf den Weg gebracht wurde. Über die

Abschaffung der Erfahrung, die Konjunktur der Scheindiskurse, das Eskalieren im Extrem. Eine sich beschleunigende Kugel, eine Art Geschoss. Wie sich das aufgebaut hat, denke ich. Ruhig, mit zuverlässiger Energie. Ein bisschen wie die absichtslose weiße Geschichtstüte, die durch Berlin trudelte, um sich eine neue Form zu geben. Man sieht es erst im Danach. Dass 1989 gar kein Vakuum war. Dass alles dageblieben ist. Dass das Alte einer Spur folgte, sich einen Weg gesucht hat, mit Warten, Austarieren, Aufladen. Ein Vor- und Zurück, etwas mit Widersprüchen, mit Verdecken, mit immer wieder Vorfühlen. Es war nichts Einzelnes, nicht das Komplott. Am ehesten eine Flucht aus der Geschichte. Aus dem Alten abhauen, damit das Alte wiederkommen kann.

Es stimmt nicht, möchte ich sagen. Der Alte ist tot, möchte ich sagen. Er liegt im Familiengrab in Dresden. Zusammen mit der Schwester. Beide haben keinen Stein, zumindest keinen für sich, keinen Namen, kein Datum, nur eine Inschrift: Ruhestätte. Die Ruhestätte der Geschichte, der wuchernde Efeu, der Text der Zeit. *Der Tod ist verschlungen in den Sieg!* prangt in goldenen Lettern oben an der Trauerhalle. Ich bin schon als Kind über den Satz gestolpert. Es ist nicht besser geworden mit ihm. Sieg, wieso und welcher? Ich sehe mich auf dem Friedhof stehen, kurz bevor ich zur Mutter gehen werde, kurz bevor ich wissen werde, dass auch sie verschwunden ist. Dabei ist sie da. Ich bin mir sicher. Sie will es sich einfach machen, denke ich, mir es einfach machen, uns es einfach machen. Ihr Rest Liebe? Sie ist fünfzig Jahre lang verschwunden, um diesen Rest festzuhalten? Ist es das? Reicht das als Erklärung?

Die verbietende Instanz, das Unerlöste, Unlösbare, Unnahbare. Vielleicht eine Art Kult. Die kleine, stille Frau will die lange Gerade nach hinten weggehen, sie will wegdriften, sich selbst vergraben. Es ist ein Bild, ein Symbol und ihre Geschichte ein Stellvertreter. Für das Nichtgelungene, Verunmöglichte, das Unmögliche, für das Defensive, den Ausstieg, das Ressentiment, das kategorische Dagegensein. Man kann es abtun, weglegen, man kann versuchen, sich das Ganze auf Distanz zu halten. Man kann das Mutter-Nein aber auch als Hinterlassenschaft lesen, als Prinzip, als ein historisches Introjekt, das nicht vorhat, historisch zu werden.

Kriegerisches. Wie umkämpft das Jahrhundertglück ist, denke ich. Wie es jeden Tag einen dreckigen Scheuerlappen ins Gesicht bekommt. Wie es kaum noch wagt, rauszuschauen und sich ein bisschen über sich zu freuen. Die frühen Knechtschafts- und Unterwerfungs-Vorlagen, die durchaus Bestand hatten. Die Müller-Epistel, die Maaz-Volte, das Engler-Manifest. Es unterlag Wellen, wurde mit neuen Theorien und Vokabularen aufgeladen, für die sogenannte Transformation aufgepeppt. Das Jahr 2015 und der Flüchtlingssommer. Die neue politische Wirklichkeit, wie es hieß, vor allem im Osten. Als ob das, was sich in die inneren Schauplätze eingraviert hatte, nun in nächster Runde beatmet werden konnte. Als ob es nach draußen musste. 2017 die Bundestagswahl. Am 1. September 2018 der Chemnitzer Marsch der neonazistischen Szene. Der offene Schulterschluss, das demonstrative Bekenntnis, die erweiterten Formierungen, die Symbolbilder. Es ging immer so weiter. Die immer krawalliger werdende Mainstream-Blase: da der

Osten als Superopfer, dort der – egal wie – notorische Schuldwesten. Die Ostdeutschen als Abgehängte, Verlierer, als Bürger zweiter Klasse, Kolonisierte oder Dekolonisierte, je nachdem, als Übernommene.

2020 erschien das Buch »Empowerment Ost« von Thomas Oberender, 1966 in Jena geboren und zu dem Zeitpunkt Intendant der »Berliner Festspiele«. Jetzt gelte es, sich zu »dekolonisieren«, forderte er, um das Land zu entlasten, »vom Gewicht seiner normativen Westsicht, seines selbstverständlichen Weißseins und eingebildeten Liberalismus, seines »normalen« Anthropozentrismus und seiner unseligen Bemühung, eine lineare Geschichte zu konstruieren.«[265] Ein neuer Solist in einem alten Chor gedächtnispolitischer Ost-Umbauer. Die Bücher häuften sich, die Medien zogen an, ein anderer Ton war da. »Bis heute wird im offiziellen, westdeutsch geprägten Sprachgebrauch von der DDR vornehmlich als Unrechtsstaat gesprochen, was bei allen, die dort lebten, Scham induziert und ein Gefühl der Illegitimität ihrer damaligen Lebenswirklichkeit«, wusste Thomas Oberender.[266] Das Hüben und Drüben, das Drunter und Drüber, im Raum dazwischen das zarte Wort Scham. Als wäre es von den restlichen Wörtern eiskalt überrumpelt worden. Als könnten sich in ihnen die Verbrechen auflösen wie Brausetabletten.

Das Jahr 2023 und die rollende Gedächtniskugel, die Vexierbilder und Gegenoffensiven, das härter werdende deutsch-deutsche Streitfeld, seine verstörende Verdichtung. Die Legende vom Ostdeutschen als vermeintlich utopische Ideenkapsel, die nach 35 Jahren endlich angekommen schien, auf ihrem Peak, ihrem bisherigen Kulminationspunkt. Dazu der Chor und erneut andere Solisten: Im Februar 2023 das Debattenbuch »Der Osten: eine westdeutsche Erfindung« des 1967 im thüringischen Gotha und in Jena sowie den USA ausgebildeten Germanisten Dirk Oschmann, heute Professor in Leipzig. Die Veröffentlichung eines Zornbeseelten. Eine Art Sampler, aber auch ein Exzess: kriegerisch, grob verfälschend, ressentimentgeladen. *Wut als Strategie*, behauptete der Autor. Im »westdeutschen Wohlfühl- und Diskurskonsens«, hieß es, erscheine der Osten als »Geschwür am Körper des Westens, das ihm dauerhaft Schmerzen bereitet und das er nicht wieder los wird.«[267] Der Autor entdeckt im Osten eine lange »Geschichte individueller und kollektiver Diffamierung, Diskreditierung, Verhöhnung und eiskalter Ausbootung«.[268]

Oschmanns Getöse, das auch bei Kernidentitäten des Ostens wie etwa der Kunst andockt. Dass der Leipziger Germanistikprofessor bei seiner Zustandsbeschreibung den Blick auch auf die Literatur legen würde, war naheliegend. Seine Feststellung: Nach 1989 sei es im Osten mit »explizit strategischem Kalkül« zu einer »Löschung des Textgedächtnisses« gekommen.[269] Ich stutze. Und die nach 1989 herausgebrachten aufwendigen Gesamtausgaben von Heiner Müller und Wolfgang Hilbig, das nicht abreißende Interesse an Inge Müller, Maxie Wander, Brigitte Reimann, die Neuentdeckung von Franz Fühmann? Die verbotene Literatur des Ostens und damit der intellektuelle Widerstand qua Sprache, Geist, Haltung? Was ist der Grund, dass all das beim Leipziger Literaturwissenschaftler unter den Tisch fällt?

Sachfehler, die im Text zu etwas Systemischem werden, egal, ob es um offene Vermögensfragen, die Arbeit der Treuhand, den Sport, die Bildende Kunst oder den Begriff *Aufbau Ost* geht, den der Autor als »menschenverachtende Wortbildung aus der Sprache der Nazis« veranschlagt.[270] Dierk Hoffmann, wissenschaftlicher Mitarbeiter des Instituts für Zeitgeschichte München-Berlin, antwortet: »Eine Parallele zu dem verbrecherischen ›Generalplan Ost‹ des NS-Regimes, die Dirk Oschmann und Christoph Hein ziehen, ist gänzlich unangemessen, ja infam.«[271]

Wer wie Dirk Oschmann seine Thesen derart auf Krawall bürstet, muss die Quellen schleifen. Ein schablonenhaft monolithischer Westblock, von allen Debatten, Widersprüchen, Kontrasten bereinigt, steht bei ihm einem ebenso selektiven Bild des Ostens gegenüber und lässt einen Text entstehen, der eine realistische Zustandsbeschreibung zwar behauptet, sich aber die Realität über weite Strecken recht hübsch- oder wegmoderiert. Der den Westen anzählen will, dabei aber vor allem zu einer rüden Absage an die kritische DDR-Aufarbeitung wird und die politischen Opfer abschafft. Woher die Härte? An der enormen Resonanz des Buches änderte das nichts, eher im Gegenteil.[272]

Erinnerungsmatrix. Ebenfalls 2023 kam das Buch der 1984 im brandenburgischen Guben geborenen Historikerin Katja Hoyer »Diesseits der Mauer. Eine neue Geschichte der DDR«. Sie hatte in Jena studiert, forscht heute am King's College in London, arbeitet für die BBC sowie für die »Washington Post« und ist mittlerweile Kolumnistin der »Berliner Zeitung«. Der Grundtenor ihres Buches: »Geschichte wird von Siegern geschrieben, auch die der DDR.«[273] Der Text kommt ohne jede Archivrecherche aus, näht aus den Veröffentlichungen anderer ein locker zusammengesetztes Patchwork zusammen, wird hauptsächlich vom Syndrom: böser Westen versus utopischer Osten beatmet und wartet mit der Empfehlung auf: »Jetzt ist es endlich an der Zeit, einen neuen Blick auf die DDR zu wagen« sowie »die deutsche Obsession der Vergangenheitsbewältigung abzuschütteln.«[274]

Drei Ostdeutsche, drei erstaunliche Freiheitskarrieren, drei Furore machende Debattenbücher. Auffällig der unverhohlene Revisionskurs der Texte, durch den die DDR gleichsam als utopischer Raum revitalisiert aufscheint. Eine Art Schwiemelbild. Ein Gerhard Richter, bei dem man sieht und irgendwie nicht sieht. Eine Erinnerungsmatrix, die auf einen Raum rekurriert, der zwar als Halterung, Gerüst, Rahmen dient, um zugleich die historischen Realitäten abzustreifen. Sie würden nur stören. Warum steht das hier? Es geht um versuchte Paradigmenwechsel, neue Referenzsysteme, Entkopplungsmodelle, Umbauprogramme, die deshalb so reibungslos funktionieren, weil sie unmittelbar auf ein Identitätskonstrukt setzen, das sich in ein Erinnerungskollektiv einzuschließen weiß.

Man könnte diesen Typ Text mit einigem guten Willen auch als Gedächtnisstrategien des Ausgleichs lesen. »Fakes brauchen Echoräume«, schreibt der Schweizer Literaturwissenschaftler Thomas Strässle.[275] Ostdeutsche Kriegsenkel und Kriegsurenkel, heute mit globalem Bildungsprogramm und weitläufigem Vokabular unterwegs, setzen auf Legenden, Umschreibung und Selbstauratisierung, um der im Osten verbliebenen Großeltern- und Elterngeneration ein Abwehr-Drehbuch zu offerieren. Der Druck auf die Folgegenerationen ist immens, da zwischen ihnen und den Eltern nicht nur der unhintergehbare 89er Glücksmoment steht, sondern den Jüngeren auch klar sein dürfte, dass noch so viele gut gemeinte Angebote das Dilemma der Diktaturgenerationen nicht würden auflösen können. Ist es Glücksscham? Vielleicht. Doch diese Kontinuitätsbildung leistet darüber hinaus auch die Begründung der eigenen Identität.

Unter dieser Perspektive ist die aktuelle erinnerungspolitische DDR-Revision – eine nach außen verlagerte Entlastungserzählung, die versucht, den Westen zum Buhmann zu machen – auch eine implizite Erzählung darüber, wie stark die diktaturbelasteten Generationen im Osten das Binnenkollektiv noch immer zusammenhalten. Sie schieben von hinten. Als Wächter der Familiengedächtnisse, der eigenen Zeitlöcher, einer Welt, in der die Täter von damals zunehmend zu Opfern der Geschichte umgedeutet und die realen Opfer wegparalysiert werden. Auf diese Weise empfehlen sich die Alten auch als Türöffner für das ausgerufene *neue ostdeutsche Selbstbewusstsein.*[276]

Überidentifikation mit den Altgenerationen, Glücksscham, verpasster politischer Vatermord, eine auffällige Unterlassungsmaxime, Rollentrance? Die Kriegsenkel und Kriegsurenkel des Ostens verstehen sich vor allem auf *affektive Re-Imagination.*[277] Aber was wird re-imaginiert? Wo? Am ehesten an den Familientischen, bei TikTok, bei X.

Wie könnte es gehen? Was darf verschwinden, kann vergessen werden, was ist sicher? Was bedeutet der Versuch, wenn sich der Osten über Erlösungsformeln derart verfehlt und sich zunehmend in einem abwegigen Selbstbild mit Destruktionswünschen gegenüber dem Westen und prekärer

Russlandliebe einrichtet? Und das, was dabei draußen bleibt, bleiben muss, das kritische Ost-Erbe? Legenden, Fabeln, Mythen sind Orientierungen. Sie konstruieren Sinn, fundieren Identität, motivieren Erwartungen. In einer immer hastigeren, ruppigeren, komplizierteren Welt sind sie nötiger denn je. Und der Fake? »Ein Fake kann einem nicht unterlaufen. Er ist immer Absicht. Er bedingt einen Vorsatz, der sich über seine Ziele im Klaren ist oder zumindest eine Stoßrichtung hat. Der Fake will etwas erreichen, er will eine Wirkung erzielen.«[278] Wie das Kontinuum an Endlosinformationen, Intentionen aller Couleur, wie das Übertrumpfungstheater anhalten, aktiv unterlaufen? Die Schleusen sind geöffnet, die Stimmung ist gemacht. Das, was im Osten vor zwanzig Jahren an Diktaturgeschichte geklärt schien, wird heute zusehends fluide und gerät immer mehr unter Druck. Das innerostdeutsche Klima wird zum politischen Sprengstoff. Die alte Täterklientel hat sich reorganisiert, die Opfer lassen ihre letzte Lebenskraft im demütigenden Kampf um Rehabilitierung, Teile der Aufarbeitungsszene sind zerstritten, erzählen das Gegenteil von dem, was sie vor dreißig Jahren wussten, und überbieten sich in Sachen Erinnerungskontrolle. Das Narrativ von der doppelten Diktaturgeschichte im Osten ist hart umkämpft und wird im selben Atemzug verharmlost, verwischt.

Der öffentliche Raum wiederum weiß das übersteuerte Erinnerungsfeld samt hysterischem West-Bashing effektvoll zu nutzen. Unter der Überschrift »Lasst die Ostdeutschen ihre Heimat deuten« beschwor der Chef der »Schweriner Volkszeitung« im Mai 2023 seine Leserschaft, sich immun gegen jede Kritik aus dem Westen zu erweisen. Im »Spiegel«

verteidigt eine ostdeutsche Journalistin vehement das Buch von Katja Hoyer und spricht von »DDR-Hass« und vom »ausgelöschten Staat DDR«. Im Mai 2023 gab der brandenburgische Ministerpräsident Dietmar Woidke dem Berliner »Tagesspiegel« ein Interview unter dem Titel: »Es ist Zeit für ein neues ostdeutsches Ostbewusstsein«. Das Gespräch fand statt, kurz nachdem rechtsextreme Vorfälle an einer Schule im Spreewald öffentlich geworden waren. Brandenburgs oberster Verfassungsschützer erklärte: »Die Räume dessen, was gesagt werden kann, weiten sich.«

Engel mit Kamera. Der 27. August 1979, der 19. Dezember 1986. Manchmal kann ich das: mir einen konkreten Tag hinter der Mauer vorstellen, in Dresden, Jena, Berlin. In seine Räume eintreten. Als hätte ich eine Kamera in der Hand. Das Leben in diesen Räumen, die Menschen, die Gesichter, die Stimmen. Ich halte auf den vollen Aschenbecher, das Geschirr auf dem Küchentisch, den Einkaufszettel. Das Bild bleibt stehen, wackelt ein bisschen. Das Licht. Wie eine Witterung. Der Film läuft. Szene für Szene. Als läge in den alten Räumen noch was rum, als gäbe es noch was zu finden. Als sollte sich noch etwas auslösen aus den blinden Flecken.

Als würde sich jemand an den Film-Küchentisch setzen und zu reden anfangen. Weißt du, würde er sagen. Es ist nicht so einfach, das zu beschreiben. Man versteht es vielleicht nicht, nicht ohne weiteres. Wer wir waren, worin wir waren. Das mit der Herkunft, würde er sagen. Der Einschluss, das unveränderbare Land, der historische Beton, das Leben nach innen. Vierzig lange Jahre, um es mal genau zu sagen. Vierzig Sommer, Frühling, Herbst, Winter. Das muss was mit einem gemacht haben. Mit uns und mit diesem Ort in der Ortlosigkeit, mit dem Sicheren in der sinnlosen Sicherheit. Verstehst du? Dazu nach 1989 das Alte und das Neue. Die Gleichzeitigkeit der Erfahrungen, der Erwartungen, der Brüche, der Überforderungen. Das Angekoppeltsein an das Verschwinden, an das Sinnlose der sinnlosen Sicherheit. Ich will, dass man das versteht, sagt die Stimme im Film, mich versteht.

Die Kamera, der Film als Rückreise, als Reise zum Riss, der vor dem 89er Zeitriss liegt. Von dort aus die durchmessene Strecke zurück nach vorn in das, was wir das Heute nennen. Es ist viel, sagt die Stimme, zu viel vielleicht. Wir hatten es uns einfacher vorgestellt. Das Davor und das Danach. Die neuralgischen Punkte des spezifisch deutschen Kontexts, seine Imprägnierung. Die neue Heimatdeutung, die laute Selbstbehauptung des Ostens, der vermeintlich arrogant-bornierte Westen.

Dann er. Er hat die ganze Zeit schon gewartet, auf sich gewartet, auf uns gewartet. Walter Benjamins *Engel der Geschichte.* Angelus Novus, das Bild von Paul Klee aus dem Jahr 1920. Über den Engel ist alles geschrieben, er ist nicht up to date, man will grad nichts von ihm wissen, aber er fliegt, seit hundert Jahren schon, nach vorn und nach hinten zugleich. »Als wäre er im Begriff, sich von etwas zu entfernen, worauf er starrt.«[279] Die aufgerissenen Augen, der übergroße Kopf, die ausgespannten Flügel, die Vogelfüße. »Er hat das Antlitz der Vergangenheit zugewendet.«[280] Der kleine, schiefe Engel und der Sturm aus Benjamins Paradies, der sich in den Flügeln verfängt. Er kann sie nicht mehr schließen. »Dieser Sturm treibt ihn unaufhaltsam in die Zukunft, der er den Rücken kehrt.«[281]

Als wären wir genau da, denke ich. Im Zustand des schielenden Blicks, der Schockstarre, die uns nach vorn treibt, in der Fluchtlinie eines imaginären Horizonts, in einem Bann, der uns wegschleudert. Die vielen Strudel, die immer schon Strudel waren. Die Flügelstummel, das Kaputte, nicht zu Heilende. Ich weiß nicht, wie man das erzählt. Das muss der Engel machen. Er ist zuständig dafür. Er heißt Engel der Geschichte. Ich drücke ihm die Kamera in die Hand. Er starrt nach hinten und treibt mit dem Rücken dem Alten zugewandt nach vorn. Ich mag das Bild. Es fühlt sich richtig an. Das Jetzt im Hier.

Die alte Eiszeit, die bipolare Welt, der historische Beton und das, was sich heute *Weltunordnung* nennt, ein »Balancieren am Abgrund«.[282] Als wäre Benjamins Geschichtsengel in 35 Jahren einmal von der äußersten Amplitude zur anderen geflogen, von maximaler Statik zu maximaler Unruhe und befände sich im Sturm, in dieser nötigenden Qualität, jener fatalen Logik, in dem, was man lange Fortschritt genannt hatte. Vielleicht hat er von oben mehr gesehen. Sich verschiebende, sich auflösende Blöcke, das neue Europa. Aber wie sieht man verleugnete Instanzen, politische Entwurzelungen, im Inneren ausharrende Wiedergänger, wie aus der Engel-Perspektive die Schmerzkarte des alten Jahrhunderts in den Blick bekommen, seine Anästhesien? Der Vorschlag des französischen Philosophen Paul Virilio nach der Revolution von 1989 lautete: »Die einzige Hoffnung und Chance für Europa ist eine Allianz der Schuldigen.«[283] Eine Verfassung der Schuldigen? Es war eine Idee und vielleicht schon die Vorlage für das Skript, wonach in implodierten Geschichtsräumen »die Zukunft gewinnt, wer die Erinnerung füllt, die Begriffe prägt und die Vergangenheit deutet«.[284]

Kleine Pforte. Ich will noch bei Benjamins Engel bleiben. Er war von Spanien aus losgeflogen, vom Meer. Er hatte die Kamera in der Hand. Am 26. September 1940 war er über Portbou. Das musste sein. Er war persönlich verpflichtet. Der kleine Kerl mit den zu kleinen Füßen dachte über den Mann nach, der ihn einst zu sich genommen hatte, über seinen Begriff des *Eingedenkens*, die kleine Pforte. Im Rücken des Engels fielen Bomben auf England. Er flog über das zweite Kriegsjahr. Er riss die Augen auf. Später las er: »Zwischen den beiden Augenblicken, die das Eingedenken zusammenfügt, gibt es weder eine Kausalbeziehung, wie in der modernen Geschichtsauffassung, noch ein Analogieverhältnis, wie in der archaischen Denkweise.«[285]

Nicht das Kausale, dachte er und flog weiter, aber auch nicht das Analoge. Kein Weltgericht, keine Kontinuität, keine historische Selektion, nicht das Überleben der Sieger und nicht das Verschwinden der Verlierer, keine Unwandelbarkeit, kein vergangener Augenblick, der für immer verloren wäre. Stattdessen die Korrektur von Irrtümern, aber auch das Unverhoffte. In jedem Fall das Zugleich. Die Details, nicht das Zentrum. Das vielleicht Erlösende, der gewendete Blick, das Konkrete und Ephemere, das Übersehene, Nichtbeachtete, die Umwege, Verspätungen. Und all das denken können, wenn es am schwersten ist, dachte er. Wenn es etwas entscheidet, entscheiden kann, dachte er.

Benjamins Engel wird die Kamera nicht mehr aus der Hand legen. Er kann nicht. Ich bin Zeuge, sagt er. Ich soll als Neuer die kleine Pforte finden. Ich muss weiterfliegen. Der Sturm, das Ende des Krieges, die Schlachtfelder, das zerstörte Europa. Ich kann nicht alles erzählen, sagt er und ist gerade im Anflug auf Berlin, steuert auf die Siegessäule zu. Ah, die dicke Viktoria, denkt er. Bloß gut, dass ich nicht so viel Gold mit mir rumschleppen muss. Außerdem habe ich zu kleine Füße. Er sucht die Delbrückstraße 23. Benjamins Elternhaus. Er will wissen, ob es noch da ist. Später sieht er die Rosinenbomber an sich vorbeidonnern und der Stadt bei der Teilung zu.

Der 9. November 1989. Der Engel des Schreckens, der Engel des Unverhofften, die Einsprengsel der Geschichte – die Hoffnung, über die Benjamin ein Leben lang nachgedacht hat. »Die Epoche der nationalen Entsagung sowie der Geschichts- und Identitätsaskese ist mit dem Mauersturz und der Wiedervereinigung abrupt zu Ende gegangen«, hält Aleida Assmann fest.[286] Die Identitätsaskese von Habermas, der Kampf ums Geschichtsbild, der Dauerstreit ums Vergangene, die Kollision der politischen Selbstverständnisse, das deutsche Leiden am Weihnachtsmannsyndrom. Die beiden Hegemonialbilder in Ost und West bis 1989 und die recht willkürlich zusammengesetzte Gedächtnis-Unwucht nach 1989, die eher entzündete, denn verband.

»Blend and blur. Vermischen und verwischen.«[287] Was ist heute eine Quelle, was ein Datum, was ein Fakt? Die Strategie der schleifenden Schnitte. Stabilitäten werden unterminiert, Fake-Erzählungen in die mediale Verwertungslogik eingespeist. Als würde man in ein Bergwerk einfahren, in dem die Stollen jederzeit wegbrechen können. Was da nicht alles über Jahrzehnte hart debattiert, geschrieben, aufgearbeitet, erinnert wurde. Und nun? Sieht es im Feld der Erinnerung zunehmend nach ständiger Bedrohungslage aus. Warum leisten wir uns das?

Dekore. Der Streit um die Deckfabeln. Der Westen und die Bonner Republik: Sitzt man in Bonn oder Köln in einer der Kneipen am Rhein, hängen an der Wand die Konterfeis von Konrad Adenauer, Walter Scheel, Willy Brandt oder Helmut Kohl. Wie das Dekor einer Zeit, die um etwas Beruhigtes, Stabiles kreist und in der sich die Westdeutschen vor allem ab den siebziger Jahren vorsichtig, aber beständig in jenen Typus des freundlichen Deutschen umerzählten, vor dem die Welt nicht mehr Angst zu haben brauchte. Willy Brandt als Triggerfigur für die Sehnsucht der Westdeutschen nach Gefühlssicherheit, für die Annahme, endlich wieder auf der richtigen Seite der Geschichte zu stehen. Es ist die Konserve eines Selbstbildes, in die man einzieht, wenn das Jetzt zu bedrohlich wirkt. Kann man Glück hamstern? Die Besitzstandswahrung alter Gedanken- und Gefühlsordnungen, eine Art neuer Konservatismus, irritierend aus der Zeit gefallen, der aber mit dem zu tun haben könnte, was der Politikwissenschaftler Samuel Salzborn die »fortgesetzte Befreiung von der Vergangenheit« nennt.[288] Eine Tatsache, die nicht völlig aus der Luft gegriffen scheint, wie die Debatten seit dem 7. Oktober 2023 um Israel, Gaza und den deutschen Antisemitismus zeigen.

Und die fortgesetzte Befreiung von der Vergangenheit in

Sachen DDR-Diktatur? »So bleibt bis heute die Geschichte der Opfer des Kommunismus ein Stachel im Fleisch des erprobten westdeutschen Erinnerungskonsenses«, schreibt der Historiker Andreas Wirsching, Direktor des Instituts für Zeitgeschichte München-Berlin.[289] Eine Herausforderung, die durch die »Entschließung des Europäischen Parlaments zum Gewissen Europas und zum Totalitarismus« von 2009 untermauert wurde, die eine »umfassende Neubewertung der deutschen Geschichte« und das gleichberechtigte Gedenken an »die Opfer aller totalitären Regime« einfordert.[290] Ein europäisches Grundsatzdokument, das sich durch die Invasion Russlands in der Ukraine unweigerlich aktualisiert hat. Zugleich betont Andreas Wirsching, wie »schmal der Weg sein kann zwischen aufrichtigem Opfergedenken und ideologischer Indienstnahme«.[291] – »In Ländern wie Polen und Ungarn war und ist zu beobachten, wohin ein verordneter Antitotalitarismus mit antiliberaler Spitze führt.«[292]

Die einen verharren, warten und schlüpfen in ihre gut ausgetretenen Schuldschuhe, die anderen kultivieren ihre Opferlegende und ziehen den Identitätspoker. Ein deutsch-deutsches Überbande, ein erinnerungspolitischer Gordischer Knoten, mit dem beide Seiten trotz aller Bösartigkeiten und trotz des Wegdriftens nach rechts offenbar leben können. Ein festgefahrenes Spaltungssyndrom, das allerdings eine Funktion hat. Es deckt ab, vor allem nach außen. Denn die Fragen an die Deutschen sind längst drängender, nervöser geworden. Klima, Kriege, Massenmigration, Erosion von Demokratien, Energie, KI, Rechtsstaat. Die Welt wartet – auf Format, Haltung, Kapazitäten der Deutschen. Wir aber zögern. Sind wir zu schamerschöpft, erinnerungserschöpft, glückserschöpft? Zu ratlos, zu ängstlich, weil die eigene Geschichte weiterhin belastet und unentrinnbar scheint? Und Deutschland als Migrationsland? Sein koloniales Erbe?

2. März 2024, 11. Mai 2024. Es könnte auch jeden Tag sein. Die öffentliche Schlagwort-Welt: »die technische Bearbeitung des Krieges«, der »Geruch von Weimar«, »die Fragmentierung der deutschen Gesellschaft«, »das Land im Verfall«, »die Eröffnung einer neuen Front«. Es gilt nicht als ausgemacht, dass eine gemeinsame deutsche Erinnerungserzählung auf den Weg gebracht werden kann. Und Europa?

Juni 2024: Der Gewinner der Europawahlen heißt Wladimir Putin. Er führt einen Vernichtungskrieg gegen die Ukraine, und es feiern diejenigen Zugewinne, die auf seiner Günstlingsagenda stehen: die AfD und das Bündnis Sahra Wagenknecht (BSW) in Deutschland, der Rassemblement National (RN) in Frankreich, die Partei für die Freiheit in Holland (PVV), die Freiheitliche Partei Österreichs (FPÖ) in Österreich. In Sachsen stimmten 31,8 Prozent der Wähler für die AfD. Das waren 6,5 Prozent mehr als bei den letzten Europawahlen.

Gezielte Desinformation, Destabilisierung, Revanchepolitik, Zerstörung der Demokratie. Die historische Bombe tickt, das Traumagesetz der Diktatur scheint in Kraft, Europa taumelt als wunder Kontinent durch seine alte Landschaft. Sind die Dinge entschieden? Das sind sie nie, aber Zeit ist keine mehr. Wie Europa nach vorn denken? Jedes Land lebt von Fabeln. Es gibt aber ein paar, die nicht taugen. Sie sind nicht hilfreich. Wir haben nichts in einem müßigen Spaltungssyndrom zu suchen. Es ist keine Zeit dafür. Das alte

Jahrhundert ist zurück, das Bipolare, das Autoritäre, der Hass, die Kriege. Und die Einsprengsel, und das, was kommt?

Das, was kommt. Jetzt sind sie die Neuen an der *Busch*: Elina, Julius, Veronica, Edward, Teresa, Frida, Johann, Richard. Toni mit goldenen Birkenstock und dicken Wollsocken, Carl in knallbunten, flatternden Schmetterlingshosen, Elias und sein gelblila Nagellack, Mario mit Doppel-Dutt. Styling ist wichtig, Freundlichkeit auch. »Weil, wir sind durch hier«, sagt Rosa. »Das Gekreisch da draußen, die Hektik, die Oberflächen. Was macht ihr da? Es muss noch was anderes geben«. Rosa kommt aus Mexico, Flavia aus Spanien, Helena aus Rostock, Ali aus Syrien, Ivona aus Russland, Jonathan aus Südtirol, Fabian aus Konstanz. Dreimal pro Woche fahre ich zu ihnen in die Hochschule. Seit fünf Jahren nicht mehr von Kreuzberg nach Schöneweide, sondern von Schöneberg nach Berlin-Mitte. Noch immer vom Westen in den Osten. Die Fahrt bedeutet mir was.

Die Neuen sind Teamplayer, Ensemble-Menschen. Ensemble ist wichtig. Gemeinsam Fragen stellen, zuhören, zusammen nachdenken, auf die Wörter der anderen achten, etwas miteinander rauskriegen. Sie wollen es anders machen, anders als da draußen. Sie wollen auf der Bühne gemeinsam über Sehnsucht nachdenken. Das war ihr Wunsch, es ist ihr Thema. Deshalb sehen wir uns. Die Sehnsucht, an etwas dranzubleiben, sagen sie. Die Sehnsucht nach Aufarbeitung. Das sagen sie wirklich. Die Sehnsucht nach Gelassenheit, Zuversicht, nach Unbeschwertheit.

»Die Sehnsucht, bei sich anzukommen, ohne erst die

Schwere zu verdauen, mit der man gefüttert wurde«, sagt Teresa. »Die Sehnsucht, jemandem etwas zu geben, das man vor sich selbst versteckt hält«, sagt Rosa. »Ich möchte zurück, jeden Tag«, sagt Alexander. Sein ukrainischer Vater lebt in Jerusalem und schreibt jeden Tag gegen Putin an. Seine russische Großmutter lebt in Moskau und hat gerade wochenlang für Putin Wahlwerbung gemacht. »Ich träume von meinem Moskau, das es nie wieder geben wird«, sagt er. Szuzsa aus Budapest sagt: »Ich habe Sehnsucht danach anzukommen. Ich möchte mich nicht schämen, dass ich kein perfektes Deutsch kann. Ich möchte keine Angst haben, dass ich hier nicht reinpasse. Ich möchte meinen Akzent mögen.« – »Ich habe große Sehnsucht nach frischem Spargel. Der weiße aus Terlan, schön weich, mit Parmesan und Butter übergossen«, sagt Jonathan. »Die Sehnsucht nach dem Westen, die meinen Vater in die Welt trieb«, sagt Ivona, »die Sehnsucht nach der Heimat, die meine Mutter zurückruft.«

Sie wollen spielen und auf die große Bühne. Sie sagen von sich, dass sie sich nicht als Maßstab für ihre Generation sehen, dass sie froh sind, etwas gefunden zu haben, was sie mögen können. Ist das wichtig? Ja. Sie sind wichtig. Dass sie in die Welt wollen und wie sie es wollen, ist wichtig. Sie sind da.

Nachweise

1 Links, Christoph / Nitsche, Sybille / Taffelt, Antje: Das wunderbare Jahr der Anarchie. Von der Kraft des zivilen Ungehorsams 1989/1990. Ch. Links Verlag, Berlin 2004, S. 5–10.
2 Brückweh, Kerstin / Villinger, Clemens / Zöller, Kathrin (Hg.): Die lange Geschichte der »Wende«. Geschichtswissenschaft im Dialog. Ch. Links Verlag, Berlin 2020, S. 44.
3 Ebd.
4 Ebd., S. 52.
5 Böttcher, Sabine: Gesundheit und Gesundheitsversorgung in der DDR. Bundeszentrale für politische Bildung, Lange Wege der Deutschen Einheit, 14. 3. 2022, S. 15.
6 Ebd., S. 15/16.
7 Erices, Rainer: Medizin nach Plan. Das Gesundheitswesen der DDR. In: Apelt, H. Andreas / Grünbaum, Robert / Schöne, Jens (Hg.): Erinnerungsort der DDR. Alltag, Herrschaft, Gesellschaft. Metropol Verlag, Berlin 2014, S. 134.
8 Ebd.
9 Böttcher: Gesundheit, S. 5.
10 Ebd., S. 1.
11 Ebd.
12 Farin, Klaus / Seidel-Pielen, Eberhard: Rechtsruck. Rassismus im neuen Deutschland. Rotbuch Verlag, Berlin 1993, S. 18.
13 Lausberg, Michael: Die extreme Rechte in Ostdeutschland 1990–1998. Tectum Verlag, Marburg 2012, S. 9.
14 Studienanerkennung, Hessisches Ministerium für Wissenschaft und Kunst, 25. 4. 1990. Privatarchiv IG.

15 Ebd.

16 Meinhold, Gottfried: Der besondere Fall Jena. Die Universität im Umbruch 1989–1991. Franz Steiner Verlag, Stuttgart 2014, S. 37.

17 Vgl. Hoffmann, Dierk (Hrsg.): Transformation einer Volkswirtschaft. Neue Forschungen zur Geschichte der Treuhandanstalt. Metropol Verlag, Berlin 2020, S. 8.

18 Ebd., S. 12.

19 Ebd., S. 13.

20 Ebd., S. 15.

21 Ebd., S. 16.

22 Trentmann, Frank: Aufbruch des Gewissens. S. Fischer, Frankfurt am Main 2023, S. 658.

23 Hoffmann (Hrsg.): Transformation, S. 17.

24 Ebd., S. 21.

25 Rau, Christian: Hungern für Bischofferode. Protest und Politik in der ostdeutschen Transformation. Campus Verlag, Frankfurt am Main / New York 2023, S. 16.

26 Ebd., S. 44.

27 Ebd., S. 97.

28 Ebd., S. 27.

29 Dwars, Jens-Fietje / Hausold, Dieter / Schneider, Christiane / Wellsow, Paul: Ein Sokrates der DDR. Nachdenken über Dieter Strützel. VSA Verlag, Hamburg 2020, S. 11.

30 Ebd., S. 53.

31 Ebd.

32 Strützel, Dieter: Rede auf dem PDS-Landesparteitag Thüringen, 15.1.1995. In: RLS. Gesellschaftsanalyse und Linke Praxis, Mai 2023.

33 Rau: Hungern, S. 136.

34 Ebd.

35 Ebd., S. 154.

36 Ebd.

37 Ebd., S. 233.

38 Ebd., S. 234.

39 Dwars u. a.: Ein Sokrates, S. 8.

40 Ebd.

41 Niethammer, Lutz: Der ›gesäuberte‹ Antifaschismus. Die SED und die roten Kapos von Buchenwald. Akademie Verlag, Berlin 1994, S. 31.

42 Förster, Lars: Bruno Apitz. Eine politische Biografie. BeBra Wissenschaft, Berlin 2015, S. 95.

43 Bericht des internationalen Lagerkomitees, Weimar [1945], S. 5.

44 Ausführlicher: Geipel, Ines: Umkämpfte Zone. Mein Bruder, der Osten und der Hass. Klett-Cotta, Stuttgart 2019, S. 57–72.

45 KZ. Bildbericht aus fünf Konzentrationslagern. Hrsg. vom American Office of War, im Auftrag des Oberbefehlshabers der Alliierten Streitkräfte, 1945.

46 Geipel, Ines / Ulbrich, Maren: Der Sammler Carl Laszlo. Facetten der Moderne. Vacat Verlag, Potsdam 1998, S. 66.

47 Interview von Carl Laszlo mit Udo Breger, 1980. In: Kreti, Ferenc: Home is where my art is. Ein Besuch bei Carl Laszlo und der ungarischen Avantgarde. Unveröffentlicht, 2023, S. 88.

48 Jureit, Ulrike / Schneider, Christian: Gefühlte Opfer. Illusionen der Vergangenheitsbewältigung. Klett-Cotta, Stuttgart 2011, S. 27.

49 Ebd., S. 175.

50 Koch-Wagner, Gesa: Gefühlserbschaften aus Kriegs- und Nazizeit. Mutter-Tochter-Beziehungen unter dem Einfluss von Kriegstraumen und nationalsozialistischen Ideologiefragmenten. Shaker Verlag, Aachen 2001, S. 6.

51 Ebd., S. 56.

52 Ebd.

53 Ebd., S. 24.

54 Ebd., S. 9.

55 Ebd., S. 28.

56 Ebd., S. 17.

57 Ebd., S. 18.

58 Ebd., S. 29.

59 Ebd., S. 83.

60 BArch (MfS), 16317/85, IM »Gerhard«, XV 4055/73, Bd. 2. S. 47.

61 Koch-Wagner: Gefühlserbschaften, S. 17.

62 Ebd., S. 24.

63 Geipel, Ines: Zensiert, verschwiegen, vergessen. Autorinnen in Ostdeutschland 1945–1989. Artemis & Winkler, Düsseldorf 2009, S. 145.

64 Ebd.

65 Petzold, Jutta: Nachlass, unveröffentlicht. Bundesstiftung zur Aufarbeitung der SED-Diktatur, Berlin.

66 Ebd.

67 Geipel, Ines / Walther, Joachim: Gesperrte Ablage.

Unterdrückte Literaturgeschichte in Ostdeutschland 1945–1989. Lilienfeld-Verlag, Düsseldorf 2024, S. 312.

68 Rosenberg, Florian von: Die beschädigte Kindheit. Das Krippensystem der DDR und seine Folgen. C.H.Beck, München 2022, S. 34.

69 Ebd., S. 134.

70 Maaz, Hans-Joachim: Der Gefühlsstau. Psychogramm einer Gesellschaft. Argon Verlag, Berlin 1990, S. 92.

71 Schivelbusch, Wolfgang: Die Kultur der Niederlage. Der amerikanische Süden 1865, Frankreich 1871, Deutschland 1918. S. Fischer, Frankfurt am Main 2003, S. 39.

72 Koch-Wagner: Gefühlserbschaften, S. 15.

73 Schmole, Angela: Mittäterinnen. Frauen und Staatssicherheit. Mitteldeutscher Verlag, Halle an der Saale 2023.

74 Effner, Bettina: Der Westen als Alternative. DDR-Zuwanderer in der Bundesrepublik und in West-Berlin 1972–1989/90. Ch. Links Verlag, Berlin 2020, S. 28.

75 Flusser, Vilém: Von der Freiheit des Migranten. Einsprüche gegen den Nationalismus. Europäische Verlagsanstalt, Hamburg 2013, S. 19 u. 21.

76 Ebd., S. 21.

77 Ebd.

78 Ebd., S. 30.

79 Wegweiser für Flüchtlinge. Broschüre, 1989.

80 Anders, Günther: Der Emigrant. C.H.Beck, München 2021, S. 15.

81 Ebd., S. 51.

82 Wehr, Laura: Geteiltes Land, gespaltene Familien. Eine Oral History der DDR-Ausreise von Familien. Ch. Links Verlag, Berlin 2020, S. 13.

83 Schröder, Klaus: Ursachen, Wirkungen und Folgen der Ausreisebewegungen. In: Apelt, H. Andreas (Hrsg.): Flucht, Ausreise, Freikauf. (Aus-)Wege aus der DDR. Mitteldeutscher Verlag, Halle an der Saale 2011, S. 49.

84 Effner: Der Westen als Alternative, S. 243.

85 Ebd., S. 244.

86 BArch (MfS), 16317/85, IM »Gerhard«, XV 4055/73, Bd. 1, Bl. 331.

87 Ebd., Bd. 2, Bl. 69.

88 Ebd., Bd. 2, Bl. 255.

89 Ebd., Bd. 2, Bl. 199.

90 Ebd., Bd. 2, Bl. 29.
91 Ebd., Bd. 2, Bl. 263.
92 Ebd., Bd. 2, Bl. 90.
93 Ebd., Bd. 2, Bl. 93.
94 Ebd., Bd. 1, Bl. 55.
95 Ebd., Bd. 1, Bl. 59 u. 63.
96 Ebd., Bd. 2, Bl. 278.
97 Ebd., Bd. 1, Bl. 37.
98 Ebd., Bd. 2, Bl. 299.
99 Ebd., Bd. 2, Bl. 311.
100 Anders: Der Emigrant, S. 19.
101 Flusser: Von der Freiheit des Migranten, S. 109.
102 Schröder: Ausreisebewegungen, S. 66.
103 Wehr: Geteiltes Land, S. 55.
104 Gehrmann, Manfred: Die Überwindung des Eisernen Vorhangs. Die Abwanderung aus der DDR in die BRD und nach West-Berlin als innerdeutsches Migranten-Netzwerk. Ch. Links Verlag, Berlin 2009, S. 606.
105 Effner, Bettina: Der Westen als Alternative, S. 137.
106 Ebd., S. 162.
107 Flusser: Von der Freiheit des Migranten, S. 108.
108 Balzer, Jens: No Limit. Die Neunziger. Das Jahrzehnt der Freiheit. Rowohlt Berlin, Berlin 2023, S. 304.
109 Kracht, Christian: Faserland. Fischer Taschenbuch Verlag, Frankfurt am Main 2015, S. 125.
110 Bingener, Reinhard / Wehner, Markus: Die Moskau-Connection. Das Schröder-Netzwerk und Deutschlands Weg in die Abhängigkeit. C.H.Beck, München 2023, S. 18.
111 Ebd.
112 Balzer: No Limit, S. 346.
113 Müller, Uwe u. a.: Vorwärts und vergessen! Kader, Spitzel und Komplizen. Das gefährliche Erbe der DDR-Diktatur. Rowohlt Berlin, Berlin 2009, S. 22.
114 Ebd.
115 Ebd.
116 Engelmann, Roger / Halbrock, Christian / Joestel, Frank: Vernichtung von Stasi-Akten. Eine Untersuchung zu den Verlusten 1989/90. Der Bundesbeauftragte für die Unterlagen des Staatssicherheitsdienstes der ehemaligen DDR, Berlin 2020, o. S.

117 Ebd.
118 Ebd.
119 Ebd.
120 Ebd.
121 Ebd.
122 Ebd.
123 Arbeitsbuchaufzeichnungen, HA XVIII, Abteilung 5, BArch (MfS), ZA, HA XVIII, nicht erschlossenes Material, Blatt 1–19.
124 Derrida, Jacques: Marx' Gespenster. Der Staat der Schuld, die Trauerarbeit und die neue Internationale. Suhrkamp, Frankfurt am Main 2004, S. 61.
125 Bingener / Wehner: Die Moskau-Connection, S. 108.
126 Sarr, Mohamed Mbougar: Die geheimste Erinnerung der Menschen. Carl Hanser, München 2022, S. 434.
127 Müller u. a.: Vorwärts, S. 196.
128 Ebd., S. 200.
129 Ebd.
130 Kasinger, Christoph / Heller, Ayline / Brähler, Elmar: Das Nachbeben der deutschen Vereinigung. Psychologische und soziologische Perspektiven. Psychosozial Verlag, Gießen 2023, S. 15.
131 Ebd, S. 68.
132 Ebd.
133 Ebd.
134 Ebd.
135 Ebd., S. 83.
136 Ebd., S. 96.
137 Ebd., S. 98.
138 Ebd., S. 97.
139 Ebd., S. 100.
140 Schildt, Axel: Medien-Intellektuelle in der Bundesrepublik. Hrsg. und mit einem Nachwort von Gabriele Kandzora u. Detlef Siegfried. Wallstein Verlag, Göttingen 2020, S. 9.
141 Ebd., S. 8.
142 Albrecht, Clemens / Behrmann, Günter C. / Bock, Harald / Homann, Harald / Tenbruck, Friedrich H.: Die intellektuelle Gründung der Bundesrepublik. Eine Wirkungsgeschichte der Frankfurter Schule. Campus Verlag, Frankfurt am Main / New York 1999, S. 567.

143 Ebd., S. 572.

144 Drechsler, Ingrun / Faulenbach, Bernd / Gutzeit, Martin / Meckel, Markus / Weber, Hermann (Hg.): Getrennte Vergangenheit gemeinsame Zukunft. Ausgewählte Dokumente, Zeitzeugenberichte und Diskussionen der Enquete-Kommission »Aufarbeitung und Geschichte und Folgen der SED-Diktatur in Deutschland« des Deutschen Bundestages 1992–1994, Bd. IV. dtv, München 1997, S. 100.

145 Ebd., S. 70 u. 113–115.

146 Ebd., S. 71.

147 Ebd., S. 101.

148 Walther, Joachim: Das Blöken der Schafe. Publizistik 1970–2013. Mitteldeutscher Verlag, Halle an der Saale 2017, S. 234.

149 Wehler, Hans-Ulrich: Deutsche Gesellschaftsgeschichte. Bd. 5. C.H.Beck Verlag, München 2008, S. XV.

150 Bingener / Wehner: Moskau-Connection, S. 122.

151 Ebd.

152 Ullmann, Linn: Die Unruhigen. Luchterhand Verlag, München 2018, S. 170.

153 Sarr: Die geheimste Erinnerung, S. 434.

154 Bingener / Wehner: Moskau-Connection, S. 127.

155 Ebd.

156 Baudrillard, Jean / Noailles, Enrique Valinte: Gesprächsflüchtlinge. Passagen Verlag, Wien 2007, S. 17.

157 Theweleit, Klaus: Der Knall. 11. September, das Verschwinden der Realität und das Kriegsmodell. Stroemfeld Verlag, Frankfurt am Main / Basel 2002, S. 8.

158 Ebd., S. 9.

159 Zum Amok in Erfurt ausführlich: Geipel, Ines: Der Amok-Komplex oder die Schule des Tötens. Klett-Cotta, Stuttgart 2012, S. 71–163.

160 Ebd., S. 144.

161 Baudrillard, Jean: Die Intelligenz des Bösen. Passagen Verlag, Wien 2006, S. 65.

162 Assmann, Aleida: Der lange Schatten der Vergangenheit. Erinnerungskultur und Geschichtspolitik. C.H.Beck Verlag, München 2006, S. 77.

163 Oertel, Janka: Ende der China-Illusion. Wie wir mit Pekings Machtanspruch umgehen müssen. Piper Verlag, München 2023, S. 64.

164 Hamilton, Clive / Ohlberg, Mareike: Die lautlose Eroberung. Wie China westliche Demokratien unterwandert und die Welt neu ordnet. DVA, München 2020.
165 Oertel: China-Illusion, S. 71 u. 82.
166 Ebd., S. 84.
167 Ebd., S. 85.
168 Ebd., S. 87.
169 Ebd., S. 85.
170 Ebd. Vgl. hierzu auch: Schwiedrzik, Susanne Weigelin: China und die Neuordnung der Welt. Europa im geopolitischen Spannungsfeld zwischen den Weltmächten China, Russland und den USA. Brandstätter Verlag, Wien 2023. Babst, Stefanie: Sehenden Auges. Mut zum strategischen Kurswechsel. dtv, München 2023.
171 Hamilton / Ohlberg: Eroberung, S. 120.
172 Ebd., S. 122.
173 Ebd.
174 Ebd.
175 Ebd.
176 Ebd., S. 125.
177 https://www.china-bruecke.org.
178 Hamilton / Ohlberg: Eroberung, S. 124. Vgl. auch: Sieren, Frank: Zukunft? China! Wie die neue Supermacht unser Leben, unsere Politik, unsere Wirtschaft verändert. Penguin Verlag, München 2020.
179 Hamilton / Ohlberg: Eroberung, S. 20.
180 Interview mit Zhou Qing in voller Länge in: Geipel, Ines: No Limit. Wie viel Doping verträgt die Gesellschaft. Klett-Cotta, Stuttgart 2018, S. 163.
181 Müller, Heiner, in: Rüter, Christoph: Die Zeit ist aus den Fugen. Heiner Müller, die Hamletmaschine und der Mauerfall. Filmdokumentation, WDR 3, 1991.
182 Baudrillard, Jean: Die Intelligenz des Bösen. Passagen Verlag, Wien 2006, S. 152.
183 Maaz, Hans-Joachim: Der Gefühlsstau. Psychogramm einer Gesellschaft. Argon Verlag, Berlin 1990, S. 25.
184 Maaz, Hans-Joachim: Das gestürzte Volk. Die verunglückte Einheit. Argon Verlag, Berlin 1991, S. 27.
185 Ebd., S. 42.
186 Ebd., S. 92.
187 Ebd., S. 116/117.

188 Segert, Dieter: Das 41. Jahr. Eine andere Geschichte der DDR. Böhlau Verlag, Wien / Köln / Weimar 2008, S. 263.
189 Ebd., S. 260.
190 Horn, Elke: Was tun mit dem transgenerationalen Erbe? Von der Abwehr durch Spaltung zum Dialog. In: Lohl, Jan / Moré, Angela (Hg.): Unbewusste Erbschaften des Nationalsozialismus. Psychosozial-Verlag, Gießen 2014, S. 253.
191 Fleury, Cynthia: Hier liegt Bitterkeit begraben. Über Ressentiments und ihre Heilung. Suhrkamp, Berlin 2023, S. 28.
192 Horn: Erbe, S. 253.
193 Ebd.
194 Ebd.
195 Ebd., S. 254.
196 Trentmann: Gewissen, S. 707.
197 Samuel Salzborn: Kollektive Unschuld. Die Abwehr der Shoah im deutschen Erinnern. Hentrich & Hentrich, Leipzig 2020, S. 20.
198 Engler, Wolfgang: Die Ostdeutschen als Avantgarde. Aufbau Verlag, Berlin 2002, S. 18.
199 Ebd., S. 19.
200 Ebd., S. 31.
201 Ebd., S. 40.
202 Ebd., S. 144.
203 Lohl, Jan: Morden für das vierte Reich. Transgenerationalität und Rechtsextremismus. In: Lohl / Moré (Hg.): Erbschaften, S. 192.
204 Lausberg, Michael: Die extreme Rechte in Ostdeutschland 1990–1998. Tectum Verlag, Magdeburg 2012, S. 39.
205 Ebd., S. 41 ff.
206 Ebd., S. 95.
207 Trentmann, Frank: Gewissen, S. 723.
208 Fuchs, Christian / Middelhoff, Paul: Das Netzwerk der Neuen Rechten. Wer sie lenkt, wer sie finanziert und wie sie die Gesellschaft verändern. Rowohlt Polaris, Reinbek bei Hamburg 2019, S. 139.
209 Ebd., S. 132.
210 Fleury: Bitterkeit, S. 278.
211 https://www.bundestag.de/parteienfinanzierung.
212 Fuchs / Middelhoff: Netzwerk, S. 140.
213 Amlinger, Carolin / Nachtwey, Oliver: Gekränkte Freiheit. Aspekte des libertären Autoritarismus. Suhrkamp, Berlin 2022, S. 13.
214 Ebd., S. 15.

215 »Direkt ins Hirn senden. Auf TikTok hängt die AfD alle anderen Parteien ab«. In: NZZ, 30.3.2024.
216 Vann, David: Die Unermesslichkeit. Suhrkamp, Berlin 2012, S. 7.
217 Moré, Angela: NS-Täterschaft und die Folgen verleugneter Schuld bei den Nachkommen. In: Lohl / Moré: Erbschaften, S. 209.
218 Ebd., S. 210.
219 Ebd., S. 211.
220 Ebd., S. 222.
221 Ebd., S. 221.
222 Ebd., S. 214.
223 Ebd.
224 Ebd., S. 221.
225 Ebd., S. 222.
226 Ebd., S. 221.
227 Sebek, Michael: Das Schicksal der totalitären Objekte. In: Kerz-Rühling, Ingrid / Plänkers, Tomas (Hg.): Sozialistische Diktatur und psychische Folgen. Psychoanalytisch-psychologische Untersuchungen in Ostdeutschland und Tschechien. Edition diskord, Tübingen 2000, S. 198.
228 Müller-Enbergs, Helmut: Zur Kunst der Verweigerung. Warum Bürger nicht mit dem Ministerium für Staatssicherheit kooperieren wollten. In: Kerz-Rühling / Plänkers (Hg.): Sozialistische Diktatur, S. 166.
229 Lançon, Philippe: Der Fetzen. Tropen Verlag, Stuttgart 2019, S. 429.
230 Sebek, Michael: Das Schicksal der totalitären Objekte, S. 200.
231 Kerz-Rühling / Plänkers (Hg.): Sozialistische Diktatur, S. 11.
232 Ebd.
233 Loest, Erich: Man ist ja keine Achtzig mehr. Tagebuch. Steidle Verlag, Göttingen 2011, S. 99.
234 Loest, Erich: Gelindes Grausen. Tagebuch. Mitteldeutscher Verlag, Halle an der Saale 2014, S. 226.
235 Ebd., S. 299.
236 Loest: Achtzig, S. 69.
237 Ebd.
238 Loest, Erich: Der Zorn des Schafes. dtv, München 1993, S. 295.
239 Ausführlicher die Dankesrede von Ines Geipel für den Erich-Loest-Preis, Medienstiftung der Sparkasse Leipzig, 24.2.2022.
240 Ebd., S. 313.

241 Loest, Erich: Durch die Erde ein Riss. Ein Lebenslauf. Mitteldeutscher Verlag, Halle an der Saale 2016, S. 8.
242 Ebd., S. 394.
243 Loest: Zorn, S. 49.
244 Loest: Grausen, S. 263 u. 322.
245 Loest: Zorn, S. 63.
246 Loest: Grausen, S. 305.
247 Bataille, Georges: Die innere Erfahrung nebst Methode der Meditation und Postskriptum 1953. Aethologische Summe I. Matthes & Seitz Verlag, München 1999, S. 38.
248 Ebd., S. 58.
249 Loest: Achtzig, S. 125.
250 Bingener / Wehner: Moskau-Connection, S. 177.
251 Raabe, Katharina / Sapper, Manfred: Testfall Ukraine. Europa und seine Werte. Suhrkamp Verlag, Berlin 2015, S. 21.
252 Koenen, Gerd: Der Russland-Komplex. Die Deutschen und der Osten 1900–1945. C.H.Beck Verlag, München 2005.
253 Schmid, Ulrich: Technologien der Seele. Vom Verfertigen der Wahrheit in der russischen Gegenwartskultur. Suhrkamp Verlag, Berlin 2015, S. 26.
254 Ebd., S. 28.
255 Lynch, David: Catching the Big Fish. Meditation, Kreativität, Film. Alexander Verlag, Berlin 2016, S. 106.
256 Ebd.
257 Schmid: Seele, S. 11.
258 Raabe / Sapper: Testfall Ukraine S. 13.
259 Schlögel, Karl: Die Ukraine als Kairos. Ordnung im Kopf, Unordnung in der Welt. In: Osteuropa, 72. Jahrgang, Heft 1–3, Berliner Wissenschafts-Verlag 2022, S. 13.
260 Ebd.
261 Bingener / Wehner: Moskau-Connection, S. 207.
262 Sinha, Shumona: Erschlagt die Armen! Edition Nautilus, Hamburg 2015, S. 34.
263 Kluge, Alexander / Müller, Heiner: Ich schulde der Welt einen Toten. Gespräche. Rotbuch Verlag, Hamburg 1995, S. 43.
264 Ebd., S. 62.
265 Oberender, Thomas: Empowerment Ost. Wie wir zusammen wachsen. Tropen-Verlag, Stuttgart 2020, S. 40.
266 Ebd., S. 42.

267 Oschmann, Dirk: Der Osten: eine westdeutsche Erfindung. Ullstein-Verlag, Berlin 2023, S. 22.

268 Ebd., S. 32.

269 Ebd., S. 155.

270 Ebd., S. 54.

271 Hoffmann, Dierk: NS-Aufbau Ost?, in: Frankfurter Allgemeine Zeitung, 22. 5. 2023.

272 Ausführlicher die Rezension von Ines Geipel zum Buch von Dirk Oschmann: »Dieses Buch will spalten«, in: Die Welt, 30. 3. 2023.

273 Hoyer, Katja: Diesseits der Mauer. Eine neue Geschichte der DDR. Hoffmann und Campe Verlag, Hamburg 2023, S. 20.

274 Ebd., S. 23.

275 Strässle, Thomas: Fake und Fiktion. Über die Erfindung von Wahrheit. Carl Hanser Verlag, München 2019, S. 86.

276 Ausführlicher der Essay von Ines Geipel: »Deutschland neues Leben?«, in: Frankfurter Allgemeine Zeitung, 26. 5. 2023.

277 Assmann, Aleida: Geschichte im Gedächtnis. Von der individuellen Erfahrung zur öffentlichen Inszenierung. C.H.Beck Verlag, München 2007, S. 192.

278 Strässle: Fake und Fiktion, S. 40.

279 Benjamin, Walter, zit. nach: Bucklicht Männlein und Engel der Geschichte. Walter Benjamin, Theoretiker der Moderne. Werkbund-Archiv, Anabas Verlag, Gießen 1990, S. 16.

280 Ebd.

281 Ebd.

282 Münkler, Herfried: Welt in Aufruhr. Die Ordnung der Mächte im 21. Jahrhundert. Rowohlt Verlag, Berlin 2023, S. 16.

283 Kluge / Müller: Ich schulde, S. 107.

284 Assmann: Gedächtnis, S. 189.

285 Mosès, Stéphane: Zu Benjamins Begriff des Eingedenkens. In: Bucklicht Männlein, S. 101.

286 Assmann: Gedächtnis, S. 187.

287 Strässle: Fake und Fiktion, S. 49.

288 Salzborn: Unschuld, S. 111.

289 Wirsching, Andreas: Das Elend der deutschen Erinnerungskultur, in: Frankfurter Allgemeine Zeitung, 2. 5. 2024.

290 Ebd.

291 Ebd.

292 Ebd.

Literaturverzeichnis

Albrecht, Clemens / Behrmann, Günter C. / Bock, Harald / Homann, Harald / Tenbruck, Friedrich H.: Die intellektuelle Gründung der Bundesrepublik. Eine Wirkungsgeschichte der Frankfurter Schule. Campus Verlag, Frankfurt am Main, New York 1999.

Amlinger, Carolin / Nachtwey, Oliver: Gekränkte Freiheit. Aspekte des libertären Autoritarismus. Suhrkamp Verlag, Berlin 2022.

Apelt, Andreas H. / Grünbaum, Robert / Schöne, Jens: Erinnerungsort der DDR. Alltag, Herrschaft, Gesellschaft. Metropol Verlag, Berlin 2014.

Apelt, Andreas H. / Hufenreuter, Maria (Hg.): Antisemitismus in der DDR und die Folgen. Mitteldeutscher Verlag, Halle an der Saale 2016.

Apelt, Andreas H.: Flucht, Ausreise, Freikauf. (Aus-)Wege aus der DDR. Mitteldeutscher Verlag, Halle an der Saale 2011.

Applebaum, Anne: Der Eiserne Vorhang. Die Unterdrückung Osteuropas 1944–1956. Siedler Verlag, München 2012.

Arendt, Hannah: Wir Flüchtlinge. Reclam Verlag, Ditzingen, 2023.

Assmann, Aleida: Der lange Schatten der Vergangenheit. Erinnerungskultur und Geschichtspolitik. C.H.Beck Verlag, München 2006.

Assmann, Aleida: Formen des Vergessens. Wallstein Verlag, Göttingen 2016.

Assmann, Aleida: Geschichte im Gedächtnis. Von der individuellen Erfahrung zur öffentlichen Inszenierung. C.H.Beck Verlag, München 2007.

Babst, Stefanie: Sehenden Auges. Mut zum strategischen Kurswechsel. Deutscher Taschenbuch Verlag, München 2023.

Balzer, Jens: No Limit. Die Neunziger. Das Jahrzehnt der Freiheit. Rowohlt Berlin Verlag, Berlin 2023.

Bataille, Georges: Die innere Erfahrung nebst Methode der Meditation und Postskriptum 1953. Aethologische Summe I. Matthes & Seitz Verlag, München 1999.

Baudrillard, Jean / Noailles, Enrique Valinte: Gesprächsflüchtlinge. Passagen Verlag, Wien 2007.

Baudrillard, Jean: Die Intelligenz des Bösen. Passagen Verlag, Wien 2006.

Bauer, Katja / Fiedler, Maria: Die Methode AfD. Der Kampf der Rechten: Im Parlament, auf der Straße – und gegen sich selbst. Klett-Cotta Verlag, Stuttgart 2020.

Belton, Catherine: Putins Netz. Wie sich der KGB Russland zurückholte und dann den Westen ins Auge fasste. Harper Collins Verlag, Hamburg 2022.

Benz, Wolfgang (Hrsg.): Antisemitismus in der DDR. Manifestationen und Folgen des Feindbildes Israel. Metropol Verlag, Berlin 2018.

Benz, Wolfgang (Hrsg.): Querdenken. Protestbewegung zwischen Demokratieverachtung, Hass und Aufruhr. Metropol Verlag, Berlin 2021.

Bericht des internationalen Lagerkomitees, Weimar (1945).

Best, Heinrich / Holtmann, Everhard (Hg.): Aufbruch der entsicherten Gesellschaft. Deutschland nach der Wiedervereinigung. Campus Verlag, Frankfurt am Main, New York 2012.

Best, Volker / Decker, Frank / Fischer, Sandra / Küppers, Anne:

Demokratievertrauen in Krisenzeiten. Wie blicken die Menschen in Deutschland auf Politik, Institutionen und Gesellschaft? Friedrich-Ebert-Stiftung e. V., Bonn 2024.

Bingener, Reinhard / Wehner, Markus: Die Moskau-Connection. Das Schröder-Netzwerk und Deutschlands Weg in die Abhängigkeit. C.H.Beck Verlag, München 2023.

Böttcher, Sabine: Gesundheit und Gesundheitsversorgung in der DDR. Bundeszentrale für politische Bildung, Lange Wege der Deutschen Einheit, 14.3.2022.

Brückweh, Kerstin / Villinger, Clemens / Zöller, Kathrin (Hg.): Die lange Geschichte der »Wende«. Geschichtswissenschaft im Dialog. Ch. Links Verlag, Berlin 2020.

Bucklicht Männlein und Engel der Geschichte. Walter Benjamin, Theoretiker der Moderne. Werkbund-Archiv, Anabas Verlag, Gießen 1990.

Cabanas, Edgar / Illouz, Eva: Das Glücksdiktat und wie es unser Leben beherrscht. Suhrkamp Verlag, Berlin 2019.

Decker, Markus: Zweite Heimat. Westdeutsche im Osten. Chr. Links Verlag, Berlin 2014.

Decker, Oliver / Kiess, Johannes / Heller, Ayline / Brähler, Elmar: Autoritäre Dynamiken in unsicheren Zeiten. Neue Herausforderungen – alte Reaktionen? Leipziger Autoritarismus-Studie 2022, Psychosozial-Verlag, Gießen 2022.

Derrida, Jacques: Marx' Gespenster. Der Staat der Schuld, die Trauerarbeit und die neue Internationale. Suhrkamp Verlag, Frankfurt am Main 2004.

Drechsler, Ingrun / Faulenbach, Bernd / Gutzeit, Martin / Meckel, Markus / Weber, Hermann (Hg.): Getrennte Vergangenheit gemeinsame Zukunft. Ausgewählte Dokumente, Zeitzeugenberichte und Diskussionen der Enquete-Kommission »Aufarbeitung und Geschichte und Folgen der SED-Diktatur in Deutschland« des Deutschen Bundestages 1992–1994. Bd. IV. Deutscher Taschenbuch Verlag, München 1997.

Dwars, Jens-Fietje / Hausold, Dieter / Schnieder, Christiane / Wellsow, Paul: Ein Sokrates der DDR. Nachdenken über Dieter Strützel. VSA Verlag Hamburg 2020.

Effner, Bettina: Der Westen als Alternative. DDR-Zuwanderer in der Bundesrepublik und in West-Berlin 1972–1989/90. Ch. Links Verlag, Berlin 2020.

Engelmann, Roger / Halbrock, Christian / Joestel, Frank: Vernichtung von Stasi-Akten. Eine Untersuchung zu den Verlusten 1989/90. Der Bundesbeauftragte für die Unterlagen des Staatssicherheitsdienstes der ehemaligen DDR, Berlin 2020.

Engler, Wolfgang: Die Ostdeutschen als Avantgarde. Aufbau Verlag, Berlin 2002.

Fleury, Cynthia: Hier liegt Bitterkeit begraben. Über Ressentiments und ihre Heilung. Suhrkamp Verlag, Berlin 2023.

Flusser, Vilém: Von der Freiheit der Migranten. Einsprüche gegen den Nationalismus. CEP Europäische Verlagsanstalt, Hamburg 2013.

Förster, Lars: Bruno Apitz. Eine politische Biografie. BeBra Wissenschaft, Berlin 2015.

Fuchs, Christian / Middelhoff, Paul: Das Netzwerk der Neuen Rechten. Wer sie lenkt, wer sie finanziert und wie sie die Gesellschaft verändern. Rowohlt Polaris, Reinbek bei Hamburg 2019.

Gehrmann, Manfred: Die Überwindung des Eisernen Vorhangs. Die Abwanderung aus der DDR in die BRD und nach West-Berlin als innerdeutsches Migranten-Netzwerk. Ch. Links Verlag, Berlin 2009.

Geiges, Lars / Marg, Stine / Walter, Franz: Pegida. Die schmutzige Seite der Zivilgesellschaft? Transcript Verlag, Bielefeld 2015.

Geipel, Ines / Ulbrich, Maren: Der Sammler Carl Laszlo. Facetten der Moderne. Vacat Verlag, Potsdam 1998.

Geipel, Ines / Walther, Joachim: Gesperrte Ablage. Unterdrückte Literaturgeschichte in Ostdeutschland 1945–1989. Lilienfeld Verlag, Düsseldorf 2024.

Geipel, Ines: Der Amok-Komplex oder die Schule des Tötens. Klett-Cotta Verlag, Stuttgart 2012.

Geipel, Ines: No Limit. Wie viel Doping verträgt die Gesellschaft. Klett-Cotta-Verlag, Stuttgart 2018.

Geipel, Ines: Umkämpfte Zone. Mein Bruder, der Osten und der Hass. Klett-Cotta Verlag, Stuttgart 2019.

Geipel, Ines: Zensiert, verschwiegen vergessen. Autorinnen in Ostdeutschland 1945–1989. Artemis & Winkler Verlag, Düsseldorf 2009.

Goudin-Steinmann, Elisa / Hähnel-Mesnard, Carola (Hg.): Ostdeutsche Erinnerungsdiskurse nach 1989. Narrative kultureller Identität. Frank & Timme Verlag, Berlin 2013.

Green, André: Die tote Mutter. Psychoanalytische Studien zu Lebensnarzissmus und Todesnarzissmus. Psychosozial-Verlag, Gießen 2011.

Günther, Anders: Der Emigrant. C.H.Beck Verlag, München 2021.

Habermas, Jürgen: Die nachholende Revolution. Suhrkamp Verlag, Frankfurt am Main 1990.

Hamilton, Clive / Ohlberg, Mareike: Die lautlose Eroberung. Wie China westliche Demokratien unterwandert und die Welt neu ordnet. Deutsche Verlags-Anstalt, München 2020.

Heitmeyer, Wilhelm: Autoritäre Versuchungen. Suhrkamp Verlag, Berlin 2018.

Hoffmann, Dierk (Hrsg.): Transformation einer Volkswirtschaft. Neue Forschungen zur Geschichte der Treuhandanstalt. Metropol Verlag, Berlin 2020.

Hoffmann, Dierk: NS-Aufbau Ost?, Frankfurter Allgemeine Zeitung, 22.5.2023.

Hoyer, Katja: Diesseits der Mauer. Eine neue Geschichte der DDR, Hoffmann und Campe Verlag, Hamburg 2023.

Jensen, Uffa: Zornpolitik. Suhrkamp Verlag, Berlin 2017.

Jesse, Eckhard / Lang, Jürgen P.: Die Linke – der smarte Extremismus einer deutschen Partei. Olzog Verlag, München 2018.

Jureit, Ulrike / Schneider, Christian: Gefühlte Opfer. Illusionen der Vergangenheitsbewältigung. Klett-Cotta Verlag, Stuttgart 2011.

Kasinger, Christoph / Heller, Ayline / Brähler, Elmar: Das Nachbeben der deutschen Vereinigung. Psychologische und soziologische Perspektiven. Psychosozial-Verlag, Gießen 2023.

Kaube, Jürgen / Kieserling, André: Die gespaltene Gesellschaft. Rowohlt Berlin, Berlin 2022.

Kerz-Rühling, Ingrid / Plänkers, Tomas: Sozialistische Diktatur und psychische Folgen. Psychoanalytisch-psychologische Untersuchungen in Ostdeutschland und Tschechien. Edition diskord, Tübingen 2000.

Kluge, Alexander / Müller, Heiner: Ich schulde der Welt einen Toten. Gespräche. Rotbuch Verlag, Hamburg 1995.

Koch-Wagner, Gesa: Gefühlserbschaften aus Kriegs- und Nazizeit. Mutter-Tochter-Beziehungen unter dem Einfluss von Kriegstraumen und nationalsozialistischen Ideologiefragmenten. Shaker Verlag, Aachen 2001.

Koenen, Gerd: Der Russland-Komplex. Die Deutschen und der Osten 1900–1945. C.H.Beck Verlag, München 2005.

Kössler, Till / Steuwer, Janosch (Hg.): Brandspuren. Das vereinte Deutschland und die rechte Gewalt der frühen 1990er-Jahre. Bundeszentrale für politische Bildung, Bonn 2023.

Kracht, Christian: Faserland. Fischer Taschenbuch Verlag, Frankfurt am Main 2015.

Kréti, Ferenc: Home is where my art is. Ein Besuch bei Carl Laszlo und der ungarischen Moderne. Unveröffentlicht, 2023.

KZ. Bildbericht aus fünf Konzentrationslagern. Hrsg. vom American Office of War, im Auftrag des Oberbefehlshabers der Alliierten Streitkräfte, 1945.

Lancon, Philippe: Der Fetzen. Tropen Verlag, Stuttgart 2019.

Lausberg, Michael: Die extreme Rechte in Ostdeutschland 1990–1998. Tectum Verlag, Magdeburg 2012.

Links, Christoph / Nitsche, Sybille / Taffelt, Antje: Das wunderbare

Jahr der Anarchie. Von der Kraft des zivilen Ungehorsams 1989/90. Ch. Links Verlag, Berlin 2004.
Loest, Erich: Der Zorn des Schafes. Deutscher Taschenbuch Verlag, München 1993.
Loest, Erich: Durch die Erde ein Riss. Ein Lebenslauf. Mitteldeutscher Verlag, Halle an der Saale 2016.
Loest, Erich: Gelindes Grausen. Tagebuch. Mitteldeutscher Verlag, Halle an der Saale 2014.
Loest, Erich: Man ist ja keine Achtzig mehr. Tagebuch. Steidl Verlag, Göttingen 2011.
Lohl, Jan / Moré, Angela: Unbewusste Erbschaften des Nationalsozialismus. Psychosozial-Verlag, Gießen 2014.
Lynch, David: Catching the big fish. Meditation, Kreativität, Film. Alexander Verlag, Berlin 2016.
Maaz, Hans-Joachim: Das gestürzte Volk. Die verunglückte Einheit. Argon Verlag, Berlin 1991.
Maaz, Hans-Joachim: Der Gefühlsstau. Psychogramm einer Gesellschaft. Argon Verlag, Berlin 1990.
Meinhold, Gottfried: Der besondere Fall Jena. Die Universität im Umbruch 1989–1991. Franz Steiner Verlag, Stuttgart 2014.
Mosès, Stéphane: Zu Benjamins Begriff des Eingedenkens. In: Bucklicht Männlein und Engel der Geschichte. Walter Benjamin, Theoretiker der Moderne. Werkbund-Archiv, Anabas Verlag, Gießen 1990.
Müller, Uwe, u. a.: Vorwärts und vergessen! Kader, Spitzel und Komplizen: Das gefährliche Erbe der SED-Diktatur. Rowohlt Berlin, Berlin 2009.
Münkler, Herfried: Welt in Aufruhr. Die Ordnung der Mächte im 21. Jahrhundert. Rowohlt Verlag, Berlin 2023.
Niethammer, Lutz: Gesäuberter Antifaschismus. Die SED und die roten Kapos von Buchenwald. Akademie Verlag, Berlin 1994.
Oberender, Thomas: Empowerment Ost. Wie wir zusammen wachsen. Tropen Verlag, Stuttgart 2020.

Oertel, Janka: Ende der China-Illusion. Wie wir mit Pekings Machtanspruch umgehen müssen. Piper Verlag, München 2023.

Oschmann, Dirk: Der Osten: eine westdeutsche Erfindung. Ullstein Buchverlage, Berlin 2023.

Paqué, Karl-Heinz / Schröder, Richard: Gespaltene Nation? Einspruch! 30 Jahre Deutsche Einheit. NZZ Libro, Schwabe Verlagsgruppe AG, Basel 2020.

Petersen, Andreas: Der Osten und das Unbewusste. Wie Freud im Kollektiv verschwand. Klett-Cotta Verlag, Stuttgart 2024.

Raabe, Katharina / Sapper, Manfred: Testfall Ukraine. Europa und seine Werte. Suhrkamp Verlag, Berlin 2015.

Rau, Christian: Hungern für Bischofferode. Protest und Politik in der ostdeutschen Transformation. Campus Verlag, Frankfurt am Main, New York 2023.

Rosenberg, Florian von: Die beschädigte Kindheit. Das Krippensystem der DDR und seine Folgen. C.H.Beck Verlag, München 2022.

Rudnick, Carola S.: Die andere Hälfte der Erinnerung. Die DDR in der deutschen Geschichtspolitik nach 1989. Transcript Verlag, Bielefeld 2011.

Salzborn, Samuel: Kollektive Unschuld. Die Abwehr der Shoah im deutschen Erinnern. Hentrich & Hentrich Verlag, Berlin, Leipzig 2020.

Sarr, Mohamed Mbougar: Die geheimste Erinnerung der Menschen. Carl Hanser Verlag, München 2022.

Schildt, Axel: Medien-Intellektuelle in der Bundesrepublik. Hrsg. und mit einem Nachwort von Kandzora, Gabriele und Siegfried, Detlef. Wallstein Verlag, Göttingen 2020.

Schivelbusch, Wolfgang: Die Kultur der Niederlage. Der amerikanische Süden 1865, Frankreich 1871, Deutschland 1918. Fischer Taschenbuch Verlag, Frankfurt am Main 2003.

Schlögel, Karl: Die Ukraine als Kairos. Ordnung im Kopf, Unord-

nung in der Welt. In: Osteuropa, 72. Jahrgang, Heft 1–3, Berliner Wissenschafts-Verlag, Berlin 2022.
Schmid, Ulrich: Technologien der Seele. Vom Verfertigen der Wahrheit in der russischen Gegenwartskultur. Suhrkamp Verlag, Berlin 2015.
Schmole, Angela: Mittäterinnen. Frauen und Staatssicherheit. Mitteldeutscher Verlag, Halle an der Saale 2023.
Schwiedrzik, Susanne Weigelin: China und die Neuordnung der Welt. Europa im geopolitischen Spannungsfeld zwischen den Weltmächten China, Russland und den USA. Brandstätter Verlag, Wien 2023.
Segert, Dieter: Eine andere Geschichte der DDR. Böhlau Verlag, Wien, Köln, Weimar 2008.
Sieren, Frank: Zukunft? China! Wie die neue Supermacht unser Leben, unsere Politik, unsere Wirtschaft verändert. Penguin Verlag, München 2020.
Sinha, Shumona: Erschlagt die Armen! Edition Nautilus, Hamburg 2015.
Strässle, Thomas: Fake und Fiktion. Über die Erfindung von Wahrheit. Carl Hanser Verlag, München 2019.
Theweleit, Klaus: Der Knall. 11. September, das Verschwinden der Realität und das Kriegsmodell. Stroemfeld Verlag, Frankfurt am MainBasel 2002.
Trentmann, Frank: Aufbruch des Gewissens. S. Fischer Verlag, Frankfurt am Main 2023.
Ullmann, Linn: Die Unruhigen. Luchterhand Verlag, München 2018.
Vann, David: Die Unermesslichkeit. Suhrkamp Verlag, Berlin 2012.
Walther, Joachim: Das Blöken der Schafe. Publizistik 1970–2013. Mitteldeutscher Verlag, Halle an der Saale 2017.
Wehler, Hans-Ulrich: Deutsche Gesellschaftsgeschichte, Bd. 5, Bundesrepublik und DDR 1949–1990, C.H.Beck Verlag, München 2008.

Wehr, Laura: Geteiltes Land, gespaltene Familien. Eine Oral Historie der DDR-Ausreise von Familien. Ch. Links Verlag, Berlin 2020.

Wirsching, Andreas: Das Elend der deutschen Erinnerungskultur, Frankfurter Allgemeine Zeitung, 2. 5. 2024.

Dank

Was für ein Glück.

Ich danke dem Verlag, dass er das Buch wollte, und Oliver Vogel für sein Vertrauen.

Ich danke meinem Lektor Sascha Michel, der einen Text sehen kann, noch bevor er da ist, und für seine Sätze dazu, die immer mehr waren als nur Sätze.

Ich danke dem Team des Fischer Verlages, dass sie noch an Bücher glauben, und Alexander Roesler, Martin Spieles, Mirjam Schenk sowie Kerstin Seydler für ihren guten Geist.

Ich danke dem Bibliothekar der Aufarbeitungsstiftung Günter Nepp, der in seinen Beständen Bücher gefunden hat, von denen ich gar nicht wusste, dass ich sie brauche.

Ich danke Eva-Maria Otte, der ersten Leserin, die nicht nur liest, mitdenkt, die kühlen Schnitte setzt und mich aushält, sondern die um 5.42 Uhr auch noch unglaubliche Mails schicken kann.

Ich danke Gerit Decke für das Endlosgespräch zum Text, bei dem ich mir die ganze Zeit gewünscht habe, dass es nicht endet.

Ich danke meinen Freunden Rena Krebs, Dorit Linke,

Inga Schmidt, Thomas Arndt und Roger Staub für Zeit, Goodwill und ihre Weiterungen.

Ich danke meinem Schauspieljahrgang an der *Busch* für all die Wärme und Klarheit und unsere guten Abende.

Ich danke dem Liebsten Andreas Petersen für seine kühnen Einsprüche, den sattelfesten Beistand, aber vor allem für das, was wir sind, sein können.

IG, im Mai 2024